にあたって

　デリバティブというと，数式や片仮名用語が数多く用いられ複雑な世界を思い浮かべがちですが，今やデリバティブは，個人向けの債券や預金にまで組み込まれる時代です。日進月歩の分野であり，新商品をくまなく網羅することはもはやプロでも難しくなっていますが，基本的なリスク・リターンの考え方は共通して存在しています。しかも，法律，会計，税の分野でも実務レベルの知識が求められるようになりました。

　また，デリバティブは，金融機関本支店の法人渉外の分野で，顧客のニーズに合わせて商品を提案していくうえで重要なツールです。この基本的な知識や考え方を身に付けることは，業務にとって大切であると思われます。したがって，金融機関の行職員が，銀行業務検定試験「デリバティブ3級」にチャレンジすることは有効であり，かつ有益であります。

　本書は，銀行業務検定試験「デリバティブ3級」の受験参考書として刊行されたものです。過去の試験問題については『デリバティブ3級問題解説集』（銀行業務検定協会編）に収録されておりますが，本書では受験用の知識はもちろんのこと，日々の業務にも役立つよう最新の動向も盛り込んでアップデートを図っています。実務家にとって役に立つ内容であることから，試験を離れてもご利用いただけるものと確信しております。

　本書を『デリバティブ3級問題解説集』と併せて活用されることにより，銀行業務検定試験「デリバティブ3級」に合格されることを祈念してやみません。

　2024年2月

経済法令研究会

目　次

第1章　デリバティブ取引の特徴

　　　はじめに ／ デリバティブとは ／ 金融商品取引法 ／
　　　金融庁の「監督指針」における留意点

　　　先物（フォワードとフューチャー）／ オプション ／ スワップ

第2章　有価証券および金利の上場先物・オプション

　　　国債先物取引とは ／ 国債先物取引の条件 ／ 国債先物取引の決済 ／
　　　国債先物取引の役割 ／ 国債先物の理論価格の算出

　　　国債先物オプションとは ／ 国債先物オプションの条件 ／
　　　選択権付債券売買取引

　　　金利先物とは ／ ユーロ円金利先物の条件 ／ TONA金利先物

　　　株式と株価指数 ／ 株価指数先物の条件 ／ 株価指数先物の利用法 ／
　　　株価指数先物の理論価格 ／ 株価指数オプション ／ 株券オプション取引

　　　取引所取引の利点 ／ 証拠金制度

学習の手引・本書の利用のしかた

　本書は，銀行業務検定試験「デリバティブ3級」受験のための参考書です。

　当試験の問題は，五答択一式50問となっていますが，その出題範囲および問題数は，「基本知識」5問，「先物取引・フォワード取引」10問，「オプション取引」15問，「スワップ取引」15問，「リスクほか」5問です。

　そこで，本書の構成は，デリバティブの基本知識から始まり，全編を通してデリバティブを駆使した取引のすべてが理解できるような章立てとなっており，試験範囲をカバーするよう構成してあります。

　各章で取り上げる項目（テーマ）は，すべて過去の試験問題において，直接または関連づけて出題されていますので，必ず一度は目を通して理解するまで読まれることをおすすめします。そこで，本書には次の大きな特長を設けてあります。

　①〈学習上のポイント〉……本文を読み始める前に，各項目を大局的に概
　　観し，要所を把握するのに役立ちます。

　②〈重要箇所はゴシック体で強調〉……本文中，特に重要と思われる記述
　　についてはゴシック体で強調してありますので，メリハリをつけて読み
　　進めることができます。

　③〈関連過去問題の併記〉……本文中，過去問題に関連している箇所につ
　　いては，欄外に過去問題の出題年および問番号を併記しました。

　なお，本書を読んだうえで内容につき理解されましたら，過去問題にチャレンジしてください。そのためには，別に刊行されている『デリバティブ3級問題解説集』（銀行業務検定協会編）を腕試しとして利用されることをおすすめします。実際に問題を解いてみて，誤ったところは再度確かめる。その繰返しの学習により理解は一層深まるでしょう。

<過去 4 回の出題項目>

分野	問	2023 年（第 155 回）	2022 年（第 152 回）
基本知識	1	デリバティブと関係法令	デリバティブの種類
	2	金融商品取引業に該当しない店頭デリバティブ取引	デリバティブと関係法令
	3	デリバティブの特徴	金融商品取引業に該当しない店頭デリバティブ取引
	4	クレジット・インデックス	クレジット・インデックス
	5	店頭デリバティブの勧誘・説明態勢と監督指針	店頭デリバティブの勧誘・説明態勢と監督指針
先物取引・フォワード取引	6	先物取引	先物取引
	7	大阪取引所で取引されていない先物	大阪取引所で取引されていない先物
	8	長期国債先物取引	長期国債先物取引
	9	国債先物取引の利用法	国債先物取引の利用法
	10	長期国債先物の理論価格	国債先物のストラテジー取引
	11	ユーロ円 3 ヵ月金利先物取引	ユーロ円 3 ヵ月金利先物取引の損益
	12	直物為替レートの理論値	直物為替レートの理論値
	13	外国為替証拠金取引	外国為替証拠金取引
	14	NT 倍率とスプレッド取引	TOPIX 先物取引
	15	日経平均先物と現物の裁定取引	NT 倍率と市場間取引
オプション取引	16	オプション取引	オプション取引
	17	オプション取引の用語	オプション取引の用語
	18	オプション取引のボラティリティ	ストラングルの売りの組合せ
	19	オプションの時間的価値	オプションの時間的価値
	20	リスク・パラメータを利用したプレミアムの近似値の計算	コールの理論価格
	21	プット・コール・パリティ	長期国債先物オプション取引
	22	長期国債先物オプション取引	選択権付債券売買取引
	23	選択権付債券売買取引	カバード・コール
	24	ターゲット・バイイング	ゼロコスト・オプションによる受取代金のヘッジ
	25	ゼロコスト・オプションによる受取代金のヘッジ	ドル償還特約付円貨債券
	26	ドル償還特約付円貨債券	日経平均オプションの取引所取引
	27	オプション戦略の損益計算	オプション戦略の損益計算
	28	バリア・オプションの価値	バリア・オプションの価値
	29	キャップ取引	キャップ取引
	30	スワップション	スワップション
スワップ取引	31	金利スワップ取引の特徴	金利スワップ取引の特徴
	32	財務省の金利スワップ利用	財務省の金利スワップ利用
	33	クーポン・スワップ	クーポン・スワップ
	34	アセット・スワップ	アセット・スワップ
	35	金利スワップのコンプレッション	金利スワップのコンプレッション
	36	現在価値と将来価値の計算	現在価値と将来価値の計算
	37	フォワード金利	フォワード金利
	38	OIS	OIS
	39	通貨スワップの基本	通貨スワップの基本
	40	ARRC の最終勧告	ARRC 最終勧告
	41	円金利スワップの決済金額	円金利スワップの決済金額
	42	固定金利借入の変動化	変動金利借入の固定化
	43	ディスカウント・ファクター	ディスカウント・ファクター
	44	金利スワップ取引の損益	金利スワップ取引の損益
	45	変動金利の価値	変動金利の価値
リスクほか	46	リスク・フリー・レート	デリバティブ取引のリスク
	47	誤方向リスク	バーゼル規制
	48	期待ショートフォール	各種リスク
	49	各種リスク	インフレ・リスク
	50	リスク・フリー・レートの金利計算	ボラティリティ，ベガリスク

※ 2020 年 6 月試験は 10 月に実施されました（特別実施）。

分野	問	2021 年（第 149 回）	2020 年（第 147 回）
基本知識	1	デリバティブと関係法令	デリバティブと関係法令
	2	金融商品取引業に該当しない店頭デリバティブ取引	金融商品取引業に該当しない店頭デリバティブ取引
	3	デリバティブの特徴	デリバティブの特徴
	4	クレジット・インデックス	投資信託とデリバティブ
	5	店頭デリバティブの勧誘・説明態勢と監督指針	デリバティブと監督指針
先物取引・フォワード取引	6	先物取引	先物取引
	7	国債先物取引の利用法	長期国債先物取引
	8	長期国債先物取引の受渡決済	国債先物のストラテジー取引
	9	ユーロ円 3 ヵ月金利先物取引	長期国債先物取引の受渡代金
	10	ユーロ円 3 ヵ月金利先物の損益	ユーロ円 3 ヵ月金利先物取引
	11	直物・先物為替レートと円・ドル金利	ユーロ円 3 ヵ月金利先物取引の損益
	12	外国為替証拠金取引	先物為替レートの理論値
	13	日経平均先物取引	外国為替証拠金取引
	14	株価指数先物による売りヘッジ	NT 倍率のスプレッド取引の損益
	15	金標準先物取引	株価指数先物を利用した裁定取引
オプション取引	16	オプション取引	オプション取引
	17	オプション取引の用語	オプション取引の用語
	18	オプション取引のボラティリティ	オプションの時間的価値
	19	オプションの時間的価値	リスク・パラメータを利用したプレミアムの近似値の計算
	20	コールの理論価格とデルタの計算	プット・コール・パリティ
	21	長期国債先物オプション取引	長期国債先物オプション取引
	22	選択権付債券売買取引	選択権付債券売買取引
	23	カバード・コール	カバード・コール
	24	ゼロコスト・オプションによる受取代金のヘッジ	ゼロコスト・オプションによる受取代金のヘッジ
	25	ノックイン条項付き日経リンク債	株価連動債
	26	日経平均オプションの取引所取引	日経平均オプションの取引所取引
	27	オプション戦略の損益計算	デルタ・ヘッジ
	28	バリア・オプションの価値	バリア・オプションの価値
	29	キャップ取引	キャップ取引
	30	スワップション	スワップション
スワップ取引	31	金利スワップ取引の特徴	金利スワップ取引の特徴
	32	財務省の金利スワップ利用	金利スワップの市場規模
	33	クーポン・スワップ	クーポン・スワップ
	34	アセット・スワップ	アセット・スワップ
	35	金利スワップのコンプレッション	金利スワップのコンプレッション
	36	マネー・マーケット・ベースへの換算	マネー・マーケット・ベースへの換算
	37	フォワード金利	フォワード金利
	38	OIS	OIS
	39	通貨スワップの基本	通貨スワップの基本
	40	ARRC 最終勧告	円金利スワップの決済金額
	41	円金利スワップの決済金額	固定金利借入の割高感のヘッジ
	42	変動金利借入の固定化	CMS 債とデリバティブ
	43	ディスカウント・ファクター	ディスカウント・ファクター
	44	金利スワップ取引の損益	金利スワップ取引の損益
	45	LIBOR の価値	フォワード・スワップのキャッシュフローの現在価値
リスクほか	46	IBORs の移行	LIBOR の代替金利
	47	LIBOR 代替と RFR	CVA
	48	デリバティブ取引のリスク管理	VaR
	49	デリバティブのリスク	信用リスク管理
	50	デリバティブ内包型商品のリスク	各種リスク

デリバティブ3級　出題範囲

I　基本知識

　①デリバティブの機能，②デリバティブのリスク，③顧客販売上の注意事項，④その他

II　先物取引・フォワード取引

　①先物取引・フォワード取引の仕組み，②先物商品・フォワード商品，③理論価格，④利用方法

III　オプション取引

　①オプション取引の仕組み，②オプション商品，③オプションのプレミアム，④利用方法，⑤ストラテジー

IV　スワップ取引

　①スワップ取引の種類と仕組み，②通貨スワップ，③金利スワップ，④時価評価，⑤利用方法

V　リスクほか

　①デリバティブのリスク管理，②各種リスク

第1章

デリバティブ取引の特徴

Derivatives

Derivatives

Derivatives

デリバティブとは何か

〈学習上のポイント〉

株式先物，為替オプション，金利スワップなどは，デリバティブ（派生商品）と総称される金融商品である。デリバティブは，原資産がもっているリスクを効率的に取引できるように工夫された商品で，当該資産の保有者はデリバティブを取引することにより，少額の資金で原資産のリスクをヘッジすることが可能となる。デリバティブとはどのような商品か，最初に確認しておこう。

 ## 1　はじめに

(1) デリバティブの定義

　デリバティブ（Derivatives）という言葉は，日本語では「派生商品」と訳されている。「派生商品」というのは，まず基礎となる商品があり，そこから派生した商品，あるいは，理論上の価格が基礎商品の価格から派生的に決定される商品という意味である。

　デリバティブが対象とする基礎商品のことを，本書では**現物**または**原資産**（Underlying；基礎の意）と呼んで説明を進めていくことにする。デリバティブの原資産としては，**外国為替**（Foreign Exchange），**株式**（Equity, Stock），**債券**（Bond），**金利**（Interest Rate），**商品**（Commodity）などが一般的であるが，近年では**クレジット**（Credit；信用），**ウェザー**（Weather；天候）といった新種の商品も加わっている。

(2) デリバティブの種類

デリバティブは，取引の形態から，**先物（フォワードおよびフューチャー），オプション，スワップ**に分類される。先物（Forward, Futures）とは，先日付での決済を前提に，その価格を予め約定しておく取引のことをいう。オプション（Option）とは，原資産の売買取引その他の取引を行う権利を取引するものである。スワップ（Swap）とは，2つの想定される資産または負債から発生するキャッシュ・フロー（金利など）を交換する取引である（これらについては，本章第2節で簡単に説明する）。為替オプションであれば外国為替（外国為替レート）が原資産となり，国債先物であれば日本国債（国債価格）が原資産となる。

(3) 古くから存在したデリバティブ取引

デリバティブの原資産の範囲を金融商品以外の商品まで広げると，その歴史は古いことがわかる。わが国で見ても，江戸時代の18世紀前期から大坂堂島の米会所（米穀取引所）で行われていた「帳合米商い」という取引は，今日でいう先物取引そのものである。この取引は，諸藩の蔵屋敷が発行する米切手という証券（1枚で米10石，4斗俵なら25俵，約1,500 kgを引き渡すという内容をもつ）を10枚単位で取引するものであった。取引は1年を3期に分けて行われ，原則として各期限までに反対売買して差金決済することになっていたが，例外的に米切手の受渡しによる決済も行われた。また，決済業務を担当する消合場という清算機関も設けられており，そこでは米方両替という金融機関が，証拠金や清算の事務にあたっていた。

帳合米商いの取引手法は，明治以降の株式取引所（証券取引所）に受け継がれ，今日に及んでいる。

本書では，債券・株式などの有価証券の先物やオプション，為替

の先物とオプション，金利・為替のスワップなどの一般的なデリバティブに加えて，クレジット・デリバティブやウェザー・デリバティブなどの比較的新しい商品も取り上げる。デリバティブの解説書というと，オプションの理論価格の算出に代表される数式中心のものが多いが，本書では，できるだけ数式を使わずに商品の基本コンセプトを説明していく。また，デリバティブを取引する際に必要となるリスク管理や契約書といった実務上の知識もカバーする。

　デリバティブ取引の用語には，英語をそのまま片仮名としたものが多い。頻出する数式とともに，この片仮名・英語表記がデリバティブを小難しく見せていることも事実である。残念ながら，これらの原語を無理に日本語に訳してもあまり意味がなく，かえってわかりにくい表現となってしまうことが多い。本書では，重要語句についてはできるだけ原語併記とし，必要と思われるものについては英単語の意味や和訳を添える。

　　2　デリバティブとは　　

(1)　デリバティブを活用する理由

　では，デリバティブとは何であろうか。言葉の意味や対象，種類については，すでに簡単ながら説明した。

　ここではデリバティブが何のためにあるのか，ということを考えてみよう。デリバティブは「派生商品」と訳されるように，原資産から派生した商品である。原資産があるのに，なぜわざわざデリバティブを取引するのであろうか。

　《理由その1》：実体のない指標なども取引が可能

　まず，デリバティブの対象とする原資産は，市場で取引されている商品だけでなく，市場その他で継続的に公表されている指標でも構わないということが挙げられる。

　株式市場でいえば，実際に取引されている個別の株式だけでなく，市場全体の動きを示す日経平均株価や TOPIX（東証株価指数）といった株価指数もデリバティブの対象となるのである。このような指標を対象としたデリバティブの場合，原資産の受渡しは物理的に不可能であることから，最終的な決済は指標に基づく差金決済の方法で行われることになる。

《理由その２》：レバレッジを効かせた効率的な投資が可能

　次に，デリバティブは少ない資金で原資産の取引と同様の経済効果が得られ，資金を効率的に活用できることが挙げられる。

　たとえば，A社株式の時価が1,000円で，株価は今後1ヵ月の間に900円～1,100円の範囲で変動することが予想されるとしよう。この場合，A社株式を1万株購入すると投下資金は1,000万円になるが，今後1ヵ月間で見ると変動幅は最大100万円であることから，1ヵ月のうちに売却する予定であれば，最大100万円の収益を得るために1,000万円を投下したことになる。

　仮に，同様の取引を先物取引で行う場合には，200万円の証拠金の差入れで済むとすれば，投下資金は5分の1でよいので，資金を節約できるのである（ただし，現在，取引所で株式の個別銘柄の先物は取引されていない）。

　デリバティブの投下資金が原資産と比べて少額で済むということは，同じ金額を投下すれば原資産の数倍の経済効果が得られることを意味する。これを**レバレッジ**（leverage；梃子）効果といい，その程度は倍率で示すのが一般的である。この例では投下資金は5分の1なので，レバレッジは5倍となる。

《理由その３》："空売り"などの活用により広がる収益機会

　さらに，デリバティブは原資産と比べて収益機会が多いことが挙げられる。たとえば，原資産が株式であれば，デリバティブを利用すると，株価が上昇しない場合でも利益を得ることが可能である。

株価の下落が想定される場合は，株式の空売り（保有していないものを売ること）で利益を得ることは可能であるが，空売りは原則として禁止されている。

しかし，先物の売りやプット・オプションの買いを利用すれば，空売り禁止の原則に抵触することなく，株価の下落で利益が得られるのである。また，デリバティブを利用すると原資産価格が変動しなくても利益を上げることが可能である。プット・オプションとコール・オプションを同時に売る手法は，原資産価格があまり変動しないと想定されるときに行う代表的なオプション・ストラテジーである（詳細は第4章第2節参照）。

《理由その4》：現物市場その他との間で裁定取引が可能

デリバティブ市場という，原資産とは別の市場が存在することにより，両市場間の価格の歪みを利用して収益を得る機会が生じることも挙げられる。代表的な取引は，最終的に等価となる現物と先物との間で行われる**裁定取引**（アービトラージ；Arbitrage）である。仮に，現物価格が先物価格と比べて割安になっていれば，現物を買い，先物を売ることにより，無リスクに近い状態で利益を得ることができる。このような裁定取引は，先物市場とオプション市場の間でも可能である。

また，最終的に等価にならないもの同士であっても，経験則で一定の価格差が認められるとすれば，それが大きく歪んだ場合には，割高なほうを売り，割安なほうを買うことにより利益を得ることが可能である。代表的なものは，国債先物と現物との間のベーシス取引，国債先物の限月間スプレッド取引，日経平均先物と TOPIX 先物との間のスプレッド取引などであり，このような取引も広義では裁定取引と呼ばれている。

各市場間で狭義・広義の裁定取引が自由に行われることにより，原資産市場もデリバティブ市場もより効率的に価格形成がなされる

のである。

《理由その5》：原資産取引のリスクヘッジが可能

　また，デリバティブは，何らかの理由で原資産の取引ができない場合に，原資産のリスクをヘッジする手段としても用いられる。ヘッジ（Hedge）とは，本来は「垣根」のことであるが，ここでは原資産を直接取引することなしに，そのリスクを回避することをいう。

　株式でいえば，株価の下落が想定される場合に，保有している株式を売り払う代わりに，先物を売り建てる取引がヘッジ取引（売りヘッジ）である。株価が下落すれば保有株の評価額はその分が減少するが，先物を売り建てたことで利益が得られるので，保有株の評価額減少分を相殺し，実質的に保有株を売却したのと同じ効果が得られるのである。実際，株価の下落が予想されていても，種々の理由で保有株を売却できないケースは少なくなく，デリバティブでヘッジを掛けることは一般的な対処法として行われている。

　デリバティブの最も重要な経済的機能は，このヘッジ機能にあると考えられる。ヘッジ取引は，原資産の保有者がそのリスクを他者に肩代わりさせる取引である。ヘッジ取引が本当に機能するためには，デリバティブというヘッジ手段だけでなく，原資産のリスクを実際に引き受けてくれる**スペキュレーター**（Speculator；投機家）の存在が不可欠である。スペキュレート（Speculate）とは，本来は「注意深く見る」という意味で，そこから「自分の注意深い観察に基づいて取引する」「価格変動を想定して投機する」という意味になったものである。原資産のリスクが大きい場合は，多数のスペキュレーターで分散してこれを引き受けざるを得ないが，そのためには市場参加者が多数存在し，投機取引が活発に行われていることが必要である。投機取引というと，市場の撹乱要因のように考える向きも少なくないが，投機取引があるからこそヘッジ取引が可能なのであり，投機取引をいかに呼び込むかが，市場対策として必要なのであ

る。

(2)　デリバティブ≒リスクの取引

　デリバティブの最も重要な機能がリスクのヘッジ機能であり，その裏側に投機家のリスク・テイクを容易ならしめる仕組みがあることを考えると，デリバティブ取引とは本質的にリスクの取引であることがわかる。リスクというと，それは避けるべきもののように思われるが，実際はリスクがあるからこそ収益が生まれるのであり，リスクを避けていては大きな収益は得られない。企業は各種のリスクを果敢に取り，それを上手に管理しながら収益を上げることを目指すものであり，デリバティブは企業がリスク管理をする際のツールの１つとして重要な役割を果たしているのである。

　もっとも，デリバティブが対象としているリスクは，企業が取っているリスクの一部分にすぎず，デリバティブだけで企業のリスク管理がすべて可能なわけではない。デリバティブが対象としているのは，主として市場価格が変動するリスク，すなわち**市場性リスク**である。金利，外国為替，債券，株式，商品（原油など）を原資産としたデリバティブは，これらのレートや価格が変動するリスクをヘッジすることに役立つものである。しかし，事業のリスクはそれだけにとどまらない。近年になってクレジットや天候がデリバティブの対象に加わったのは，信用リスクや天候リスクの管理が企業経営において大きなウェイトを占めるようになるとともに，これらのリスクを積極的に取る投機家が増えたからにほかならない。

(3)　デリバティブを活用する理由（続き）

《理由その６》：金融商品組成の部品としての利用

　デリバティブは，リスクを効率的に取引する手段であることから，他の資産や負債にこれを付加することによって，顧客のリスク選好度に合った金融商品を組成することが可能である。いわゆる「**仕組債**」はその代表的なもので，普通の債券にデリバティブを組み込む

ことによって新たなリスクを付加し，その分，表面的な収益性を高めているものが多い。

　仕組債の投資家は，債券を購入することにより，そこに内包されているデリバティブを間接的に取引することになるが，デリバティブを直接取引するわけではないので，デリバティブ契約の締結や担保差入れなどの煩わしさから解放される。一方，仕組債の発行者は，投資家とは逆のデリバティブのポジションをもつことになるが，通常の場合は，それをカバーするデリバティブ取引を金融機関との間で行っていることから，発行者自体はデリバティブのリスクを負わない。このように，デリバティブは金融商品組成のための部品としても使われており，それに伴う取引も大きいのである。

《理由その7》：企業の資産や負債の膨張の抑制

　デリバティブを取引しても，原資産を取引したわけではない。したがって，株式の先物を買い建てても，企業の貸借対照表（バランスシート）に原資産の株式が資産計上されることはない（図表1-1）。つまり，デリバティブは**オフ・バランスシート取引**（Off-Balance；バランスシートの資産や負債に計上されないという意味）なのである。デリバティブには，企業の資産や負債が膨らむことを抑制し，企業経営を資金面で効率的にする効果がある。

　もっとも，オフ・バランスシート取引ということが，かつては企業の利益や損失を隠蔽する手段として悪用されたこともあった。しかし，今日ではそのような弊害を防止し，企業内容を適切に開示す

図表1-1　貸借対照表（バランスシート）のイメージ

る必要から，デリバティブ自体については**時価会計**処理（デリバティブ取引によって生じる正味の資産・負債について，原則として時価評価額を貸借対照表に計上し，その評価差額を当期の損益として処理する）を行うとともに，取引残高（原資産の契約額等）を財務諸表に注記するようになっている。

(4)　取引市場による分類

　デリバティブ取引は，**相対取引**（店頭取引）と**取引所取引**（上場取引）の双方で行われている（図表1-2）。このうち，相対取引は，取引条件の設定が自由にできることから，現物取引にはないような商品設計ができるという利点がある。他方，取引に伴って原資産のリスクだけでなく相手方の決済リスクや**カウンターパーティ・リスク**（相手方の信用力が悪化するリスク）も新たに抱え込んでしまうという問題も生じる。このため，取引によっては相手方から担保の差入れを求められる場合も少なくない。また，中途換金にコストがかかってしまうこともある。

　これに対して，取引所取引は，通常，取引条件が定型化されていることから柔軟性に欠ける[1]が，中途換金を含めて機動的な取引ができるという利点が挙げられる。また，決済についても，取引所または別に設けられた清算機関が取引相手に代わって行うことから，相手方の決済リスクを直接負うことはない。

　清算機関の利用は，相手方の決済リスクを軽減し，金融システム

図表1-2　取引市場による分類

---

[1] ただし，大阪取引所のフレックス先物，フレックス・オプションのように，取引条件を柔軟に設定できる取引もある。

全体の安定化に資することから，相対取引においても推進されており，わが国では 2012（平成 24）年 11 月より，特定の金融機関の行う一部の店頭デリバティブ取引（一定の金利スワップ取引および一定のクレジット・デリバティブ取引）について，清算機関の利用が義務づけられている（第 9 章第 1 節参照）。

　金融機関と顧客との相対取引の場合には，顧客との取引に応じた金融機関は顧客と逆のリスクを抱えるため，それを自らが負担できない場合もありうる。そのようなときは，業者間取引（仲介業者が存在する）や取引所取引などを利用して，そのリスクをヘッジするのが一般的である。したがって，大きな取引が行われた場合には関連した多数のヘッジ取引が発生するようになり，最終的にリスクは多数の投機家に分散されて引き受けられるのである。このようなことが可能となるためには，業者間取引や取引所取引が活発に行われていることが必要である。

⑸　デリバティブ取引は“危険”か

　以上見てきたように，デリバティブはリスクを効率的に取引するための仕組みである。よく「デリバティブは危ない」と言われるが，デリバティブがリスクの取引であるとすれば，危ないのは当然である。しかし，株式であれ債券や外国為替であれ，それなりの収益を得ようとしたら，何らかのリスクを取ることが必要なのである。重要なことは，同量のリスクなら，それを原資産で取ろうがデリバティブで取ろうが，危険度は同じということである。

　それでもデリバティブが危ないと感じるのは，過去にデリバティブ取引で巨額損失が発生した事例が多かったためであろう。デリバティブの事故の多くは，①デリバティブが使いやすいために必要以上にリスクを取り過ぎてしまった，②デリバティブ取引に関して適正な時価評価をせずに損失を隠蔽していた，などが原因である。

　デリバティブ取引のリスクは，取引期間中一定ではなく，原資産

価格の変動に伴って急増することも珍しくない。デリバティブ取引においては，その仕組みとリスクをきちんと理解し，適切に管理することが重要なのである。

3 金融商品取引法

過去問題
2023年
問2
問5
2022年
問3
問5
2021年
問2
問5
2020年
問2

(1) デリバティブ取引にかかる規制

デリバティブ取引の取扱いについては，銀行法，保険業法，金融商品取引法などの各業法によって業態別に規定されている。このうち**金融商品取引法**は，2006（平成18）年6月に証券取引法を衣替えし，2007（平成19）年9月30日に施行されたもので，この法律には従来金融先物取引法で規定されていた有価証券関連以外のデリバティブ取引も対象に加えられている。銀行法その他の業法も，デリバティブの取扱いその他で同法を準用したり，同様の規制を設けたりしている。

(2) 金融商品取引法におけるデリバディブ取引の範囲

金融商品取引法では，デリバティブ取引を取引の市場によって，**市場デリバティブ取引**（国内の取引所取引），**店頭デリバティブ取引**（相対取引），**外国市場デリバティブ取引**（外国の取引所取引）に分類している。デリバティブ取引の具体的内容は，金融商品（有価証券，預金契約等に基づく権利，通貨等）または金融指標（金融商品の価格または利率等，気象の観測の成果にかかる数値等）に基づく先物取引（いわゆる証拠金取引を含む），オプション取引，スワップ取引およびクレジット・デリバティブ取引などで，その対象には従前からの有価証券関連以外の金利，通貨（外国為替），クレジット，天候なども含まれている。また，政令により追加指定も可能とされている。なお，通貨のフォワード取引のうち差金決済ができないものは，金融商品取引上のデリバティブ取引に該当しない。

(3)　金融商品取引業者

　金融商品取引法では，規制対象となる取引業者の法律上の名称は「金融商品取引業者」，取引所の法律上の名称は「金融商品取引所」とされている（ただし，あくまでも法律上の名称であり，従前の証券会社や証券取引所という名称は引き続き使用することができる）。

　金融商品取引業は**登録制**で，業務内容の範囲に応じて区分され，各区分に応じて参入規制（登録拒否要件）が定められている。このうち，「第一種金融商品取引業」は，流動性の高い有価証券の販売・勧誘や顧客資産の管理の業務などを行うもので，主に証券会社や金融先物取引会社などが登録している。「第二種金融商品取引業」は，流動性の低い信託受益権や集団投資スキーム持分などの販売・勧誘などを行うものである。デリバティブ取引およびその媒介等の業務もこれらに分類されるが，第二種金融商品取引業には店頭デリバティブ取引は含まれない。銀行等が有価証券関連デリバティブ取引以外のデリバティブ取引（商品関連市場デリバティブ取引を除く）を業として行う場合は，登録金融機関としての登録が必要である。また，銀行等は差金決済される有価証券関連店頭デリバティブ取引も付随業務として行うことができる。

　有価証券関連店頭デリバティブ取引と暗号資産関連店頭デリバティブ取引を除く店頭デリバティブ取引については，次のいずれかを相手として行う場合は，投資者の保護に支障がないと認められるため，金融商品取引業から除かれている。

① 第一種金融商品取引業者（第一種少額電子募集取扱業者を除く）または登録金融機関
② 適格機関投資家
③ 外国の法令上①②に掲げる者に相当する者
④ その他金融庁長官が指定する者
⑤ 資本金の額が 10 億円以上の株式会社

図表 1-3　金融商品取引法における投資家の区分

	移行の可否	内　　容
特定投資家 （プロ）	①一般投資家へ移行不可	適格機関投資家, 国, 日本銀行
	②一般投資家へ移行可能	政府系機関, 上場会社, 資本金5億円以上の株式会社など
一般投資家 （アマ）	③特定投資家へ移行可能	①②以外の法人（地方公共団体を含む）, 一定要件を満たす個人
	④特定投資家へ移行不可	③以外の個人

⑷　投資家の区分

　金融商品取引法では, 投資家を**一般投資家**と**特定投資家**に区分（図表 1-3）して, 規制に差異を設けている。特定投資家とはプロの投資家のことで, 適格機関投資家, 国, 日本銀行および投資者保護基金その他の法人をいう。このうち, 上場会社や政府系機関などは原則として特定投資家とされるが, 申出により一般投資家へ移行することもできる。また, 逆に, 一般投資家のうち一定の要件を充たす法人やセミプロの個人投資家は, 申出により特定投資家へ移行することも可能である。なお, 地方公共団体は, 従来「一般投資家へ移行可能な特定投資家」とされていたが, 2011（平成23）年4月から「特定投資家へ移行可能な一般投資家」に分類が変更されている。

　金融商品取引業者は, 一般投資家に対してデリバティブ取引を勧誘する際には, 契約締結前にリスクや取引内容その他重要事項を説明した**説明書類の交付**が義務づけられているが, 相手方が特定投資家である場合には, 交付義務等は適用除外となる。

⑸　不招請勧誘の禁止

　不招請勧誘とは, 取引の勧誘を要請していない顧客に対し, 訪問や電話により勧誘する行為をいう。個人顧客を相手方とする店頭デリバティブ取引については, 従来, 外国為替証拠金取引等について

のみ不招請勧誘が禁止されていたが，2011（平成23）年4月からは，すべての取引において，継続的に取引を行っている場合や有価証券のカバード・コール（保有する有価証券を担保に供し，その有価証券を対象としたコール・オプションを売却する取引）の勧誘を行う場合等を除き，不招請勧誘が禁止となった。また，店頭金融先物取引および暗号等資産関連店頭デリバティブ取引については，法人に対しても不招請勧誘は禁止になっている[2]。なお，市場デリバティブ取引は，

---

[2] 金融商品取引業に関する内閣府令では，不招請勧誘等の禁止の例外として，以下の勧誘を掲げている。
① 継続的取引関係にある顧客（勧誘の日前1年間に2以上の取引契約のあった者および勧誘の日に未決済の取引の残高を有する者に限る）に対する店頭デリバティブ取引に係る契約の締結の勧誘
② 外国貿易その他の外国為替取引に関する業務を行う法人に対して，当該法人が保有する資産及び負債に係る為替変動による損失の可能性を減殺するために行う店頭金融先物取引に係る契約の締結の勧誘
③ 個人に対する有担保の有価証券のカバード・コールに相当する取引に係る契約の締結の勧誘。内閣府令では，条件付株券貸借取引（株券を保有している顧客が当該株券を業者に貸し付け，設定価格に達すれば株券を設定価格で売却し，これに達しない場合は業者から株券が返却される取引）および有担保のコール・オプションの売り（株券を保有している顧客が当該株券を業者に担保提供し，行使価格以上になればオプションが行使され，業者による株券の買付けが行われる一方，行使価格を下回ればオプションが放棄され，業者から株券が返却されるオプション取引）を想定している。
また，金融庁の「金融商品取引業者等向けの総合的な監督指針（令和5年8月）」においては，不招請勧誘への該当性について，以下の留意点が示されている。
① 法の規定する不招請勧誘である「訪問しまたは電話をかけて，金融商品取引契約の締結の勧誘をする行為」には，勧誘を行ってよいか否かを尋ねることが含まれる。
② 不招請勧誘の例外となる「未決済の店頭金融先物取引の残高を有する者」には，権利行使期間が満了していないオプションを有する者を含む。
③ 広告等を見た顧客が，店頭デリバティブ取引業者に対して電話等により，一般的な事項に関する照会や取引概要に関する資料請求を行ったことのみをもって，当該顧客が「金融商品取引契約の締結の勧誘の要請」をしたとみなすことはできない。

不招請勧誘の禁止取引に該当しない。

4　金融庁の「監督指針」における留意点

過去問題
2020年
問5

　銀行等は，銀行法等により，その業務にかかる重要な事項の顧客への説明その他の，健全かつ適切な業務の運営を確保するための措置（書面の交付その他の方法による商品または取引の内容およびリスク等の説明を含む）に関して社内規則等を定め，当該社内規則等に基づいて業務が運営されるよう十分な体制を整備することが義務付けられている。

　金融庁の「主要行等向けの総合的な監督指針（令和5年6月）」および「中小・地域金融機関向けの総合的な監督指針（令和5年6月）」においては，契約時点等におけるデリバティブ取引の商品内容およびリスク等の説明について，以下の留意点が示されている。

① 　当該デリバティブ取引の商品内容やリスクについて，例示等も入れ，具体的にわかりやすい形で解説した書面を交付して，適切かつ十分な説明をすることとしているか。

　　たとえば，

・当該デリバティブ取引の対象となる金融指標等の水準等に関する最悪のシナリオ（過去のストレス時のデータ等合理的な前提を踏まえたもの）を想定した想定最大損失額について，前提と異なる状況になれば，さらに損失が拡大する可能性があることも含め，顧客が理解できるように説明しているか。

・当該デリバティブ取引において，顧客が許容できる損失額を確認し，上記の最悪のシナリオに至らない場合でも許容額を超える損失を被る可能性がある場合は，これについて顧客が理解できるように説明しているか。

・金融指標等の状況がどのようになれば，当該デリバティブ取

引により，顧客自らの経営または財務状況に重大な影響が生
じる可能性があるかについて，顧客が理解できるように説明
しているか。
② 当該デリバティブ取引の中途解約および解約清算金につい
て，具体的にわかりやすい形で解説した書面を交付して，適切
かつ十分な説明をすることとしているか。
たとえば，
・当該デリバティブ取引が原則として中途解約できないもので
ある場合には，その旨について，顧客が理解できるように説
明しているか。
・当該デリバティブ取引を中途解約すると解約清算金が発生す
る場合には，その旨および解約清算金の内容について，顧客
が理解できるように説明しているか。
・銀行取引約定書等に定める期限の利益喪失事由に抵触する
と，デリバティブ取引についても期限の利益を喪失し，解約
清算金の支払義務が生じる場合があることについて，顧客が
理解できるように説明しているか。
・当該デリバティブ取引において，顧客が許容できる解約清算
金の額を確認し，上記の最悪のシナリオに至らない場合でも
許容額を超える損失を被る可能性がある場合は，これについ
て顧客が理解できるように説明しているか。
③ 提供するデリバティブ取引がヘッジ目的の場合，以下を確認
するとともに，その確認結果について，具体的にわかりやすい
形で，適切かつ十分な説明をすることとしているか。
・顧客の事業の状況（仕入，販売，財務取引環境など）や市場
における競争関係（仕入先，販売先との価格決定方法）を踏
まえても，継続的な業務運営を行う上で有効なヘッジ手段と
して機能することを確認しているか（たとえば，為替や金利

の相場が変動しても，その影響を軽減させるような価格交渉力や価格決定力の有無等を包括的に判断する）。

・上記に述べるヘッジ手段として有効に機能する場面は，契約終期まで継続すると見込まれることを確認しているか（たとえば，ヘッジ手段自体に損失が発生していない場合であっても，前提とする事業規模が縮小されるなど顧客の事業の状況や市場における競争関係の変化により，顧客のヘッジ・ニーズが左右されたり，ヘッジの効果がそのニーズに対して契約終期まで有効に機能しない場合がある）。

・顧客にとって，今後の経営を見通すことがかえって困難とすることにならないことを確認しているか（ヘッジによる仕入れ価格等の固定化が顧客の価格競争力に影響を及ぼし得る）。

④ 上記①から③に掲げる事項を踏まえた説明を受けた旨を顧客から確認し，その記録を書面（確認書等）として残すこととしているか。

デリバティブの種類

〈学習上のポイント〉

デリバティブは，先物，オプション，スワップに大別される。それぞれどのような特性をもつかをまとめておこう。また，先物は相対取引と取引所取引の違いから，フォワードとフューチャーに分けられることも理解しよう。

1 先物（フォワードとフューチャー）

デリバティブは，その取引の形態から，先物，オプション，スワップに大別される。本章では，これらの取引の仕組みを簡単に説明していこう。

(1) 先物取引とは

先物取引とは，先日付での決済を前提に，その価格を予め約定しておく取引のことをいう。現物取引では，取引日の何日後に決済を行うかが市場慣行として決まっていることが多い。たとえば，ドル円の為替取引では取引日の2営業日[3]後にドルと円を約定レートで交換する。これに対して，1ヵ月後の決済というように先日付で交換を行う取引形態があり，これを一般的に先物取引と呼んでいる。

---

[3] 営業日（Business Day）とは，銀行の祝休日に当たらない日を意味する。わが国では，土日および国民の祝日を除いた日である。海外では，国民の祝日でなくても銀行休業日という取扱いもある。

現物取引が売買の約定をしてから比較的すぐに決済されるのに対して，先物取引は決済が「将来」になっている点に特徴がある。決済が先に延びていることから，当然のこととして価格も現物とは異なる。

　先物が原資産のもつリスクを効率的に取る仕組みになるのは，基本的に先物は約定だけをしておき，最終的な決済は先日付にして延ばされているからである。そして，通常の場合は，取引最終期限までにそれを**反対売買**（解約）して，反対売買価格と当初の約定価格との差金決済で済ますことが想定されているのである。差金決済が可能であれば，約定代金を支払うことなく売買損益が得られるので，投下資金の節約となる。また，原資産が株価指数のような指標の場合には，原資産による受渡し自体が物理的に困難であることから，最終決済についても差金決済で行われることになる（先物の期日における指標と約定価格との差額を金額に換算して行う）。ただし，先物取引は最終的な決済が先日付となることから，その間に決済不能となるリスクも存在する。このため，取引所や取引の相手方から証拠金や担保の差入れを求められる場合もあるが，その分は取引コストの増加となる。

(2) **先物取引の分類**

　先物取引は，**フォワード**（Forward）と**フューチャー**（Futures）に分けられる（図表1-4）。フォワードは**相対取引**（Over The Counter；店頭取引，OTC取引ともいう），フューチャーは**取引所取引**（Listed；上場取引ともいう）である。フォワードを先渡取引，フューチャーを狭義の先物取引と呼ぶ場合も多い。相対取引とは，売り手と買い手との間で取引条件を決め，直接取引を行うものである。これに対して取引所取引は，証券取引所などの取引所に注文を出して取引を行うもので，取引条件は予め決められている。取引所では各注文間で競争的に売買が行われ，最も安い値段の売り注文と

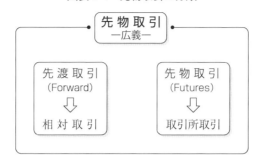

図表 1-4　先物取引の分類

最も高い値段の買い注文が値段的に合致したときに約定（取引成立）となるのである。取引所取引では，1つの売り注文に複数の買い注文が対当することも珍しくない。株式は現物取引も取引所取引が中心に行われているが，債券や為替，金利（預金）などは相対取引が中心である。

　2　オプション　

⑴　オプション取引とは

オプション取引（Option）は，「株式を買う権利」「国債を売る権利」などのように，原資産の売買その他の取引を行うことのできる「権利」を売買する取引である。権利の対価は**プレミアム**（Premium）と呼ばれるが，これは「何かのために先払いしたもの」という意味である。基本的なオプションは売買取引を行う権利をいい，このうち原資産を予め定められた日もしくは一定期間内に「予め定められた価格で売ることができる権利」を**プット・オプション**（Put Option），「予め定められた価格で買うことができる権利」を**コール・オプション**（Call Option）と呼んでいる。予め定められた売買価格のことを**権利行使価格**または**ストライク**といい，オプションを使って売買を実行することを**権利行使**または**オプションの行使**という。

過去問題
2023年
問18
2021年
問18

オプション取引は，「権利」という商品の取引であることから，売買の予約である先物と異なり，単純な取引では売買のつど代金の授受が行われる。オプションの買い手は権利の保有者である。一方，オプションの売り手は権利の供与者であるから，売り手には買い手が権利行使をした場合に，それに応じなければならない義務がある。買い手が権利行使をするのは，一般に権利行使によって何らかの利益が得られるときであるので，売り手は不利な状態で権利行使を受けることになる。これに対して，買い手は権利行使が不利な場合には，無理に権利行使をする必要はない。

(2) 自動権利行使制度

買い手が権利行使をしないままオプションが期限を迎えた場合，そのオプション取引が**自動権利行使制度**を採用していないかぎり，買い手はオプションを放棄したことになり，買い手の権利は消滅する。

自動権利行使制度を採用している場合は，権利行使によって何らかの価値が得られるオプションについては，買い手が権利行使の申告をしなくても申告があったものとして取り扱われる。逆に，買い手が権利行使の価値のあるものを，あえて権利行使せずに放棄する場合（権利行使にかかる手数料等を考慮すると，権利行使をしないほうが得な場合もある）には，その旨の申告が必要になるのである。

(3) 現物決済と差金決済

買い手が権利行使をすると，原資産が通貨，債券，株式，国債先物などの商品の場合には，通常，これらの売買が発生することになる（これを「現物決済」という）が，株価指数のような指標の場合には売買が物理的に困難であることから，一般的には権利行使価格と権利行使時の指標との差額相当金額を売り手が買い手に支払う方式がとられている（これを「差金決済」という）。また，現物決済が可能なオプションであっても，契約によりあえて差金決済とする場合

もある。

　このように，オプション取引は新規に買付けまたは売却を行い，権利行使または権利消滅により終了するという流れになるが，通常は，期限までに反対売買（解約）して決済する方法も認められている。この場合，単純なオプション取引では新規の売買時に代金の授受がなされていることから，反対売買時においても反対売買にかかる代金の授受を行うのが一般的である。

⑷　いろいろなオプション

　なお，オプション取引には売買取引に関連しない取引を行う権利を対象とするものもあるため，常にコールやプットと呼ばれるわけではない。たとえば，スワップ取引を行う権利については，**ペイヤーズ・スワップション**（固定金利を支払う金利スワップを行う権利），**レシーバーズ・スワップション**（固定金利を受け取る金利スワップを行う権利）と呼ぶのが一般的である。

　また，権利行使日までに一定の観測期間を設け，その間に原資産がある一定の条件をクリアした場合（たとえば株価が500円以上に上昇した場合など）に，オプションが初めて発生するもの（ノックイン・オプション）や，逆にオプションが消滅してしまうもの（ノックアウト・オプション），権利行使によって得られる金額が原資産価格に関係なく一定なもの（デジタル・オプション，バイナリー・オプションなど）も相対では取引されている。このようなオプションは，通常のオプションと比べると風変わりであることから，一般に**エキゾチック・オプション**（Exotic Option）と呼ばれている。

⑸　プレミアムの構成（図表1-5）

　オプションが原資産のもつリスクを効率的に取引する仕組みになるのは，オプションのプレミアムが原資産価格と権利行使価格との差額を基礎として決定されるからである。

　プレミアムは，**本源的価値**（Intrinsic Value；本質的価値ともい

う）と**時間的価値**（Time Value）に分けられる。

> プレミアム＝本源的価値＋時間的価値

　本源的価値とは，買い手がオプションを行使したと仮定した場合に買い手が得ることになる価値のことで，コールなら原資産価格から権利行使価格を引いたもの，プットなら権利行使価格から原資産価格を引いたものである。原資産価格と権利行使価格との差がマイナスになる場合には，通常，買い手は権利行使をしないことから，本源的価値はゼロであり，マイナスにはならない。時間的価値は，プレミアムから本源的価値を引いた残りの部分で，オプションの期限までに本源的価値が上昇する可能性に対して支払われている価値である。

図表 1-5　プレミアム

〔「コールの買い」の場合〕　　　　〔「プットの買い」の場合〕

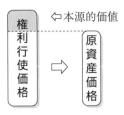

〔コール・オプション・プレミアム〕　〔プット・オプション・プレミアム〕

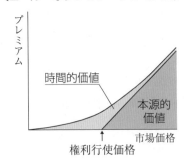
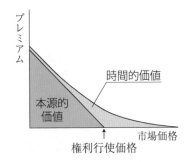

　プレミアムが本源的価値，すなわち原資産価格のうち権利行使価格から先の部分を基準として決定されるということは，時間的価値が別途加わったとしても，原資産全体に投資することと比較して投下資産が少額で済むことを意味し，資金の節約になるのである。

(6)　ボラティリティ

　オプションのプレミアムを実際に算出する場合には，ブラック（Fischer Black）とショールズ（Myron Scholes）によって開発されたモデルを基礎として用いるのが一般的である。このモデル（**ブラック・ショールズ・モデル**）は，原資産の市場価格やオプションの期間などの取引条件のほかに，原資産の**ボラティリティ**（Volatility；価格変動の度合い）という要素を取り込んで基本的なオプション価格を計算するものである。

　ボラティリティは，通常，原資産の日次変動率の標準偏差（年率）で表示される。原資産が過去どのようなボラティリティで変動したかを表すものは，**ヒストリカル・ボラティリティ**（Historical Volatility, **HV**）と呼ばれるが，オプション取引において必要なのは，言うまでもなく，オプションの期間における将来のボラティリティである。これは，実際には終わってみなければわからないのであるが，オプションのプレミアムから逆算して，プレミアムがどの程度のボラティリティを想定しているのかを見ることは可能である。このプレミアムに織り込まれている原資産のボラティリティのことを，**インプライド・ボラティリティ**（Implied Volatility, **IV**）という。一般的に「オプションのボラティリティ」という場合には，このインプライド・ボラティリティを指すのであり，新聞に「日経平均ボラティリティー・インデックス」とか「VIX指数」として掲載されている**ボラティリティ指数**も，オプションのインプライド・ボラティリティを指標化したものにほかならない。なお，ボラティリティ指数は，原資産の下落局面でしばしば大きく上昇するため，**恐怖指数**

(fear index) とも呼ばれている。

　標準偏差の説明は省略するが，仮に原資産価格が 100 円，ボラティリティが 10 ％で，原資産価格の変動確率が正規分布に従うと（金利は考慮せず）すれば，それは，大雑把に言えば 1 年後の原資産価格が「100 円±100 円×10 ％」の間，すなわち 90 円～110 円の間に，統計学上 68.26 ％の確率で収まることを意味する。

(7)　オプションの買い手と売り手の損益

　オプションの買い手と売り手の損益を比べてみると，買い手は，損失が最大で支払ったプレミアム相当金額に限定される一方，利益は期日における原資産の価格次第では無限に得られる可能性がある（なお，原資産価格に限度があれば利益も限定的になるが，ここでは一般論として述べる）のに対し，売り手は，利益が最大で受け取ったプレミアム相当金額に限定される一方，損失は期日における原資産の価格次第では無限に膨らむ可能性があるという違いがある。この違いを見るかぎりでは，オプション取引では買い手が売り手よりも優位にあり売り手になる人がいないように思えてしまうが，実際はそうではない。というのは，オプションのプレミアムには時間的価値が加わっている分，売り手のほうが買い手よりも利益を得やすくなっており，この点では売り手のほうが優位にあるからである。

　このことは，オプションの満期時の損益分岐点を比べてみれば，すぐにわかる。たとえば，原資産価格が 100 円のとき，権利行使価格が 100 円のコール・オプションのプレミアムが 2 円だったとしよう。満期時の損益分岐点は，コールの場合，権利行使価格にプレミアムを加えた 102 円である（プットの場合には，権利行使価格からプレミアムを引いた値になる）。このコールの買い手は，オプションの期日に原資産価格が 102 円を超えて上昇した場合にやっと利益が得られるのに対し，コールの売り手は原資産価格が下がらなくても，つまり 102 円を上回ってさえいなければ利益を確保できるのであ

る。損益分岐点の 102 円というのは，オプションを取引したときの原資産価格よりも 2 円高い水準であり，コールの売り手からすると相場観が外れたことになるのであるが，それでも最終的に損失にならずに済む。すなわち，オプションの買いは，損失限定，利益無限であるが，利益を上げるのは容易ではないのに対し，オプションの売りは，利益を上げるのは容易であるが，利益限定，損失無限なのである。

3　スワップ

(1)　スワップ取引とは

スワップ取引（Swap）は，2 つの想定される資産または負債から発生するキャッシュ・フロー（金利など）を「交換する（swap）」取引である。一般的なスワップ取引は金利を交換するもので，**金利スワップ**（Interest Rate Swap）と**通貨スワップ**（Cross Currency Swap）に大別される。金利スワップは，同一通貨の異なる種類の金利を交換する取引をいい，代表的な取引は，2 つの想定される同額の元本（資産または負債）から生じる固定金利と変動金利を交換するものである。通貨スワップは，異なる通貨の金利を交換する取引で，当初は同額とされる異なる 2 通貨の元本（資産または負債）から生じる金利（たとえばドル金利と円金利）を交換するものである。金利スワップにおいて，交換する金利の支払日が同日である場合には，通常，その差額が授受される。また，2 つの想定元本は同額であることから，契約の最初と最後に元本の交換は行わない。一方，通貨スワップの場合には，通貨が異なることから，元本の交換も行うのが一般的であるが，元本の交換をしない取引もある。

(2)　スワップ取引活用の効果

スワップ取引は，実質的には 2 つの資産または負債を交換する取

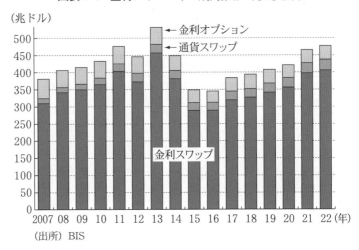

図表 1-6　金利デリバティブ残高推移（想定元本）

（出所）BIS

引であり，それを資産または負債から生ずるキャッシュ・フローの交換という契約で行うものである。これによって，実際に資産または負債を交換した場合にかかる諸コストが節約され，資産または負債のもつリスク（金利リスク，為替リスク）が効率的に取引できるのである。

スワップ取引は，当事者の一方だけで見れば，負債と資産を同時に増やしたのと同じ経済効果をもつ。たとえば，「変動金利支払い・固定金利受取り」というスワップ取引は，変動金利で資金を借り入れ，その資金を固定金利の債券に投資したのと同じ経済効果をもつものである。このような取引を行うと，通常，企業の貸借対照表上では，①資金を借り入れた段階で，負債のうちの借入金と資産のうちの現預金が増え，②債券に投資した段階で，資産のうちの現預金が減り，資産のうちの有価証券が増え，③結局，負債のうちの借入金と資産のうちの有価証券が増加することになる。

スワップ取引は，このような借入れおよび有価証券投資と同様の経済効果を1つの契約で実現させるものである。また，スワップ取

引はオフ・バランスシート取引であることから，企業の資産および負債をあまり膨らませずにでき，通常，元本の交換を行わないので，元本部分の信用リスクもないのである。

スワップ取引は，先物やオプションに比べて歴史が浅く，しかも法人の取引において特に効果的であることから，個人取引のレベルではあまり接する機会のない商品である。金利スワップが東京市場で本格的に取引されるようになったのは 80 年代後半以降であるが，スワップ取引には上述の効果があることから，近年目覚しい発展を見せている。全世界ベースでも同様である[4]（図表 1-6）。

また，取引契約書の整備も進んでいる。世界的には，ISDA（International Swaps and Derivatives Association；イスダ）と呼ばれる国際的な業界団体が発行した契約書の雛形（英文）が一般的に広く用いられているが，わが国の対顧客取引などでは ISDA 以外の日本語の契約書を使用する場合も少なくない。

---

[4] BIS（Bank for International Settlements；国際決済銀行）によると，2022 年末の全世界の店頭デリバティブ取引の残高（想定元本ベース）は，618 兆ドルであった。このうち金利関連は 491 兆ドルで，その通貨別内訳はドルが 179 兆ドル，ユーロが 152 兆ドルである。金利スワップの残高は 406 兆ドルで，IMF（International Monetary Fund；国際通貨基金）が公表している 2022 年の全世界の名目 GDP 101 兆ドルを大きく上回るが，グロスの市場価値で見ると 13 兆ドル程度である。

第 2 章

有価証券および金利の上場先物・オプション

Derivatives

Derivatives

Derivatives

国債先物

〈学習上のポイント〉

国債先物は，国債を原資産とした先物で，取引所上場の先物を代表するものである。国債先物の取引条件，決済方法，役割などを通して，先物取引の仕組みを理解しよう。また，国債先物の理論価格は，アービトラージ・フリー（無裁定）という概念により算出されるが，これは現代金融工学の重要な理論の１つであり，その考え方についても確実に理解しておこう。

1　国債先物取引とは

(1)　フューチャーに分類

先物取引とは，広義では決済期日が先日付の取引のことをいい，相対取引（店頭取引）の**フォワード**（先渡取引）と取引所取引（上場取引）の**フューチャー**（狭義の先物取引）とに分けられる。国債先物は，このうちのフューチャーに分類される。為替の先物取引は，フォワードとフューチャーの両方が存在するが，国債先物取引といえば，取引所取引のフューチャーを指すのが一般的である。

国債先物は，わが国では**大阪取引所**（Osaka Exchange を略してOSE とも呼ばれる）に上場されているが，取引は，10 年利付国債を対象とする長期国債先物に集中している（図表 2-1）。20 年利付国債を対象とする超長期国債先物（ミニ）（2022 年 4 月 4 日から売買単位が額面 1 億円から額面 1,000 万円に引き下げられた）や，5 年利付国

図表 2-1 長期国債店頭売買高と長期国債先物・オプションの取引高
（額面金額）

（単位：兆円）

年	長期国債 店頭売買	超長期国債 店頭売買	長期国債 先物取引	長期国債先物 オプション取引	権利行使
2014	3,101.3	1,701.1	879.2	113.4	5.4
2015	3,560.2	1,906.5	867.8	114.3	3.5
2016	3,320.7	2,092.5	738.3	95.8	3.8
2017	3,639.6	2,596.7	819.0	86.2	3.7
2018	5,536.7	3,571.9	1,030.4	78.4	4.2
2019	8,048.6	4,868.1	961.2	63.2	3.2
2020	7,225.8	7,030.1	714.8	32.3	2.1
2021	8,013.5	9,237.7	818.8	19.4	1.2
2022	11,589.6	12,971.9	808.5	8.6	0.9
2023	17,198.5	15,042.5	956.2	8.1	1.0

（出所）日本証券業協会，日本取引所グループ
　店頭売買高には，1つの取引が売り手・買い手の双方から報告され，二重に計
上されている場合も含む。

債を対象とする中期国債先物も上場しているが，取引量は少ない
（2023 年の取引高は，超長期国債先物（ミニ），中期国債先物ともゼ
ロに近い）。また，2009（平成 21）年 3 月から取引単位を 10 分の 1
にした長期国債先物（現金決済型ミニ）取引も始まったが，こちら
も取引量は少ない（2023 年の取引高は額面 0.04 兆円）。

(2) 流動性

　取引量が多ければ売却による換金も容易であることから，換金性
に着目して，取引量が多いことを「**流動性（Liquidity）が高い**」と
いう。具体的には，売り手と買い手が多数存在し，それぞれが提示
した値段のうち最も優先する値段で示される売値（**オファー**；
Offer）と買値（**ビッド**；Bid）の差が小さい状態である。このよう
な商品は，売買が容易にでき，取引コストも比較的低いのが普通で
ある。

　これに対して，取引量が少ないことを「流動性が低い」という。具体的には，売り手と買い手が少なく，平常でもオファーとビッドの差が大きい状態である。価格が急激に変動した場合には，売り手や買い手がいなくなり，取引相手を見つけることができない可能性もある。このような商品は，いざという時に売れず，仮に売れても価格が大幅に安くなってしまうリスクがあるため，そのリスク相当分だけ高い利回りが要求され，価格は流動性の高い商品と比べて安くなるのが普通である。このように，流動性が低いために期待した価格で取引ができないリスクを，**流動性リスク**または**リクイディティ・リスク**（Liquidity Risk）という。

　一般的には，長期国債先物のように取引量の多い商品は流動性が高く，中期国債先物のように取引量の少ない商品は流動性が低いといえる。

(3)　取引条件の定型化

　上場されているデリバティブの特徴は，通常，取引条件が定型化しているところにある。定型化により多数の売り注文と買い注文を取引所に集め，商品の流動性を高めているのである。

　相対取引のフォワードでは，売り手と買い手が合意さえすれば，受渡日，取引数量，単位などの取引条件を自由に設定することができる。しかし，自由設定が可能なのは，当事者の一方（先物業者）が相手（顧客など）の要望に応じるからであり，当事者の一方には相応のトレーディング能力が要求される。

　これに対して，流動性の高い取引所取引のフューチャーでは当事者双方ともに特段のトレーディング能力を必要としない。当事者の一方が相手方の要望に応じようとしなくても，市場参加者が多数存在すれば別の投資家がそれに応じて取引を成立させてしまうからである。取引所取引では，1つの買い（売り）注文に複数の売り（買い）注文が対当することも珍しくない。このようなことが可能なの

は，取引条件が定型化され多数の売買注文が取引所に集中しているからである。なお，取引量の少ない商品においては，マーケットメイカー（値付業者）が売値と買値を提示して取引の相手方になり，取引を成立させている場合もある。

また，取引所取引では一般に商品が定型化されているため，相手方と取引条件を詳細に詰める必要はなく，売買の別，価格，数量，限月（受渡日のある月）を指定すれば即座に取引ができるという利点もある。

 ## 2　国債先物取引の条件

具体的に取引条件を見てみよう（図表2-2）。

先物取引は，決済期日が先日付の取引であるが，国債先物の場合，取引の対象になっているのは標準物（ひょうじゅんもの）と呼ばれる架空の国債であり，決済期日になっても直接的には受渡しはできない。長期国債先物の場合は，額面が100円，利率が年6％，償還期限が10年という標準物で，償還期限は日時が経過しても10年のまま変わらない。

先物の対象に標準物という架空の債券を用いるのは，日時の経過とともに対象銘柄を変更する必要がなく，各銘柄固有の利率や残存期間などの属性を排除できるために，価格の継続性が保たれるという利点があるからである。先物の対象銘柄を架空の債券とする手法は，海外の取引所の国債先物取引でも広く用いられている。

長期国債（10年利付国債）はほぼ毎月発行され，利率や発行価格は，発行のつど行われる利回り競争入札の結果によって決定されるため，毎回変更になるのが普通である。長期国債の現物取引の指標銘柄は，新しく発行された国債で，発行ごとに指標銘柄が変わっていく。もし，先物取引の対象として指標銘柄を指定したとすると，日時の経過とともに常に新しい条件の国債を指定し直す必要があ

図表2-2　国債先物の取引条件（2023年12月現在）

	超長期国債先物取引（ミニ）	長期国債先物取引	中期国債先物取引	長期国債先物取引（現金決済型ミニ）
対象銘柄	超長期国債標準物（期間20年、利率3%）	長期国債標準物（期間10年、利率6%）	中期国債標準物（期間5年、利率3%）	長期国債標準物価格（先物価格）
限月取引		3、6、9、12月の直近3限月（最長9ヵ月）		
売買単位	額面1,000万円	額面1億円	額面1億円	長期国債標準物価格×10万円（額面1,000万円相当）
呼値の単位		額面100円につき1銭		0.5銭
制限値幅	通常時は基準値段の上下4円、拡大時は基準値段の上下6円	通常時は基準値段の上下2円、拡大時は基準値段の上下3円		
取引最終日		受渡決済期日の5営業日前		同一限月の長期国債先物取引の取引最終日の前営業日
最終決済期日		各限月の20日（休業日の場合は繰下げ）		取引最終日の翌々日（休業日の場合は繰下げ）
最終決済方法		受渡適格銘柄**による受渡決済		最終清算数値による差金決済
受渡適格銘柄/最終清算数値	残存19年3ヵ月以上21年未満の20年利付国債	残存7年以上11年未満の10年利付国債	残存4年以上5年3ヵ月未満の5年利付国債	最終清算数値は、取引最終日の翌日における、同一限月の長期国債先物取引の始値
取引時間	午前8時45分～11時02分（午前立会），午後0時半～3時02分（午後立会），午後3時半～翌日の午前6時（夜間立会：翌営業日付け）			
市場開設日*	2014年4月7日	1985年10月19日	1996年2月16日	2009年3月23日

*　国債先物取引は東京証券取引所で開始されたが、2014（平成26）年3月24日に大阪取引所に移管された。
**　受渡適格銘柄については、本文参照。発行日の属する月が限月の3ヵ月（超長期は4ヵ月）以前のものに限る。

り，それに伴って利率や償還日も変更になってしまう。国債の価格は利率や残存期間によって異なるため，国債先物の対象銘柄が変更になるたびに価格の水準が変わってしまう。これでは価格の連続性が保たれず不適当であるため，架空の債券を対象銘柄とする方式が生まれたのである。ただし，標準物の条件は，長期国債先物が始まった 1985（昭和 60）年当時の長期国債現物の利率を参考に設定されていることから，利率は 6 ％となっており，現在の金利水準とかけ離れている。

　限月とは，「先物の期限が満了となる月」のことで，古くは「きりつき」と呼ばれていたものである。最終決済期日は，わが国の国債先物の場合 3，6，9，12 月の各 20 日（休業日の場合は繰下げ）である。フォワードでは，決済期日を当事者の合意により自由に定められるが，フューチャーでは決済期日が取引所により一律に決められているのである[1]。また，限月取引の数も取引所によって決められており，国債先物の場合には 3，6，9，12 月のうちの直近 3 限月（最長 9 ヵ月）となっている（3 月限月のことを 3 月限と呼ぶことも多い）。一般的には，限月が一番近い先物の取引量が最も多く，期近物と呼ばれる。

　取引量の多い期近限月の先物（期近物）も決済期日が近づくと取引が減り，次の限月の先物（期先物）に取引の主役が交代する。これを**限月交代**と呼ぶ。大阪取引所では，期近限月（期近物）と期先限月（期先物）のうち一方を売り他方を買う取引を，通常の先物取引とは別に行われる**ストラテジー取引**を利用して同時に成立させることができ，限月交代の際の期近物から期先物へのポジション移行をスムーズに行うことができる。

---

[1] 決済日が限月の何日に当たるかは，取引所や商品によって異なる。国債先物は 20 日（日付）であるが，限月第 3 週の金曜日というように，曜日で決まっていることも多い。

　ストラテジー取引とは，複数銘柄の売付けと買付けを同時に成立させる取引のことをいい，先物取引では，期近限月と期先限月の価格差（限月間スプレッド）を売買する**限月間スプレッド取引（カレンダー・スプレッド取引）**が可能である。

　国債先物の場合，限月間スプレッドは，

> 限月間スプレッド＝期近限月価格－期先限月価格

で示される。たとえば，現在，期先限月が期近限月と比べて割高な状態にあり，将来は限月間スプレッドが拡大するであろうと想定できれば，期近限月買い・期先限月売りの限月間スプレッド取引を組めばよい。

　この取引は両限月を別々に売買する方法で行うこともできるが，取引所のストラテジー取引を利用すると，限月間スプレッドを買うという1回の取引（ストラテジーの買い）で期近限月買い・期先限月売りの取引を成立させることができるのである。その場合の各限月の約定価格は取引所が決定することになっているが，国債先物の場合，「限月間スプレッド＝期近限月価格－期先限月価格」であるから，

> 期先限月の約定価格＝期近限月の約定価格－限月間スプレッド

となる。

　呼値とは売買注文の値段のことをいい，長期国債先物の場合，その単位は，額面100円につき1銭である。したがって，国債先物の値段は，たとえば143円37銭というように，額面100円につき○○円△△銭という表示になる。なお，現金決済型ミニ取引の呼値の単位は0.5銭である。

　制限値幅とは，当日の市場価格が基準値段（原則として前取引日の清算値段）から大きくぶれないように，取引所が制限を設けている値幅のことで，一時的要因で価格が乱高下することを抑制するた

図表 2-3　CBOT の米国 10 年国債先物の取引条件

（2023 年 12 月現在）

	米国 10 年国債（10-Year U. S. Treasury Notes）先物取引
対象銘柄（Underlying Unit）	期間 10 年，利率 6％の標準物
限月取引（Contract Months）	3，6，9，12 月の直近 3 限月
売買単位（Trading Unit）	額面 10 万ドル
呼値の単位（Tick Size）	アウトライトの場合，額面 100 に対して 0.5/32（1 単位当たり $15.625 の価値をもつ）。126.165 という表示は，「126＋16.5/32」を意味する
制限値幅（Daily Price Limit）	なし
取引最終日(Last Trading Day)	受渡決済期日の 7 営業日前。取引最終となる限月取引は 12 時 01 分で終了
受渡決済期日(Last Delivery Day)	各限月の最終営業日
受渡適格銘柄（Deliverable Grades）	残存 6.5 年以上 10 年未満の長期国債（T. Notes）
取引時間（Trading Hours）	日曜日から金曜日のシカゴ時間の午後 5 時から午後 4 時まで

　めのものである。通常時と拡大時（サーキット・ブレーカー発動時）の 2 本建てになっており，長期国債先物の場合，通常時が基準値段の上下 2 円，拡大時が基準値段の上下 3 円である。

　日本国債の先物は，海外の取引所にも上場されている。また，各国でも国債先物は活発に取引されており，現物債の市場規模が大きい米国は，国債先物の市場規模も大きい。米国 10 年国債（10-Year U. S. Treasury Notes）の先物は，シカゴ商品取引所（Chicago Board of Trade；CBOT と略される)に上場しているが，その取引条件は図表 2-3 のとおりである。売買単位は額面 10 万ドルで，わが

国の長期国債先物と比べて小口化されている。

 ## 3　国債先物取引の決済

　国債先物取引は，決済期日が先日付の取引で，決済期日になれば現物を受け渡す方法で決済しなければならないが，取引最終期限までに反対売買をし，決済期日前に差金決済することも認められている。すなわち，国債先物の決済方法には，「反対売買による決済期日前の**差金決済**」と「決済期日における**現物の受渡決済（現引き・現渡しによる決済）**」の2通りがあるのである。ただし，国債先物の決済のほとんどは反対売買による差金決済で行われている。たとえば，2023（令和5）年9月限月の国債先物の建玉（約定したまま未決済の状態にある契約）は，8月31日時点では168,843単位あったが，最終決済をしたのは2,942単位にすぎない。国債先物の利用者の大多数は先物の価格変動に着目して先物を取引しており，現物の受渡しを目的としていないためである。

　なお，ミニ取引は最終決済も最終清算値段による差金決済となる。

(1)　反対売買による差金決済

　差金決済は，当初の約定価格と反対売買価格の差額の授受により決済するものである。先物取引は，将来行う売買の取引価格を予め約定しておく取引なので，先物を買い約定しても決済期日までは代金の支払いが起こらない（証拠金や担保の差入れは別にして）。したがって，取引最終期限までに反対売買をすると，当初の約定が相殺され，価格差のみが決済されることになるのである。すなわち，先物の反対売買というのは，本質的には，当初の約定価格と反対売買価格の差額を授受することにより，決済期日前に取引関係を終了させる解約のような取引なのである。なお，差金の授受は反対売買をした日の翌営業日に行われる。

　ところで，取引所では買建玉（新規に買ったままの状態にある契約）の反対売買を**転売**，売建玉（新規に売ったままの状態にある契約）の反対売買を**買戻し**と呼んでいるが，これは，取引所取引においては，新規の売買時と反対売買時とで取引相手が異なるのが普通であることを踏まえての呼称とみられる。すなわち，当初Aの新規買い・Bの新規売りの取引がなされ，その後，Aの返済売り・Cの新規買いの取引が成立したとすると，建玉は，Aの買い・Bの売りからCの買い・Bの売りへと変わり，Aは自らの買建玉をCに転売したような形になるのである。しかし，Aの取引行為の実態は，単に自らの買建玉を手仕舞った（解消した）にすぎず，自らの買建玉をCに転買したという認識は，Aには全くないはずである。この意味で，転売・買戻しというのは，反対売買すなわち返済売り・返済買いの単なる称呼にすぎないと理解すべきであろう。

　国債先物を，新規に売り約定（売建て）または買い約定（買建て）し，後に別な値段で反対売買を行えば，損益が発生する。国債先物売買の損益計算方法は，以下のとおりである。

● 国債先物取引の損益

　8月24日：長期国債先物を額面10億円，単価142円58銭で買い建てた

　8月25日：買建玉10億円を，全額単価143円16銭で売り返済（転売）した

　8月26日：売買益を差金決済で受け取った
　　この場合の損益は，
　　　損益＝（転売価格－買建価格）×額面÷100
　　　　　＝（143.16円－142.58円）×10億円÷100
　　　　　＝580万円

と計算され，580万円の利益となる。逆に，142円58銭で売り建て，143円16銭で買い返済（買戻し）した場合には，580万円の損失となる。

(2) 現物の受渡決済

　国債先物のもう1つの決済方法は，**現引き・現渡しによる決済**である。取引最終期限までに反対売買によって決済されなかった売建玉と買建玉は，決済期日に現物の受渡しにより決済される（**最終決済**）。この場合，売り方は現物を引き渡して代金を受け取り，買い方は代金を支払って現物を引き取ることになる。ただし，国債先物の対象は標準物という架空の国債であるため，これを直接受け渡すことはできない。そこで，国債先物では「実在する国債を標準物に換算した価格で受け渡す」という受渡方法がとられているのである。もっとも，受渡しができる現物債には条件が設けられており，これを満たす銘柄は**受渡適格銘柄**と呼ばれている。

　長期国債先物の受渡適格銘柄の条件は，「残存期間が7年以上11年未満の10年利付国債で，発行日の属する月が限月の3ヵ月以前のもの」である。受渡銘柄の標準物への換算は，標準物の価格に受渡銘柄の**交換比率**を掛ける方法で行う。交換比率は，換算係数あるいは**コンバージョン・ファクター**（Conversion Factor, **CF**）などとも呼ばれている。この比率は，標準物の価値を1としたときの受渡銘柄の価値を表す。長期国債先物の標準物の利率は6％であるから，複利利回り6％のとき標準物の価格は100円となり，それを100で割れば1となる。すなわち，交換比率は「複利利回り6％のときの受渡銘柄の価格を100で割ったもの」にほかならない。したがって，原則として，受渡銘柄の利率が6％を上回っていれば交換比率は1よりも大きく，利率が6％を下回っていれば交換比率は1よりも小さくなる（例外的ではあるが，経過利子の影響でそうならない場合もある）。

　最終決済時の受渡銘柄の受渡価格は，先物の最終清算価格に交換比率を掛けて算出し（小数点以下第5位を切捨て），これに経過利子（100円当たりの経過利子は小数点以下第8位を切捨て）を加えたも

のになる。

● 国債先物の受渡代金

> 8月30日：長期国債先物を額面10億円，単価142円50銭で売り建てた
> 9月13日：最終清算価格142円00銭
> 9月14日：売買損益の授受
> 9月20日：交換比率0.685972，経過利子0円の10年利付国債の引渡し
>
> 　国債先物の最終決済の決済金額は，「売買損益」と「現物の受渡代金」の2つの部分に分けられる。売買損益は，取引最終日の翌日に約定価格と最終清算価格との差額を授受するものである。この例では，
>
> $$売買損益＝（売建価格－最終清算価格）×10億円÷100$$
> $$＝（142.50円－142.00円）×10億円÷100$$
> $$＝500万円$$
>
> と計算され，500万円を受け取ることになる。
>
> 　現物の受渡代金は，決済期日に受渡銘柄を授受する際のものである。この例では，
>
> $$受渡代金＝最終清算価格×交換比率×10億円÷100$$
> $$＋100円当たり経過利子×10億円÷100$$
> $$＝142.00円×0.685972×10億円÷100＋0円$$
> $$×10億円÷100$$
> $$＝974,080,000円$$
>
> と計算され，974,080,000円となる。

　最終決済時にどの銘柄を受け渡すかは，先物の売り手が決定する。しかし，売り手にとっては受渡適格銘柄のうち割安なものを引き渡すのが有利であることから，実際に引き渡されるのは**最割安銘柄**もしくはそれに近いものが多い。受渡し可能な最割安銘柄は，チーペスト・トゥ・デリバー（Cheapest to Deliver）を略して**チーペスト**またはCTDと呼ばれる。

　長期国債先物は10年利付国債を対象とする先物であるが，価格が本当に連動するのは最終的に受渡しがなされる可能性が高いチーペ

ストのみであり，実質的な対象銘柄はチーペストなのである。したがって，チーペストを対象とする国債先物の値動きと，国債の指標銘柄となっている直近発行銘柄の値動きにズレが生じていても，何ら不思議ではない。

現在，チーペストは受渡適格銘柄のうち最も残存期間が短いもの，つまり残存期間 7 年の長期国債である。このため，長期国債先物の対象銘柄が 10 年利付国債であるにもかかわらず，実際の先物価格はチーペストの 7 年ゾーンの国債の影響を受けやすくなっている。

なお，長期国債先物（現金決済型ミニ）取引の最終決済は，取引最終日の翌日（長期国債先物の取引最終日）の長期国債先物の始値に基づいて，差金決済により行われる。

 # 4　国債先物取引の役割

国債先物取引の役割としては，一般的に①ヘッジ機能，②債券価格に関する情報提供，③国債の発行・流通市場の安定と拡大という 3 つが挙げられる。

(1) ヘッジ機能

ヘッジ（Hedge）とは，一般的に，金融取引ではリスクを回避するための手段をいう。国債先物を使ったヘッジ取引の例は，現物国債の保有者が金利上昇（＝債券価格の下落）を予想し，このリスクを回避するために国債先物を売り建てるというものである。予想どおり国債価格が下落すれば，先物を買い戻して利益を得，保有している現物国債の含み損の解消に充てることができる。このほかにも，資金調達を予定している人が実施時までの金利の上昇リスクをヘッジするために国債先物を売ったり，資金運用を予定している人が運用開始時までの金利下落リスクをヘッジするために国債先物を買ったりすることも一般的に行われている。

　国債先物市場は流動性が高いため，取引が不活発になっている国債や流動性の低い社債などのリスク・ヘッジには適している。もっとも，近年は国債先物市場の流動性が以前と比べて低下し，現物との価格乖離が不安定であるために，金利リスクのヘッジに，国債先物ではなく他のデリバティブを使うケースも増えているとも言われている。それでもなお，国債先物が果たす金利リスクのヘッジ機能は重要である。

(2)　債券価格に関する情報提供

　先物価格は，現物価格と密接な関係をもっている。国債先物の対象の標準物は架空の債券ではあるが，交換比率を介して現物国債と結びついていることから，先物も基本的に現物国債と同じ理屈で価格が形成される。

　そもそも，国債とは国が債務者となる資金の借入れを債券の形にしたもので，その利回りは国の借入金利を示すものである。借入れという取引を行っているのは国だけではない。銀行からローンでお金を借りる個人も，社債やＣＰを発行する企業も，預金を受け入れる銀行も，すべて大きな意味では資金を借り入れていることになる。借り入れた資金（元本）の使用料が利息で，通常，年率〇〇％で価格表示される。これが**金利**（Interest Rate）である。

　借入れという取引に様々な形態があるように，その資金の使用料を示す金利も様々である。借入れの時期，期間，通貨，債務者，商品形態によって金利は変わってくる。同じ期間の円資金の借入れでも，国が債務者になる場合と個人が債務者になる場合とでは，貸す側から見れば後者のほうが利息の支払いや元本の返済をしないリスク（すなわち信用リスク）が高いため，そのリスク相当分だけ高い金利を要求することになる。一般的には，１つの国の中で最も信用リスクが低い債務者は国であると考えられるため，国債の市場金利である**利回り**（Yield）は，様々な市場金利の基準となっている。

　国債の先物の理論価格は，現物価格などから導き出される（詳細は後述）が，現在のわが国では，国債先物市場の取引量が多く，先物主導で現物市場が動く場面や，先物市場の流動性が現物市場を補完する場面も少なくない。つまり，先物市場の存在により国債という商品の価格が常に表示されている状態にあるわけで，これが現物市場の円滑な運用，発展を助けているのである。

　なお，前掲の図表2-1には長期国債の店頭売買高と先物取引の取引高が示されているが，店頭売買高には1つの取引が売り手・買い手双方の金融機関から報告され，二重に計上されている場合が少なくないと見られる。したがって，店頭売買高に見合う先物取引の売買高としては，表に記載されている取引高（売りと買いで1つの取引と見る）を2倍したもの（売りと買いをそれぞれ1つの取引と見る）を用いるべきであろう。

(3) 国債の発行・流通市場の安定と拡大

　国債は，通常の場合，証券会社や銀行などのディーラーが最初に国から買い受け，それを投資家に販売する方法で発行されている。また，いったん発行された国債は市場で売買されているので，これをディーラーが購入し，再び投資家に販売することも多い。通常，ディーラーは商品在庫として国債を保有しているが，市場金利が上昇すれば，この在庫に評価損が発生することになる。このような場合，国債先物を使えば，現物保有のリスクを回避することができる（前述参照）。

　したがって，国債先物を利用することにより，債券ディーラーによる十分な在庫の保有が可能になり，発行および流通市場の安定と拡大に役立つのである。

5　国債先物の理論価格の算出

(1)　国債先物の理論価格

過去問題
2023年
問10

国債の先物と現物は取引する市場が異なるので，市場の需給関係を映す先物価格と現物価格も異なるのが普通である。しかし，無関係ではない。先物と現物の基本的な違いは，受渡日の違いである。今日現物と代金を交換する取引（現物取引）と，1ヵ月後に現物と代金を交換する取引（先物取引）とでは何が違うのであろうか。

今日決済する取引では，すぐに現金が必要である。しかし，1ヵ月後に決済する取引と比べて早く現物を取得するため，現物から発生するクーポン等の受取額が，先物取引と比べて1ヵ月分多くなる。これに対し先物取引では，すぐに現金を必要としないことから，1ヵ月間の資金調達コストは節約できるが，その間に現物から発生したクーポン等は手に入らないことになる。1ヵ月後に現物を保有しなければならないとしたら，現物取引と先物取引のいずれを行ったらよいであろうか。

結論から言えば，いずれでも同じである。国債先物の理論価格は，「現物価格に，受渡期日までの資金調達コストを加え，それまでの現物国債のクーポン収入を控除したもの」になるからである。

ただし，取引所上場の国債先物は，対象となる現物が標準物という架空の債券であるため，計算に少し工夫が必要になる。まず，国債先物の場合，参照すべき現物銘柄は受渡適格銘柄のなかの最割安銘柄でなければならない。また，先物価格は標準物で表示されるため，現物価格を交換比率（CF）で除して，標準物価格に直すことも必要である。

すなわち，先物理論価格は，「現物価格（裸値段に経過利子を加えた利含み価格を用いる）に，受渡期日までの資金調達コストを加え，

受渡期日までのクーポン収入相当額を控除したものを，交換比率（CF）で割る」ことにより算出されるのである。

　取引日を4月20日，現物の受渡日を4月23日，先物の受渡日を6月20日として，2つのシナリオを考えてみよう。

① 　4月23日から6月20日までの58日間，購入代金を借り入れ，最割安銘柄の1.5％利付国債を106円43銭（裸値段）で購入する。

② 　先物を買い約定し，6月20日に受渡決済により，最割安銘柄の1.5％利付国債を購入する。

● 国債先物価格の計算

> 　受渡日4月23日の1.5％利付国債（利払日は6月と12月の20日）の価格は106円43銭（経過利子を含まない裸値段）であった。この国債が受渡適格銘柄のなかの最割安銘柄であった場合，6月限月の長期国債先物の理論価格はいくらになるか計算してみよう。ただし，調達金利は0.5％，交換比率（CF）は0.745838とする。
>
> ① 　4月23日から6月20日までの58日間，購入代金を借り入れ，1.5％利付国債を購入する。
>
> 　　　購入代金＝現物価格＋購入時経過利子
> 　　　　　　　＝106.43円＋1.5円×124日÷365日
> 　　　　　　　（12月20日〜4月23日まで124日）
> 　　　　　　　＝106.43円＋0.5095890円
> 　　　　　　　＝106.9395890円
> 　　　借入利息＝購入代金×0.5％×58日÷365日
> 　　　　　　　＝106.9395890円×0.005×58日÷365日
> 　　　　　　　＝0.0849657円
>
> 　4月23日から6月20日までの間に，債券からはクーポン収入が得られる。
>
> 　　　クーポン収入＝期中利子＋満期時経過利子
> 　　　　　　　　　＝0.75円＋0円
> 　　　　　　　　　＝0.75円

　　よって，①の方法で 6 月 20 日に現物債券を保有するために支払う金額は，

　　　　支払金額＝購入代金＋借入利息－クーポン収入

　　　　　　　　＝106.9395890 円＋0.0849657 円－0.75 円

　　　　　　　　＝106.2745547 円

と計算される。

②　先物を買い約定し，6 月 20 日に受渡決済により 1.5 ％利付国債を購入する。この場合の支払金額は，

　　　　支払金額＝先物価格×交換比率

　　　　　　　　＝先物価格×0.745838

と計算される（ここでは便宜上，先物価格と最終清算価格が等しいものとして計算している）。ここで，①＝②と置くと，

　　　　106.2745547 円＝先物価格×0.745838

となるので，先物価格は，

　　　　先物価格＝106.2745547 円÷0.745838

　　　　　　　　＝142.49 円

と計算され，142 円 49 銭となる。

以上を計算式にまとめると，以下のようになる。

　　　先物価格＝{現物価格×（1 ＋金利×満期までの日数÷365）＋購入時経過利子×（1 ＋金利×次回利払日までの日数(注)÷365)－期中利子－満期時経過利子}÷交換比率

(注)　期中に利払いがない場合には，満期までの日数と同じ。

(2)　アービトラージ・フリー

　なぜ「①＝②」と置くことができるのであろうか？　この 2 つの取引は，いずれも 6 月 20 日に現物債券を保有するという取引である。違いは，お金を借りて予め現物債券を買っておくのか，先物取引で約定だけしておくのかである。もし，この 2 つの取引の経済効果が等しくなれば，すなわち，いずれかが有利な状態にあれば，市場参加者は割安なほうで国債を買い，割高なほうで国債を売って利益を得ようとするであろう。みんなが同じ取引をすれば，自然と割安なほうの価格は上がり，割高なほうの価格が下がって，両者の経

済効果が一致するところに価格は収斂するはずである。

　たとえば，①のほうが有利であれば，市場参加者はこぞって借入れを起こして現物を購入し，先物を売るであろう。そうすれば，現物の価格は上がり，先物の価格は下がって，いずれ①の有利性は失われることになるのである。

　この取引手法は，**裁定取引**または**アービトラージ**（Arbitrage）と呼ばれる。同じ結果となる取引方法が複数あるときに，その経済効果が等しくなっていれば，それは裁定取引が不能な状態すなわち**アービトラージ・フリー（無裁定）**の状態である。アービトラージ・フリーは，先物価格のほか，オプション価格の算出理論にも適用されている現代金融工学の大原則の1つである。理論上は，少しでも価格のずれがあれば裁定取引が行われて，アービトラージ・フリーの状態になると考えるのである。

(3)　ベーシス取引

　もっとも，実際の市場では，取引①と取引②が全くの等価になるまで価格が収斂するとは限らない。取引コストや税制などの制約で，有利な商品を買って不利な商品を売るというアービトラージが進まない場合がこれに当たる。また，市場が大きく動いた場合には，2つの商品の価格動向がずれ，アービトラージの機会が生まれることも多い。割安なものを買い，割高なものを売って収益を上げる裁定取引を行う市場参加者のことを，裁定取引者（**アービトラージャー**；Arbitrager）と呼ぶ。裁定取引は，広義では，理論値または経験則に基づく適正値から市場価格が乖離しているときに，その修正の動きを期待して行う取引をいう。

　これに対して，「現物債券の買い」とか「国債先物の売り」といったように，市場価格の変動そのもので収益を得ようとする売りまたは買いの単独取引を**アウトライト**（Outright）または**スペキュレーション**（Speculation）という。債券の場合には，金利が上昇すれば価

格は下がり，金利が下落すれば価格は上昇するため，今後金利の上
昇を見込む場合には「債券の売り」，下落を見込む場合には「債券の
買い」を行うことになる。この場合，国債先物を利用すれば，取引
所への証拠金差入れを考慮しても，現物取引と比べて少ない資金で
同額の取引をすることが可能である。

　国債先物と国債現物の価格差に着目して，一方を売り，他方を買
うことにより収益を得ようとする取引は，広義の裁定取引の一種で
あるが，特に**ベーシス取引**と呼んでいる。ベーシス（Basis）とは，
先物と現物との価格差のことで，国債先物の場合には，通常，

> ベーシス＝現物価格－先物価格×交換比率（CF）

で示される。

　すでに述べたように，国債先物の実質的な対象銘柄は受渡適格銘
柄のうちのチーペストであり，それ以外の銘柄は交換比率を用いて
標準物価格に換算したとしても，先物価格と同一にはならないのが
普通である。しかし，このような銘柄であっても，経験則に基づい
てベーシスの適正値を判断することは可能である。ベーシス取引は，
このベーシスの動向を予測して，国債現物と国債先物のうち一方を
売り，他方を買う取引を同時に行うものである。

　国債先物と国債現物の値動きは類似するのが普通であるが，先物
市場と現物市場とでは市場参加者や流動性が異なることから，相場
が急激に動いたり，どちらかの市場で需給が偏ったりするとベーシ
スが拡大したり縮小したりすることもある。このような場合に，い
ずれ市場が平常に戻り，需給が是正されればベーシスも通常のレベ
ルに戻ると考えて，先物と現物のうち割高なほうを売り，割安なほ
うを買うのが国債のベーシス取引なのである。

　国債現物と国債先物のように，価格連動性が高い組合せについて
価格差に歪みが生じた場合に，これが理論値（または経験則から得

第2章
有価証券および金利の上場先物・オプション

られる適正値）に収束すると考えて行うトレーディングは，金利や価格の方向を予測して収益を得ようとするアウトライト・トレーディングに比べるとリスクが少ないと言える。しかし，理論値（適正値）とはいっても，必ず計算どおりの価格に市場が収束するとは限らないため，必ずしも無リスクというわけではない。ベーシス取引は，広義の裁定取引に含まれるが，厳密な意味での完全無リスクの裁定取引とは異なるものである。

国債先物オプション

〈学習上のポイント〉 国債先物オプションは，国債先物というデリバティブを原資産とするデリバティブである。この国債先物オプションも，取引所に上場されている。オプションは，先物に比べて取引条件が複雑であるが，取引所はこれを定型化し，流動性を高めている。ここでは，先物オプションとはどういうものか，確実に理解しておこう。

 ## 1　国債先物オプションとは

　国債先物オプション取引とは，国債先物を「予め定められた価格で売ることができる権利」または「予め定められた価格で買うことができる権利」の取引をいう。オプション取引の仕組みや取引例，理論価格の算出方法などについては章を改めて述べることにするが，本節では簡単に取引の概要を見ておこう。

　オプション取引では，原資産を売る権利を**プット・オプション**，買う権利を**コール・オプション**といい，その権利の対価を**プレミアム**と呼んでいる。オプションの買い手は，オプションを行使（権利行使）することにより，国債先物を，その時価がいくらであっても，予め定められた価格で売買することができる。一方，オプションの売り手は，買い手が権利行使した場合には，国債先物を予め定められた価格で売買に応じなければならない。買い手が権利行使するの

は，通常，権利行使が買い手にとって有利な場合であるので，売り
手にとっては不利な状態で売買に応じなければならないことにな
る。権利行使によって国債先物を売買する際の，予め定められた売
買価格のことを，**権利行使価格**または**ストライク**という。

　次の例は，長期国債先物12月限月を対象とする権利行使価格142
円00銭のオプションの価格（プレミアム）を示している。プットは
30銭，コールは1円ちょうどであった。また，このときの長期国債
先物の市場価格は142円70銭であった。

●国債先物オプションの本源的価値と時間的価値の計算

```
取引日：            10月2日
原資産：            長期国債先物12月限月
最終取引日：        10月31日
権利行使最終日：    10月31日
権利行使タイプ：    アメリカン
権利行使価格：      142円00銭
プット・プレミアム：30銭
コール・プレミアム：1円00銭
原資産価格：        142円70銭
プットの本源的価値＝0
    （権利行使価格－原資産価格＝142円00銭－142円70銭
                        ＝－70銭＜0だから）
プットの時間的価値＝プレミアム－本源的価値＝30銭－0
                ＝30銭
コールの本源的価値＝原資産価格－権利行使価格
                ＝142円70銭－142円00銭＝70銭
コールの時間的価値＝プレミアム－本源的価値
                ＝1円00銭－70銭＝30銭
```

　詳しいオプションの価格算出理論は第4章に譲るとして，ここで
は"直感的"にオプションのプレミアムを考えてみよう。まず，原
資産価格が142円70銭であることから，142円00銭でこの先物を

購入できる権利（コール）には何らかの価値があると思える。少なくとも，「142円70銭−142円00銭＝70銭」程度の価値はありそうだ。しかし，実際のコール・プレミアムは1円と，それよりもやや高めになっている。これに対し，142円00銭で売却できる権利（プット）には価値がなさそうに思える。しかし，実際のプットには30銭の価格がついているのである。

　オプションのプレミアムのうち，買い手がオプションの行使によって得ることのできる価値，すなわち原資産の市場価格とオプションの権利行使価格との差額で示される価値を，**本源的価値**（イントリンシック・バリュー；Intrinsic Value）あるいは本質的価値と呼んでいる。本例では，コールで70銭，プットで0銭である。オプションの場合，買い手は自らが不利なときは権利行使する必要がないため，本源的価値がマイナスになることはない。本源的価値を上回るオプション価値の部分，すなわちプレミアムから本源的価値を引いた残りは，**時間的価値**（タイム・バリュー；Time Value）と呼ばれる。これは，大雑把に言えば，取引日以降，原資産価格が変動することによって権利行使ができるようになる可能性，または権利行使によって得られる価値が増加する可能性の価値である。本例では，コール，プットとも30銭である。

　また，本例の国債先物オプションの最終取引日は10月末日であり，権利行使もこの日までに行わなくてはならない。国債先物オプションのように，権利行使が取引日以降，権利行使最終日までの間いつでもできるタイプを**アメリカン・タイプ**という。これに対して，権利行使日が1日に限定されているタイプは**ヨーロピアン・タイプ**と呼ばれるが，為替の店頭オプションなどで多く見られるものである。

2　国債先物オプションの条件

過去問題
2023年
問22
2022年
問21
2021年
問21
2020年
問21

　以上をまとめると，長期国債先物オプション取引とは，「長期国債先物を対象とするオプション取引のことで，具体的には，国債先物取引の所定の限月について，予め定められた価格（権利行使価格）で，一定数量を一定期間内に買い付けることができる権利（コール・オプション）または売ることができる権利（プット・オプション）を売買する取引である」ということになる。

(1)　取引条件

　国債先物オプションは，国債先物と同様に大阪取引所に上場されている。図表 2-4 はその取引条件の概要，図表 2-5 は限月取引のサイクルである。

　国債先物オプションの対象となる国債先物の限月取引は，オプションの取引終了後すぐ決済期日が到来する限月取引であるから，オプションの限月取引が 1，2，3 月限月の場合は，対象先物の限月取引は 3 月限月ということになる。

　国債先物オプションの限月取引は，3，6，9，12 月の四半期限月取引と，それ以外の月の短期物限月取引に分けられる。四半期限月取引は，限月の 6 ヵ月前の 1 日に取引を始め，短期物限月取引は限月の 2 ヵ月前の 1 日に取引を始めるが，取引最終日はいずれも限月の前月末日である。したがって，2 月 1 日に取引できるのは，3 月限月（3 月限月の先物を対象）と 4，6 月限月（6 月限月の先物を対象）となり，3 月 1 日に取引できるのは 4，5，6 月限月（6 月限月の先物を対象）と 9 月限月（9 月限月の先物を対象）となる。取引時間や売買単位などは，国債先物と同じである。また，取引は先物同様，システム売買で行われる。

　国債先物オプションの行使は，買い手が行使の意思表示をするこ

図表 2-4　国債先物オプションの取引条件（2023 年 12 月現在）

	長期国債先物オプション取引
対象となる先物の限月取引	取引最終日後最初に受渡決済期日が到来する長期国債先物取引の限月取引
限月取引	四半期限月取引：3，6，9，12 月の直近 2 限月 短期物限月取引：3，6，9，12 月を除く限月（最大 2 限月）
売買単位	長期国債先物取引の額面 1 億円分
呼値の単位	長期国債先物取引の額面 100 円につき 1 銭
制限値幅	正常時は基準値段の上下 2 円 10 銭，拡大時は上下 3 円。
取引開始日 （新規設定日）	四半期限月取引：限月の 6 ヵ月前の 1 日（休業日に当たるときは，順次繰り下げる） 短期物限月取引：限月の 2 ヵ月前の 1 日（休業日に当たるときは，順次繰り下げる）
取引最終日	限月の前月の末日（休業日に当たるときは，順次繰り上げる）
権利行使価格	取引開始日に 25 銭刻みで 21 種類設定。その後，先物価格の変動等に応じて追加設定する。
権利行使期間	取引開始日から取引最終日まで（アメリカン・タイプ）（ただし，権利行使期間満了時のイン・ザ・マネー銘柄については，特段の指示がない場合，自動的に権利行使される）
取引時間	午前 8 時 45 分〜11 時 2 分（午前立会），午後 0 時半〜3 時 2 分（午後立会），午後 3 時半〜翌日の午前 6 時（夜間立会：翌営業日付け）
取引代金の授受	取引契約締結の日の翌日
市場開設日*	1990 年 5 月 11 日

＊国債先物オプション取引は東京証券取引所で開始されたが，2014（平成 26）年 3 月 24 日に大阪取引所に移管された。

とによって行う。ただし，権利行使期間満了時において権利行使する価値のある銘柄（イン・ザ・マネーの銘柄），すなわち，コールの場合には権利行使価格が国債先物価格より低い銘柄，プットの場合には権利行使価格が国債先物価格より高い銘柄については，特段の指示がなければ自動的に権利行使されることになっている（自動権利行使制度）。

図表2-5　国債先物オプション取引における限月取引のサイクル

	1月	2月	3月	4月	5月	6月	7月	8月	9月	10月	11月	12月	1月	2月
2月限	▓	▓												
3月限	▓	▓	▓											
4月限			▓	▓										
5月限				▓	▓									
6月限	▓	▓	▓	▓	▓	▓								
7月限						▓	▓							
8月限							▓	▓						
9月限				▓	▓	▓	▓	▓	▓					
10月限									▓	▓				
11月限										▓	▓			
12月限							▓	▓	▓	▓	▓	▓		
1月限												▓	▓	
2月限													▓	▓
									▓	▓	▓	▓	▓	▓
														▓

(限月取引の取引期間)
①四半期限月取引…6ヵ月
②短期物限月取引…2ヵ月

権利行使対象先物限月取引

3月限月	6月限月	6月限月	12月限月	3月限月

　国債先物オプションの買い手が権利行使を行うと，その相手方として指定を受けたオプションの売り手は権利行使に応じなければならないことから，権利行使を行ったオプションの買い手と相手方に指定されたオプションの売り手との間で国債先物取引が成立することになる。この場合，自らの先物取引を新規の売買とするか，既存の建玉の反対売買とするかは，双方とも自由に決定できる。

(2)　決済方法

　国債先物オプション取引の決済方法は，①反対売買による決済，②権利行使による決済，③権利放棄（権利消滅）の3つである。

反対売買による決済は，取引最終期限までに反対売買，すなわち買建玉については転売，売建玉については買戻しによって決済するものである。この点は国債先物取引と同様であるが，オプション取引の場合には，新規の売買，反対売買それぞれの段階で代金の授受を行い，先物取引のように反対売買時に差金決済することはしない。この違いは，先物取引の本質が「売買の予約」であるのに対し，オプション取引が「権利の売買」であることに由来するものである。

権利行使による決済は，権利行使期間中に，買い手がオプションを行使し，その相手方に指定された売り手がこれに応じて，国債先物取引を成立させることにより決済するものである。取引所取引の場合には，新規にオプションを買った時の取引相手が権利行使の相手方になるわけではなく，オプションの売り手のなかから抽選その他の合理的な方法によって選ばれた者が，権利行使の割当を受けることになる。

権利放棄は，消極的な意味での決済で，オプションの買い手が自動権利行使を含めて権利行使をせずに権利行使期間を満了させるものである。もっとも，これは買い手が故意に権利行使をしないのではなく，権利行使をすることが買い手にとって有利でないために権利行使をしないだけのことである。いずれにせよ，買い手の権利放棄によってオプションは消滅し，オプションの売り手は権利行使に応ずる義務から解放されることになる。

 ## 3　選択権付債券売買取引

過去問題
2023年
問23
2022年
問22
2021年
問22
2020年
問22

国債先物オプションは，国債先物というデリバティブを対象とするオプションであるが，国債や地方債といった通常の債券を対象とするオプションも，店頭取引（相対取引）の形態で行われている。債券の店頭オプション取引は，1998（平成10）年12月の証券取引法

図表 2-6　公社債店頭売買高と選択権付債券売買取引の
新規売買高（額面金額）

(単位：兆円)

年	公社債店頭売買	選択権付債券売買取引
2014	10,182.3	113.3
2015	10,536.4	70.8
2016	9,373.2	68.8
2017	9,716.7	91.6
2018	14,062.1	121.9
2019	18,909.5	118.0
2020	21,266.2	96.2
2021	23,975.2	78.0
2022	34,176.1	95.4
2023	45,278.4	368.2

(出所) 日本証券業協会

改正によって有価証券店頭デリバティブ取引に分類され，証券取引法を衣替えした金融商品取引法でも店頭デリバティブ取引に分類されているが，証券取引法の改正前においても**選択権付債券売買取引**という債券売買取引の形態で，実質的に 1989（平成元）年 4 月 27 日から取引されていた。現在でもこの取引は存続し，日本証券業協会が制定した規則に従って運営されている（図表 2-6）。

　選択権付債券売買取引とは,「当事者の一方が受渡日を指定できる権利（選択権という）を有する債券売買取引であって，行使期間内に受渡日の指定が行われない場合には，当該債券売買取引の契約が解除されるもの」と定義されるが，実質的には債券オプション取引である。選択権付債券売買取引においては，コールの買い手は「債券の買い手であり，かつ選択権保有者である者」，コールの売り手は「債券の売り手であり，かつ選択権付与者である者」，プットの買い手は「債券の売り手であり，かつ選択権保有者である者」，プットの売り手は「債券の買い手であり，かつ選択権付与者である者」と定

義される。オプションのプレミアムは「選択権料」と呼ばれている。

選択権付債券売買取引は，日本証券業協会が定める規則により行われているため，下記のような取引条件が設けられている（2023年12月現在）。

① 対象債券

国債，地方債，特別の法律により法人の発行する債券，特定社債，社債（新株予約権付社債を除く），投資法人債および外国または外国法人の発行する債券でこれらの性質を有するもの。

② 最低額面金額

最低売買額面金額は1億円とし，外貨建債券にあっては1億円相当額とする。

③ 期間

選択権付債券売買取引の契約日から対象債券の受渡日までの期間は，1年3ヵ月を超えないものとする。

④ 選択権料（プレミアム代金）の授受

選択権保有者となった者は，契約日から起算して4営業日までに選択権付与者に対して支払う。

⑤ 選択権の行使

選択権保有者となった者は，一定の期間または一定の日に選択権を行使できる。すなわち，権利行使のスタイルは，アメリカン，ヨーロピアンいずれも可能である。また，選択権の行使は，選択権付債券売買取引における売買数量のうちの一部だけ行うこともできる。

⑥ 基本契約書の締結

取引を開始するときは，協会員は取引の相手方と選択権付債券売買取引に関する基本契約書を締結するとともに，当該契約書を整理・保管しなければならない。

⑦　相殺

　既に約定が成立している選択権付債券売買取引（先の取引）がある場合において，対象債券・売買価格・残存行使期間が同一である反対の取引の約定が新たに成立した場合には，取引相手方との合意をもって，先の取引と新たな取引に係る債権債務の対当額を相殺することができる。ただし，選択権料の授受は，先の取引および新たな取引でそれぞれ行い，差金の授受によって決済することはできない。

⑧　売買証拠金の受入れ

　協会員が選択権保有者になる場合には，取引相手方から売買証拠金を受け入れるものとする。ただし，取引相手方が特定投資家である場合には，売買証拠金を受け入れなくてもよい。売買証拠金の額は，売買額面金額に100分の5を乗じた額に選択権料相当額を加えた額を下回らない範囲内で協会員が定めるものとする。売買証拠金は，契約日から起算して3営業日目の日の正午までに受け入れるものとする。また，相場の変動等により取引相手方に計算上の損失が発生している場合等で協会員が必要と認めるときには，当該取引相手方から売買証拠金の追加差入れを受けるものとする。なお，売買証拠金は，有価証券等をもって代用することができる。

3 金利先物

〈学習上のポイント〉　長期国債先物は期間 10 年の国債標準物を対象にするため，その価格は長期金利の動向を反映するが，短期金利は長期金利と異なる動きを見せることも少なくないことから，短期金利を対象とした先物も別途取引されている。代表的なものは，東京金融取引所と大阪取引所に上場されている TONA 金利先物である。取引の仕組みとともに，取引条件の違いも理解しておこう。

第2章　有価証券および金利の上場先物・オプション

 ## 1　金利先物とは

　国債は，国が債務者となってお金を借り，その利息を定められた金利で支払う金融商品である。金利は債務者の信用度によって変わり，債務者が銀行，一般事業法人，個人などの場合には国と比べて信用度が落ちる分，金利は国債よりも高くなるのが普通である。また，金利は借入期間の違いによっても異なる。長期国債は期間 10 年であるが，過去に発行されて残存期間が短くなった国債も市場で取引されるし，最初から短期証券として発行される国債や，逆に超長期国債として 10 年を超える期間で発行される国債もあり，それぞれ金利（利回り）は違う。

　資金の借り手が民間人である場合には，借入期間は国よりも短いことが多い。銀行が債務者となる普通預金は，債権者（＝預金者）がその気になれば明日にでも返済（＝預金の引出し）となる債務で

あり，銀行同士の資金貸借や，銀行が事業法人に貸し付けるローン
などであっても，一般的に10年を超える期間は少ない。

　このように，数ある金利期間のなかでも特に流動性が高く指標性
のある3ヵ月物の金利に着目して，金利先物という商品が作られて
いる。これまで短期金利先物の指標となっていたのは，**ユーロ円**[2]**3
ヵ月物**の金利である。これを売買取引になじみやすいように，価格
は「100から年利率(％，実日数/360日ベース)を差し引いた数値」
(IMM指数方式 (International Monetary Market))で表示されて
いる。たとえば，0.05％の3ヵ月物金利に対応する価格は，｜100－
0.05＝99.95」であるから，99.95という表示になる。

　金利先物の決済方法は，取引最終期限前の反対売買（転売，買戻
し）による決済と，決済期日における最終決済の2通りである。**反
対売買による決済**は，反対売買価格と当初の約定価格との差額に相
当する金額を反対売買日の翌営業日に決済するものである。これに
対して，**最終決済**は，取引最終日の取引終了時点（午前11時）で反
対売買されずに残った建玉について，その日の指標レートから計算
される最終決済価格と新規の約定価格との差額に相当する金額を，
取引最終日の翌営業日に決済するものである。金利先物は国債先物
とは異なり，反対売買による決済だけでなく，**最終決済も差金決済**
の方法により行われる。

　最終決済の指標レートには，全銀協TIBOR運営機関が公表する
3ヵ月物ユーロ円**TIBOR**（タイボーと読む。 Tokyo Interbank

---

[2] ユーロ円とは，平たく言えば「国外にある円」という意味である。現在
では，ユーロという名前の通貨があるため混乱を招きやすいが，このユー
ロ通貨という概念は，そもそも通貨が自国内でない市場で取引された
り，非居住者によって保有されたりしている場合を指す。したがってユー
ロ円金利とは，国内の円貸借ではなく，日本以外の市場で行われる円
貸借取引の金利のことであり，ユーロ円債とは，日本国外で発行される
円建債券のことをいうのである。

Offered Rate の略)が用いられる。これは，複数の銀行が提示する期間3ヵ月のユーロ円貸出金利の平均値をとったものである。

2 ユーロ円金利先物の条件

第2章
有価証券および金利の上場先物・オプション

過去問題
2023年
問11
2022年
問11
2021年
問9
問10
2020年
問10
問11

ユーロ円金利先物は，先物とオプション専門の取引所である**東京金融取引所**（TFX；Tokyo Financial Exchange, Inc.）に上場されている。ユーロ円金利先物も，国債先物と同様に定型化された取引であり，取引条件の概要は図表2-7のとおりである。

限月は，ユーロ円金利先物では「金利計算期間の開始日（第3水曜日）が属する月」を表示しているが，前決め金利なので，先物の期限が満了となる月と同じである。限月取引は，3，6，9，12月の四半期ごとの限月20限月と，それ以外の月の直近2限月の22限月である。取引単位は，国債先物と同じく元本1億円で，取引最終日は各限月の第3水曜日の2営業日前，最終決済日は取引最終日の翌営業日である。

取引時間は，8時45分〜11時30分(日中取引)，12時30分〜15時30分（日中取引)，15時30分〜20時（夜間取引）である。値幅制限は設定されていない。

価格の最小変動幅(呼値の単位)は，0.005である。取引単位は上述のとおり元本1億円で，代金は3ヵ月間（90日/360日）の金利に換算されるので，最小変動幅0.005を金額に直すと，

$$0.005 \times 1\text{億円} \div 100 \times 0.25\text{年} = 1{,}250\text{円}$$

と計算され，1,250円に相当することになる。

● 円金利先物取引の損益

7月24日：ユーロ円3ヵ月金利先物を元本100億円，単価99.70で買い建てた
8月24日：買建玉100億円を，全額単価99.80で転売した

8月25日：売買益を差金決済で受け取った

　この場合の損益は，

$$損益＝（転売価格－買建価格）×数量×100億円$$
$$÷100×0.25年$$
$$＝（99.80－99.70）×100億円÷100×0.25年$$
$$＝250万円$$

と計算され，250万円の利益となる。逆に，99.70で売り建て，99.80で買い戻した場合には，250万円の損失となる。

　金利先物の価格は，「100－年利率（％）」で表示されるため，金利が上昇すると先物価格は下落し，金利が低下すると先物価格は上昇

図表2-7　ユーロ円金利先物の取引条件（2023年12月現在）

	ユーロ円3ヵ月金利先物取引
対象金利	全銀協ユーロ円TIBOR 3ヵ月
限月取引	3，6，9，12月の直近20限月（最大5年）とそれ以外の月の直近2限月
取引単位	元本1億円
価格の表示方法	100から年利率（％，実日数/360日ベース）を差し引いた数値
最小変動幅（価値）	0.005（1,250円）
取引開始日	最初に取引最終日が到来する限月取引の取引最終日の翌営業日
取引最終日	限月第3水曜日の2営業日前
最終決済日	取引最終日の翌営業日
最終決済方法	取引最終日のTIBORに基づく最終決済価格との差金決済 取引最終日のTIBORの小数点以下第4位を四捨五入し，100から引いた値が最終決済価格となる
取引時間（日本時間）	午前8時45分〜11時半（日中取引），午後0時半〜3時半(日中取引)，午後3時半〜8時(夜間取引：翌営業日付け)
取引最終日限月の取引時間（日本時間）	午前8時45分〜11時（日中取引）

する。3ヵ月金利先物の損益は**3ヵ月間の金利額**に換算して授受されるため，その金額は，売却価格と買付価格の差額相当額に 0.25 を掛けたものになる。

3 TONA 金利先物

TIBOR は，短期金利の指標として世界的に広く使われていた LIBOR（ライボーと読む。London Interbank Offered Rate の略）にならって作られたものである。LIBOR は，パネル行から提示された主要通貨の銀行間取引金利について，その平均値を示したもので，イーターコンチネンタル取引所（ICE）の運営機関 IBA（ICE Benchmark Administration）が算出していた。

LIBOR は，2012 年夏以降に発覚したレート提示に係る不正操作をきっかけに信頼性・頑健性が低下したため，その改革が進められていたが，①LIBOR 算出の基礎となるホールセール無担保資金市場での取引の不活発，②十分な取引の裏付けがないレートの提示をパネル行が継続することへの不安，などを理由として，2021 年末をもって恒久的に公表が停止された（米ドル LIBOR のオーバーナイト，1ヵ月，3ヵ月，6ヵ月，1 年は 2023 年 6 月末に停止）。

LIBOR の代替指標としては，**リスクフリー・レート**（Risk Free Rate；**無リスク金利**）が推奨され，日本円では**無担保コール・オーバーナイト物レート**（TONA；Tokyo Overnight Average Rate）が採用された。TONA（トナーと読む）の複利計算に基づく 3ヵ月金利と日本円 LIBOR（TIBOR）3ヵ月を比較すると，①前者はリスクフリー・レートだが，後者には銀行の信用リスクや市場の流動性リスクのスプレッドが加わっている，②前者は後決めだが，後者は前決めである，などの違いがある。

LIBOR の公表停止後も全銀協 TIBOR は公表されているが，ユ

ーロ円 TIBOR は 2024 年 12 月末に公表停止となることが想定されている。全銀協 TIBOR には，オフショア市場の実勢を反映するユーロ円 TIBOR（1 年＝360 日ベース）と日本の無担保コール市場の実勢を反映する日本円 TIBOR（1 年＝365 日ベース）とがあり，後者については 2024 年 12 月末以降も公表が続く見込みである。しかし，ユーロ円 TIBOR の代替指標としては，日本円 TIBOR ではなく，リスクフリー・レートの TONA が想定されている。このような状況から，近年ではユーロ円 3 ヵ月金利先物の取引はほとんどない。

　これらを受けて東京金融取引所では，2023 年 3 月 20 日，①ユーロ円 3 ヵ月金利先物の期先限月（取引最終日が 2025 年 1 月以降に到来する限月）の取引停止，②ユーロ円 3 ヵ月金利先物オプション取引の全限月の取引停止，③ TONA 3 ヵ月金利先物および TONA 3 ヵ月金利先物オプション取引の上場，④取引停止中の TONA 金利先物（1 ヵ月）の上場廃止がなされた。また，大阪取引所においても 2023 年 5 月 29 日，TONA 3 ヵ月金利先物が上場された。

　TONA 3 ヵ月金利先物の取引条件の概要は図表 2-8 のとおりである。東京金融取引所と大阪取引所とで幾分違いがみられる。

　TONA 3 ヵ月金利先物は，日本銀行が公表する無担保コール・オーバーナイト物レート（TONA）に基づき計算される金利参照期間 3 ヵ月の日次累積複利（年率）を対象とした先物で，価格は「100 から年利率（%）を差し引いた数値」で表示される。日本銀行は翌営業日の午前 10 時頃に TONA の確報値を公表しているが，そのうちの「平均」のレートが計算に使用される。

　TONA の日次累積複利（年率）の計算において，各休業日については，その前営業日の TONA の確報値を複利計算せずに適用し，年率換算は，金利参照期間の日次累積複利に「365÷金利参照期間の実日数」を乗じる方法で行う。そこで得られた数値を小数点以下第 4 位（東京金融取引所）または第 5 位（大阪取引所）で四捨五入し，100

図表 2-8 TONA 金利先物の取引条件

（2023 年 12 月現在）

	TONA 3 ヵ月金利先物取引	
取引所	東京金融取引所	大阪取引所
対象金利	無担保コール・オーバーナイト物（TONA）の日次累積複利（年率）	
限月取引	金利参照期間の開始日が属する月を限月として表示 3, 6, 9, 12 の直近 20 限月（最大 5 年）	
取引単位	元本 1 億円相当（1 ベーシスポイント（値幅 0.01）の価値＝2,500 円）	
価格の表示方法	100 から年利率（％）を差し引いた数値	
最小変動幅（価値）	0.001（250 円）	0.0025（625 円） （ストラテジー取引は 0.0001（25 円））
取引開始日	最初に取引最終日が到来する限月取引の取引最終日の翌営業日	
取引最終日	各限月の 3 ヵ月後の第 3 水曜日（休業日に当たるときは，繰り下げ）	各限月の 3 ヵ月後の第 3 水曜日の前日（休業日に当たるときは，繰り上げ）
最終決済日	取引最終日（最終清算価格算出日）の翌営業日	最終清算価格算出日の翌営業日
最終決済方法	TONA の日次累積複利に基づく最終清算価格との差金決済	
金利参照期間	各限月の第 3 水曜日から 3 ヵ月後の第 3 水曜日まで（終了日当日の金利は含まず，開始日・終了日の第 3 水曜日が休業日にあたるときは繰り下げ）	各限月の第 3 水曜日から 3 ヵ月後の第 3 水曜日の前日まで（開始日・終了日が休業日でも繰り上げ・繰り下げはしない）
最終清算価格算出日	取引最終日	取引最終日の翌営業日
取引時間	午前 8 時 45 分〜11 時半（日中取引），午後 0 時半〜3 時半（日中取引），午後 3 時半〜8 時（夜間取引：翌営業日付け）	午前 8 時 45 分〜11 時 02 分（午前立会），午後 0 時半〜3 時 02 分（午後立会），午後 3 時半〜翌日午前 6 時（夜間立会：翌営業日付け）
取引最終日限月の取引時間	午前 8 時 45 分〜9 時半（日中取引）	－
清算機関（証拠金計算方式）	東京金融取引所（SPAN 方式）	日本証券クリアリング機構（HS-VaR 方式）
市場開設日	2023 年 3 月 20 日	2023 年 5 月 29 日

から差し引いた数値が最終清算価格になる。

　限月は，TONA金利先物では「**金利参照期間の開始日が属する月**」で表示しているが，後決め金利なので，先物の期限が満了となる月は3ヵ月後となり，限月と一致しない。すなわち，9月に期限が満了になる先物は，9月限月ではなく同年の6月限月の先物になるので，注意が必要である。限月取引は，3，6，9，12月の直近20限月（最大5年）である。

　金利参照期間は，東京金融取引所では，各限月の第3水曜日から3ヵ月後の第3水曜日までで，開始日当日の金利は含むが，終了日当日の金利は含まない。また，開始日・終了日の第3水曜日が休業日の場合は繰り下げがなされる。大阪取引所では，各限月の第3水曜日から3ヵ月後の第3水曜日の前日までで，開始日・終了日（3ヵ月後の第3水曜日の前日）の金利を含むが，開始日・終了日が休業日でも繰り上げ・繰り下げは行わない（開始日が休業日の場合は，開始日の前営業日付のTONAの確報値を用いて日次累積複利を計算する）。表現は異なるが，開始日・終了日が休業日に当たらなければ，両取引所の金利参照期間は実質的には同一である。

　取引単位は，元本1億円相当である。代金は3ヵ月間の金利額に換算される。各限月の期間は一律0.25年として計算するので，1ベーシスポイント（値幅0.01）の価値は，

$$0.01 \times 1億円 \div 100 \times 0.25年＝2,500円$$

より，2,500円である。価格の最小変動幅（呼値の単位）は，東京金融取引所が0.001（250円），大阪取引所が0.0025（625円）で異なる。

　取引開始日は，最初に取引最終日が到来する限月取引の取引最終日の翌営業日である。取引最終日は，東京金融取引所では，各限月の3ヵ月後の第3水曜日で，休業日に当たるときは繰り下げ，大阪取引所では，各限月の3ヵ月後の第3水曜日の前日で，休業日に当

たるときは繰り上げとなっている。最終清算価格算出日は，東京金融取引所が取引最終日，大阪取引所が取引最終日の翌営業日である。最終決済は，最終清算価格算出日の翌営業日に最終清算価格との差金決済で行われる。

　取引時間は，東京金融取引所では，8 時 45 分〜11 時 30 分（日中取引），12 時 30 分〜15 時 30 分（日中取引），15 時 30 分〜20 時（夜間取引：翌営業日付け）となっており，取引最終日限月の取引時間は午前 8 時 45 分〜9 時半（日中取引）である。大阪取引所では，8 時 45 分〜11 時 02 分(午前立会)，12 時 30〜15 時 02 分(午後立会)，15 時 30 分〜翌日 6 時(夜間立会：翌営業日付け)である。

　証拠金の算出は，東京金融取引所では取引所が SPAN 方式で行うのに対し，大阪取引所では日本証券クリアリング機構が HS-VaR 方式で行う。大阪取引所では TONA 金利先物は国債先物と同じ清算資格の先物なので，証拠金は国債先物と通算される。

　なお，東京金融取引所には，TONA 3 ヵ月金利先物を対象としたオプションも上場しており，取引条件の概要は図表 2-9 のとおりである。また，取引所別の TONA 3 ヵ月金利先物の取引高は図表 2-10 のとおりである。

図表 2-9　TONA 金利先物オプションの取引条件

(2023 年 12 月現在)

	TONA 3 ヵ月金利先物オプション取引
取引所	東京金融取引所
対象となる先物の限月取引	取引最終日が同一の TONA 3 ヵ月金利先物取引の限月取引
限月取引	金利参照期間の開始日が属する月を限月として表示 3, 6, 9, 12 月の直近 5 限月（最大 1 年 3 ヵ月）
取引単位	TONA 3 ヵ月金利先物 1 単位（元本 1 億円相当）
価格の表示方法	TONA 3 ヵ月金利先物の最小変動幅（0.001）刻みの数値
最小変動幅（価値）	0.001（250 円）
取引開始日	最初に取引最終日が到来する限月取引の取引最終日の翌営業日
取引最終日	各限月の 3 ヵ月後の第 3 水曜日（休業日に当たるときは，繰り下げ）
最終決済日	取引最終日（先物の最終清算価格算出日）の翌営業日
権利行使価格	取引開始日に前営業日における TONA 3 ヵ月金利先物の公式終値に最も近接する 0.125 の整数倍の数値を中心に 0.125 刻みで上下 6 種類ずつ，合計 13 種類設定する。その後，先物価格の変動等に応じて追加設定する。
権利行使期間	取引開始日から取引最終日まで（アメリカン・タイプ）（権利行使期間満了時のイン・ザ・マネー銘柄については，特段の指示がない場合，自動的に権利行使される）
取引時間	午前 8 時 45 分〜11 時半（日中取引），午後 0 時半〜3 時半（日中取引），午後 3 時半〜8 時（夜間取引：翌営業日付け）
取引最終日限月の取引時間	午前 8 時 45 分〜9 時半（日中取引）
清算機関（証拠金計算方式）	東京金融取引所（SPAN 方式）
市場開設日	2023 年 3 月 20 日

図表2-10　TONA 3ヵ月金利先物の取引高

(万単位)

年	東京金融取引所	大阪取引所	合　計
2023	18.6	21.0	39.6

(出所) 東京金融取引所，日本取引所グループ

第2章

有価証券および金利の上場先物・オプション

4 株式の先物とオプション

〈学習上のポイント〉

株式のデリバティブとしては，株価指数（ストック・インデックス）の先物とオプション，および個別株のオプションなどの上場商品に加えて，相対取引であるエクイティ・デリバティブがある。ここでは，その基本的な仕組みを理解しよう。また，株価指数の代表であるTOPIXと日経平均株価の算出方法も学んでおこう。

 1 株式と株価指数

(1) 株 式

株式とは，株式会社における出資者（**株主**という）の地位，すなわち株主の権利と義務をいう。もっとも，株主の義務は出資の義務だけなので，株主が代金の払込みを終えていれば，株式は実質的に「株主の権利を示すもの」といえる。株券はこの株式を証券化したものであるが，株券を株式と呼ぶ場合も少なくない。株主の権利の主なものは，株主総会での**議決権**，会社が上げた利益の**配当請求権**，および会社が解散する際の**残余財産分配請求権**である。株主総会での議決事項の主なものは，会社の経営者たる取締役の選任である。取締役は，株主の信任を受けて会社を経営し，出資者たる株主に利益を分配する責任を負う。

もっとも，会社は株主の出資金については，社債や金融機関から

の借入金などと違って，将来これを返済する必要はない。それでは，会社が解散しないかぎり株主は投資した資金を回収できないことになり，株式に投資できる人は限られてしまう。そこで，株主の換金の利便のために，株式の売買市場が別途設けられているのである。株式投資は，会社が新規に発行する株式に投資する方法でも行われるが，大部分は株式市場で流通している株式，すなわち株主の誰かが売却する株式を市場で購入する方法で行われている。流通市場の存在により，投資家は換金のことを心配することなく株式に投資することができ，企業は返済を気にせずに資金を設備投資など長期の投資に使うことができるのである。

⑵　株価指数

　株価は，株式市場における実際の取引価格であり，直接的には株式市場の需給関係で決定される。会社の利益の大半は，配当や残余財産として最終的に株主に分配されるため，株価は長期的には発行企業の業績を反映するが，短期的には株式市場全体の動向に大きく左右される。つまり，株式市場に投資資金が流入している場合には，業績の悪い銘柄でも買われて株価は上昇する可能性があるが，株式市場から資金が流出している場合には，業績がよい銘柄でも売られて株価は下がる可能性が強いのである。個々の株価が市場全体の影響を大きく受けるとすれば，市場全体がどう動くかは株式投資をする際の重要な判断材料の1つといえよう。この市場全体の動きを指標化したものが，**株価指数**（ストック・インデックス）である。わが国の代表的な株価指数は，TOPIX（トピックスと呼ぶ）と日経平均株価であり，近年はニュース番組などでも紹介されることが多い。

①　TOPIX

　TOPIX は，東証株価指数のことで，英語名の Tokyo StockPrice Index を略したものである。東証上場の構成銘柄の時価総額が，1968（昭和43）年1月4日の時価総額を100とした場合，どのくら

いになっているかを示す時価総額型（加重平均型）の株価指数で，JPX 総研により算出・公表されている。

$$\text{TOPIX}＝構成銘柄時価総額÷基準日時価総額×100$$

　時価総額とは，株価に上場株式数を掛けたものであるが，TOPIX の算出においては，上場株式数に代えて指数用株式数を用いている。指数用株式数とは，各銘柄の指数用上場株式数に浮動株比率とキャップ調整係数を掛けたものである。浮動株とは，市場に流通する可能性の高い株式のことをいい，浮動株式数は，上場株式数から，①大株主上位 10 位までの株式数，②役員保有株式数，③自己株式数，④他の上場会社等が保有する当該上場会社の株式（政策保有株）を控除して，算出される。指数用上場株式数は，基本的には上場株式数と等しいが，NTT，JT，日本郵政については，未上場の政府保有株式が存在するため，発行済株式数は上場株式数と一致しない。キャップ調整係数とは，TOPIX における各銘柄の構成比が上限の 10％を超えないようにするためのものである。

　TOPIX は，2022（令和4）年4月の東京証券取引所の新市場区分移行までは，東証1部上場の全銘柄を対象として算出されていたが，2022（令和4）年4月1日の新市場区分施行を契機に見直され，構成銘柄は，市場区分（プライム・スタンダード・グロース）とは切り離されたものになっている。施行前の構成銘柄は継続して採用されているが，流通株式時価総額 100 億円未満の銘柄については，2022 年 10 月から 2025 年1月にかけて，段階的にウエイトが低減されることになっている。構成銘柄に入替えなどがあった場合には，指数の連続性を維持するよう基準日時価総額の修正を行う。しかし，株式分割の場合には，時価総額に変更がないので修正は行わない。

　TOPIX は，機関投資家が株式運用をする際の平均的な運用成果を示す指標（ベンチマーク）として利用することが多い株式指数で

ある。構成比率の高い銘柄は，トヨタ，ソニーG，三菱UFJ，キーエンス，NTT，東京エレクトロン，三井住友などで（2023年11月30日現在），これらが大幅に上昇した場合には，その銘柄をあまり保有していない機関投資家はそれを購入し，TOPIXに遅れをとらないようにするのが普通であることから，その銘柄がさらに上昇し，上げを加速することも少なくない。

② 日経平均株価

　日経平均株価は，東証プライム市場上場銘柄から選ばれた225銘柄の株価に，株価換算係数（キャップ調整比率が設定されている銘柄のときは，キャップ調整済み株価換算係数）を掛けて調整した採用株価の合計を，除数で割って算出される単純平均型の株価指数である。日経平均とか日経225と略称されることも多い。構成銘柄は，毎年4月の第1営業日（基準日は1月末）と10月の第1営業日（基準日は7月末）に実施される「定期見直し」と，上場廃止など構成銘柄に欠員が生じる場合に銘柄を補充する「臨時入れ替え」により，入れ替えられる。

> 各構成銘柄の採用株価＝株価×株価換算係数
> 日経平均株価＝構成銘柄の採用株価合計÷除数

　株価換算係数は，株価換算係数の導入時（2021年10月1日）の各構成銘柄の採用株価が，旧制度においてみなし額面50円換算で調整していた株価と，原則として同じ値になるように設定するものである（株価換算係数＝50÷みなし額面）が，刻みは0.1としているので，差異が生じる場合もある。新規採用銘柄の株価換算係数については，原則として1が設定される。ただし，基準日時点（1月末，7月末）で，当該銘柄の株価が日経平均構成銘柄の採用株価合計の1％を超えている場合は，1以外の値（0.1〜0.9）を設定する（株価換算係数＝日経平均構成銘柄の採用株価合計×1％÷新規採用銘柄

の株価，切り捨てで小数点以下第 1 位まで）。

　キャップ調整比率は，構成比率が一定の水準（キャップ水準）を超えた銘柄のウエイトを一時的に引き下げるためのもので，キャップ水準は，導入時（2022 年 10 月の定期見直し）「12 ％」，2023 年 10 月の定期見直しから「11 ％」，2024 年 10 月以降の定期見直しでは「10 ％」とされている。キャップ調整比率を設定した銘柄は，株価換算係数に代えて，株価換算係数にキャップ調整比率を掛けて算出されるキャップ調整済み株価換算係数（切り捨てで小数点以下第 1 位まで）により，採用株価の調整を行う。

　除数は，当初は採用銘柄数と同じ 225 であったが，構成銘柄に株式分割があったり銘柄の入替えがあったりした場合に，指数が連続するように修正されてきたため，近年では 30 程度に下がっている。ただし，大幅な株式分割や株式併合などに対しては，株価換算係数を変更することで対応する場合があり，そのうち分割・併合の前後で採用株価に差分が生じない場合には，除数の修正はない。

　平均株価であるにもかかわらず，日経平均株価が 30,000 円程度と，近年の東証プライム市場の売買単価（2,500 円程度）から大きく乖離しているのは，構成銘柄に値がさ株が多いという理由もあるが，主因は除数の低下の影響によるものである。

　なお，日経平均株価が構成銘柄の採用株価の平均と比べて何倍になっているかを示す指標を倍率（修正倍率）というが，これは 225 を除数で割ったものに等しい。したがって，除数が 30.0 ならば倍率は 7.500（＝225÷30.0）になるので，日経平均株価が 30,000 円であれば，構成銘柄の採用株価の平均は 4,000 円（＝30,000 円÷7.500）であることがわかる。

　日経平均株価は，古くは東証ダウ式修正株価平均として東京証券取引所が 1950（昭和 25）年 9 月 7 日から算出してきたものであるが，現在は日本経済新聞社が引き継ぎ，日経平均株価として算出してい

る。構成比率の高い銘柄は，ファーストリテイリング，東京エレクトロン，アドバンテスト，ソフトバンクG，KDDI，信越化学工業，ダイキン工業など小売株や情報・通信株，ハイテク株が比較的多い（2023年11月30日現在）ことから，日経平均株価はこれら業種の株価動向に左右されやすい。

　簡単な例で除数の修正法を見てみよう。仮に，A株とB株の2銘柄があり，株価がそれぞれ200円と300円だったとしよう。この場合の平均株価は，株価合計500円を除数2で割った250円である。その後，B株に代えて株価150円のC株が採用されたとする。この場合，株価合計は350円になり，平均株価は175円に下がるが，実質的には平均株価は下がっていないので，平均株価が入替前の250円と変わらないよう，除数のほうを1.4（＝350円÷250円）に修正するのである。日経平均株価は，このような方法で指数を連続させている。

　日経平均株価は，わが国の投資家に最もなじみのある株価指数であることから，日経平均株価に連動する形で運用されるファンドは多い。また，日経平均株価を対象とする先物やオプションの取引も活発であることから，ファンドや先物取引，オプション取引の動向によって日経平均株価が大きく動くことも珍しくない。

③　JPX日経インデックス400

　JPX日経インデックス400（JPX日経400）は，日本取引所グループ（Japan Exchange Group；JPX），東京証券取引所および日本経済新聞社によって算出される時価総額型（浮動株調整）の株価指数である。東京証券取引所に上場する普通株式のなかから，株主資本利益率（ROE）・営業利益・時価総額・独立した社外取締役の選任・国際財務報告基準（IFRS）採用などの要件に着目して選ばれた400銘柄で構成され，2013（平成25）年8月30日の時価総額を10,000ポイントとして指数化されている。

2　株価指数先物の条件　

過去問題
2023年
問7
2022年
問7
問14
2021年
問13

(1)　株価指数先物取引

　株価指数等を対象とする先物は，大阪取引所に多数上場しており，今日では，TOPIX，日経平均株価，JPX日経インデックス400のほか，東証グロース市場250指数（旧東証マザーズ指数），ダウ・ジョーンズ工業株平均（NYダウ），東証REIT指数を対象とした先物も取引されている。また，東京金融取引所も2010（平成22）年から日経平均株価を対象とした差金決済方式の証拠金取引を開始し，今日では，NYダウ，NASDAQ-100，ラッセル2000を対象とした取引も行われている。このうち，取引量が多いのは，大阪取引所のTOPIX先物と日経平均先物およびミニ日経平均先物の3種類である（図表2-11）。図表2-12は，これらの取引条件の概要を示したものである。

図表2-11　現物株式と株価指数先物の取引金額

（単位：兆円）

年	東証一部・プライム株式取引	TOPIX先物取引	ミニTOPIX先物取引	日経平均先物取引	ミニ日経平均先物取引	JPX日経400先物取引
2014	576.5	266.2	6.0	404.3	309.5	2.1
2015	696.5	345.2	6.6	527.7	472.3	14.6
2016	643.2	307.1	4.0	452.6	394.3	9.0
2017	683.2	397.6	6.0	467.1	445.1	11.2
2018	740.7	449.2	7.7	579.7	606.2	12.4
2019	598.2	420.3	7.4	486.0	511.3	9.5
2020	671.7	436.4	13.0	600.7	706.3	8.2
2021	765.2	455.9	17.3	520.4	644.0	7.3
2022	817.2	491.7	14.0	596.1	745.4	5.4
2023	944.0	586.3	15.0	649.7	768.9	6.3

（出所）日本取引所グループ
　株式取引は，2022年4月4日以降，プライム市場の取引金額。

図表 2-12　株価指数先物の取引条件（2023 年 12 月現在）

	TOPIX 先物取引	ミニ TOPIX 先物取引	日経平均 先物取引	ミニ日経平均 先物取引	JPX 日経 400 先物取引
対象株価指数	TOPIX（東証株価指数）		日経平均株価		JPX 日経 400
限月取引	3、6、9、12月の直近5限月（最長1年3ヵ月）	3、6、9、12月の直近3限月（最長9ヵ月）	6、12月の直近16限月と3、9月の直近3限月（最長8年）	6、12月の直近10限月と3、9月の直近3限月、および、それ以外の月の直近3限月の16限月（最長5年）	3、6、9、12月の直近5限月（最長1年3ヵ月）
取引単位	TOPIX×1万円	TOPIX×1,000円	日経平均株価×1,000	日経平均株価×100	JPX 日経 400×100 円
呼値の単位	0.5 ポイント	0.25 ポイント	10円	5円	5 ポイント
取引最終日	各限月の第2金曜日（休業日の場合は繰上げ）の前営業日				
最終決済日	最終決済指数を定める日（取引最終日の翌営業日）の翌営業日				
最終決済方法	取引最終日の翌営業日の株価指数構成銘柄の始値に基づいて算出した特別な清算数値（SQ）との差金決済				
取引時間	午前 8 時 45 分〜午後 3 時 15 分（日中立会）午後 4 時半〜翌日の午前 6 時（夜間立会）：翌営業日付け				
市場開設日*	1988年9月3日	2008年6月16日	1988年9月3日	2006年7月18日	2014年11月25日

* TOPIX 先物取引、ミニ TOPIX 先物取引は東京証券取引所で開始されたが、2014（平成 26）年 3 月 24 日に大阪取引所に移管された。

　TOPIX 先物の限月取引は 3，6，9，12 月の直近 5 限月，取引最終日は各限月の第 2 金曜日（休日の場合は繰上げ）の前営業日である。取引時間は午前 8 時 45 分から午後 3 時 15 分（日中立会）で，終了時間が現物株式[3]より遅くなっている。これは，株価の終値を見て先物で機関投資家がポートフォリオをヘッジできるように配慮したためである。さらに，午後 4 時半から翌日の午前 6 時まで夜間立会（ナイト・セッション）が行われている。先物 1 単位（1 枚）の金額は「株価指数×1 万円」である。

　ミニ TOPIX 先物の基本的な仕組みは TOPIX 先物（ラージ取引）とほぼ同様であるが，1 単位の金額は「TOPIX×1,000 円」と，ラージ取引の 10 分の 1 になっている。このほか，取引限月が 3 限月であること，呼値の単位が 0.25 ポイントであることも，ラージ取引と異なっている。

　日経平均先物（日経 225 先物）の限月取引は，6，12 月の直近 16 限月と 3，9 月の直近 3 限月の 19 限月で，取引最終日は TOPIX 先物と同じである。先物 1 単位（1 枚）の金額は「株価指数×1,000」で TOPIX 先物と異なっている。しかし，日経平均株価は TOPIX の約 14 倍の数値なので，1 単位の金額で比べると，その差はあまり大きくない。

　ミニ日経平均先物（日経 225 mini）の基本的な仕組みは日経平均先物（ラージ取引）とほぼ同様であるが，1 単位の金額が「株価指数×100」とラージ取引の 10 分の 1 に引き下げられているところに特徴がある。このほか，取引限月が 6，12 月の直近 10 限月と 3，9 月の直近 3 限月，それ以外の月の直近 3 ヵ月の 16 限月であることや，

---

[3] 現物株式の立会時間は，午前立会（前場）が午前 9 時から 11 時半まで，午後立会（後場）が午後 0 時半から 3 時までである。なお，2024（令和 6）年 11 月 5 日から午後立会の終了時刻を 3 時半に延伸する予定となっており，株価指数先物の立会時間も変更になるものと思われる。

呼値の単位が 5 円であることも，ラージ取引とは異なっている。

　なお，2014（平成 25）年 11 月 25 日から，大阪取引所では **JPX 日経 400 先物**も取引を開始している。限月取引は 3，6，9，12 月の直近 5 限月で，先物 1 単位（1 枚）の金額は「JPX 日経 400×100 円」となっており，指数が 20,000 であれば 200 万円なので，日経平均や TOPIX のミニ取引に近い金額である。呼値の単位は 5 ポイント，取引最終日，最終決済日などは他の株価指数先物と同様である。

　また，2023（令和 5）年 5 月 29 日には，日経平均株価を対象とする取引単位「日経平均株価×10」の**マイクロ日経平均先物**（日経 225 マイクロ先物）の取引も開始した。取引限月は，3 月，6 月，9 月，12 月の直近 2 限月と，それ以外の限月の直近 2 限月の 4 限月で，呼値の単位は 5 円である。

　TOPIX 先物，ミニ TOPIX 先物，日経平均先物，ミニ日経平均先物，マイクロ日経平均先物，JPX 日経 400 先物の決済方法は，取引最終期限前の反対売買（転売，買戻し）による決済と，最終決済の 2 通りである。**反対売買による決済**は，反対売買価格と新規の約定価格との差額に相当する金額を反対売買日の翌営業日に決済するものである。これに対して，**最終決済**は，取引最終日の翌営業日の株価指数構成銘柄の始値を使って算出される特別な清算指数（**スペシャル・クォーテーション**；Special Quotation の頭文字をとって **SQ** と呼ばれる）を最終決済指数とし，これと新規の約定価格との差額に相当する金額を最終決済指数算出日の翌営業日に決済するものである。すなわち，株価指数先物も，金利先物と同様，反対売買による決済だけでなく，**最終決済も差金決済**の方法により行うのである。株価指数が抽象的な数値であることや，受渡しのために株価指数に連動するポートフォリオを作っても金額が巨額になってしまうことを考えると，株価指数先物を現物の受渡しで決済することは，実際問題としても難しいといえる。

　株価指数先物は，最終決済も差金決済であることから，最終決済を避けようとする傾向は国債先物ほど強くはない。たとえば，2023(令和5)年9月限月の日経平均先物の建玉は，8月31日現在で216,241単位あったが，最終決済をした建玉は87,705単位であった。

　なお，TOPIX先物，ミニTOPIX先物，日経平均先物，ミニ日経平均先物，マイクロ日経平均先物，JPX日経400先物のいずれにおいても，国債先物と同様，**ストラテジー取引**を利用して，期近限月（期近物）と期先限月（期先物）のうち一方を売り，他方を買う取引を同時に成立させることができる。

　ストラテジー取引とは，複数銘柄の売付けと買付けを同時に成立させる取引のことをいうが，先物取引で利用できるのは，期先限月と期近限月との価格差（限月間スプレッド）を売買する**限月間スプレッド取引（カレンダー・スプレッド取引）**のみである。

　株価指数先物の場合，限月間スプレッドは国債先物とは逆に

> 限月間スプレッド＝期先限月価格−期近限月価格

で示される。現在，期先限月が期近限月と比べて割高な状態にあり，将来は限月間スプレッドが縮小するであろうと想定すれば，期近限月買い・期先限月売りの限月間スプレッド取引を組めばよい。

　この取引は，両限月を別々に売買する方法で行うこともできるが，取引所のストラテジー取引を利用すると，限月間スプレッドを売る1回の取引（ストラテジーの売り）で期近限月買い・期先限月売りの取引を成立させることができるのである。その場合の各限月の約定価格は取引所が決定することになっているが，株価指数先物の場合，「限月間スプレッド＝期先限月価格−期近限月価格」なので，

> 期先限月の約定価格＝期近限月の約定価格＋限月間スプレッド

となる。

(2)　株価指数証拠金取引

　株価指数証拠金取引とは，株価指数を原資産（参照指標）とする当日期限の一種の先物取引（フォワードまたはフューチャー）で，当日の期限までに反対売買（または両建を相殺）して差金決済しなかった場合には，建玉が翌日期限の先物の建玉としてロールオーバー（更改）される取引をいう。基本的な仕組みは後述の外国為替証拠金取引(第3章第1節)と同じであり，原資産が為替レートから株価指数に代わったにすぎない。

　ロールオーバーにあたっては，金利相当額が買い手の場合には減算，売り手の場合には加算され，また，配当相当額が買い手の場合には加算，売り手の場合には減産され，反対売買時に売買差金とともに授受される。すなわち，買い手は売買差金のほかに金利相当額を支払い，配当相当額を受け取ることになる。

　株価指数証拠金取引は，名目上は当日が期限であるが，建玉のロールオーバーが制度として行われることから，実質的には無期限の取引といえる。したがって，取引の実態は，約定元本の一部分に相当する金額を証拠金として差し入れて行う差金決済方式の株価指数の売買取引であるといえる。ただし，わが国の取引所取引においては，最終決済（リセット）が行われるリセット付証拠金取引に代わっており，取引最終日の期限までに反対売買しなかった建玉はロールオーバーができず，リセット値により最終決済が行われる。

　株価指数証拠金取引は，相対取引（店頭取引）と取引所取引の双方で行われている。相対取引は，一般に「CFD取引」（Contract for Difference；差金決済取引)と呼ばれているものである。取引所取引は，2010（平成22）年11月22日から東京金融取引所において「く

りっく株365」の愛称で，日経平均株価や海外の株価指数を対象とした取引が行われている。

　証拠金については①顧客保護，②業者のリスク管理，③過当投機の観点から規制が加えられており，相対取引においては，個人を顧客とする証拠金取引のうち株価指数を原資産とするものについては，レバレッジが最大10倍（想定元本の10％以上の証拠金の預託が必要）に制限されている。くりっく株365においては，証拠金基準額（必要証拠金の最低金額）をもとに取扱会社がそれぞれ必要証拠金額を決めている。

　東京金融取引所の日経225リセット付証拠金取引は，取引単位が「日経平均株価×100」，呼値の単位が1円で，決済は反対売買（または両建ての相殺）による差金決済，またはリセット値による差金決済で行われる。

　日経225リセット付証拠金取引の取引開始日は，9月第2金曜日の翌取引日（原則，月曜日），取引最終日は翌年12月第2金曜日の前取引日である。取引最終日の翌日の12月第2金曜日がリセット日となり，取引最終日までに決済されなかった建玉はリセット日にリセット値で決済される。リセット値は，先物取引のSQの小数点以下を四捨五入した値である。

　取引日は，土曜日・日曜日，1月1日（日曜日の場合は1月2日）を除く日，取引時間（付合せ時間）は，ニューヨークが夏時間でない場合，8時30分〜翌日6時，ニューヨークが夏時間の場合，8時30分〜翌日5時である。

　金利相当額は，日銀政策金利（無担保コール翌日物誘導目標）に基づいて算出され，また，配当相当額は配当落ちのつど，計算される。取引は，原則として，マーケットメイクの方式により行われる（2023年12月現在）。2023年の取引高は1,560万単位であった。

(3)　配当指数先物取引

　大阪取引所には**日経平均・配当指数（日経配当指数）先物**が上場している。日経配当指数は，日経平均株価の構成銘柄を日経平均株価の計算式にあわせて，1 月から 12 月まで 1 年間保有した場合に受け取ることができる配当金を，配当が確定した時点で日経平均株価の水準に調整したうえで積み上げていく方法で指数化したものであり，日本経済新聞社によって算出されている。わが国では，12 月決算会社の配当額が確定するのが 3 ヵ月後の翌年 3 月となることから，指数値は 1 月の第 1 営業日から翌年の 3 月末日まで算出される。ちなみに，2022 年の配当指数は 600.04 円であった。

　日経配当指数先物取引では，限月を**配当額の計算期間の最終月で表示**している。限月取引は 12 月のみの 8 限月で，取引最終日は各限月の翌年 3 月末日（休業日に当たるときは順次繰上げ）である（最長 8 年 3 ヵ月，1 月から 3 月までの間は 9 限月取引）。取引時間はTOPIX 先物等と同様である。先物 1 単位（1 枚）の金額は「日経配当指数×1,000」で，呼値の単位は 0.1 円である。最終決済は，取引最終日の翌営業日に定める配当指数（SQ）に基づく差金決済である（2023 年 12 月現在）。

　配当指数先物取引の利用法としては，①株式ポートフォリオから得られる配当の変動リスクのヘッジ，②株式を保有せずに配当部分への投資ができる，③市場が予想する将来の配当利回りの指標となる，などが挙げられているが，今のところ取引額は多くない（2023年の日経配当指数先物の取引高は 0.2 万単位。

(4)　ボラティリティ指数先物取引

　大阪取引所には，**日経平均ボラティリティー・インデックス（日経平均 VI）先物**も上場している。日経平均 VI は，市場で見込まれている日経平均株価の将来 1 ヵ月間の変動の大きさを示した指数で，日本経済新聞社によって算出されている。大阪証券取引所に上場さ

れている日経平均先物および日経平均オプションの価格をもとに，直近 2 限月のオプションのインプライド・ボラティリティを求め，満期が 30 日になるように線形補間が加えられている。指数値が高いほど，投資家が今後，相場が大きく変動すると見込んでいることを意味する。ちなみに，日経平均 VI が 20 ポイントであれば，それは，市場の想定する今後 1 ヵ月間の日経平均株価のボラティリティが年率 20 ％であることを意味する。

日経平均 VI 先物取引の限月取引は直近の連続した 8 ヵ月の 8 限月で，取引最終日は各限月の翌月の第 2 金曜日（休業日の場合は繰上げ）の 30 日前となる日（休業日の場合は繰上げ）の前営業日に終了する取引日である。取引時間は午前 9 時から午後 3 時 15 分（日中立会）で，夜間立会（ナイト・セッション）は午後 4 時半から 7 時までである。先物 1 単位（1 枚）の金額は「日経平均 VI×10,000 円」で，たとえば日経平均 VI が 20 ポイントであれば，20 万円が取引単位となる。呼値の単位は 0.05 ポイントである。最終決済は，取引最終日の翌営業日の午前 9 時以降の 30 分間における日経平均 VI の平均値として算出される特別な日経平均 VI（SQ）との差金決済で行われる（2023 年 12 月現在）。

日経平均 VI 先物取引は，株価急落時に日経平均 VI が急上昇するという経験則をもとに，株式ポートフォリオの下落リスクのカバーのために利用することも可能であるが，今のところ取引額は多くない（2023 年の取引高は 0.3 万単位）。

過去問題
2023年
問14
問15
2022年
問15
2021年
問14
2020年
問14

 3 株価指数先物の利用法

（1）ヘッジ取引

株価指数先物取引は，株式ポートフォリオのヘッジの手段として利用されている。一般的に，株式ポートフォリオの期待収益率（厳

密には無リスク金利を上回る超過収益率を用いる）は，ポートフォリオ固有の収益率と市場連動的な収益率に分けて考えることができる。市場連動的な収益率は，市場全体の収益率（厳密には無リスク金利を上回る超過収益率）に，そのポートフォリオの連動率を示す**ベータ**（β）を掛けたものである。ポートフォリオ固有の収益率は**アルファ**（α）と呼ばれるが，市場が効率的であればゼロになる性格のものである。すなわち，アルファとベータを用いれば，

> 株式ポートフォリオの期待収益率
> ＝アルファ＋市場全体の期待収益率×ベータ

で示すことができる。市場全体の収益率は，株価指数の収益率で代表することが可能であることから，株価指数先物を使えばポートフォリオの市場連動的なリスクをヘッジすることができるのである。

● 株価指数先物の取引数量の計算

株式ポートフォリオの金額：100 億円
TOPIX 先物価格：2,200 ポイント
ポートフォリオのベータ：0.981
　このポートフォリオを TOPIX 先物でヘッジする際の売却数量を求める。
株式ポートフォリオを TOPIX 先物の金額に換算する。
　　換算金額＝100 億円×0.981
　　　　　　＝98 億 1,000 万円
TOPIX 先物 1 単位（1 枚）の金額を求める。
　　1 単位の金額＝2,200×10,000 円
　　　　　　　　＝2,200 万円
よって，TOPIX 先物の必要売却数量は，
　　売却数量＝98 億 1,000 万円÷2,200 万円
　　　　　　＝446 単位
となり，446 単位となる。

　ポートフォリオを先物でヘッジする場合，先物の取引数量の算出

が必要であるが，この例でわかるように，以下の計算式により求めることができる。なお，先物1単位の乗数は，TOPIX先物が10,000，日経平均先物が1,000である。

$$取引数量 = \frac{ポートフォリオの金額 \times ベータ}{先物価格 \times 先物1単位の乗数}$$

(2) 市場間スプレッド取引

　TOPIXも日経平均株価も株式市場全体の動きを示す株価指数ではあるが，構成銘柄に違いがあることから，短期的には両者の値動きに差異が生じることは珍しくない。**TOPIX先物と日経平均先物のスプレッド取引**は，この差異に着目した取引で，TOPIX先物と日経平均先物の値動きを比較して，割安なほうを買い，割高なほうを売ることによって利益を得ようとするものである。

　たとえば，過去の経験則等から見て日経平均株価がTOPIXより割安な状態にあり，今後は日経平均株価のほうがTOPIXよりも上昇率が大きくなる（または下落率が小さくなる）であろうと想定すれば，「TOPIX先物売り・日経平均先物買い」のスプレッド取引を組み，日経平均株価の割安な状態が解消された時点で，それぞれの先物を反対売買して利益を確定させるわけである。

　日経平均株価がTOPIXより割安かどうかを判断する指標としては，日経平均株価をTOPIXで割った**NT倍率**を用いることが多い。NT倍率の上昇は，日経平均株価が相対的にTOPIXより上昇することであり，NT倍率の下落は，TOPIXが相対的に日経平均株価より上昇することであるので，TOPIX先物と日経平均先物のスプレッド取引（日経平均先物とTOPIX先物×NT倍率のスプレッドを取引する）は，実質的にはNT倍率の変動を取引するものであるといえる。

● TOPIX 先物と日経平均株価先物のスプレッド取引の損益

◆ 4 月 6 日：TOPIX 先物価格 2,200　日経平均先物価格 30,800 円

　　　ＮＴ倍率＝30,800 円÷2,200＝14.0 倍

　このとき，NT 倍率の上昇を予想して，TOPIX 先物を 14 単位（3 億 800 万円）売り，日経平均先物を 10 単位（3 億 800 万円）買うスプレッド取引を組んだ。

　　　TOPIX 先物売り＝2,200×14 単位×10,000 円
　　　　　　　　　　＝3 億 800 万円
　　　日経平均先物買い＝30,800 円×10 単位×1,000
　　　　　　　　　　　＝3 億 800 万円

　スプレッド取引は，株価指数の上昇・下落に関係なく，スプレッドの拡大・縮小（本例の場合には NT 倍率の上昇・下落）によって利益を得ようとする取引であるから，スプレッド取引を組んだ時点においては，ポジション全体で価格変動リスクがないようにすることが望ましい。本例で TOPIX 先物と日経平均株価先物の売買金額を同額の 3 億 800 万円にしているのは，このためである。

◆5 月 11 日：NT 倍率が 14.3 倍になったので，反対売買して利益を確定させた。

① 　TOPIX 先物価格が 2,300，日経平均先物価格が 32,890 円のとき，

　　　ＮＴ倍率＝32,890 円÷2,300＝14.3 倍
　　　TOPIX 先物買い＝2,300×14 単位×10,000 円
　　　　　　　　　　＝3 億 2,200 万円
　　　日経平均先物売り＝32,890 円×10 単位×1,000
　　　　　　　　　　　＝3 億 2,890 万円
　　　利益＝（3 億 800 万円－3 億 2,200 万円）
　　　　　　＋（3 億 2,890 万円－3 億 800 万円）
　　　　　＝690 万円

② 　TOPIX 先物価格が 2,100，日経平均先物価格が 30,030 円のとき，

　　　ＮＴ倍率＝30,030 円÷2,100＝14.3 倍
　　　TOPIX 先物買い＝2,100×14 単位×10,000 円
　　　　　　　　　　＝2 億 9,400 万円
　　　日経平均先物売り＝30,030 円×10 単位×1,000

$$=3億30万円$$

$$利益＝（3億800万円－2億9,400万円）$$

$$＋（3億30万円－3億800万円）$$

$$=630万円$$

　TOPIX 先物を 3 億 800 万円売り，日経平均先物を 3 億 800 万円買うスプレッド取引を組むと，ＮＴ倍率が 14.0 倍から 14.3 倍に 2.14 ％上昇した場合，3 億 800 万円の 2.14 ％の 660 万円程度を利益にすることができるが，実際の損益は，TOPIX 先物が上昇した場合には「660 万円＋α」，TOPIX 先物が下落した場合には「660 万円－α」となる。

　このような取引が行われるのは，株価指数の方向性を予測するよりも，ＮＴ倍率の方向性を予測するほうが簡単な場合があるからである。すなわち，株価指数の上昇・下落が予想できなくても，ＮＴ倍率が上昇すると予想されるならば，「TOPIX 先物売り・日経平均株価先物買い」のスプレッド取引を組むことで，株価指数の上昇・下落に関係なく利益を得ることが可能となるのである。

4　日経平均株価は，株価指数という抽象的な数値であるので，これを直接購入することは不可能である。しかし，日経平均株価は，構成銘柄の採用株価合計を除数で割って算出され，各構成銘柄の採用株価は，株価に株価換算係数（キャップ調整済み株価換算係数を含む。以下同じ）を掛けて算出されるので，各構成銘柄を，均一株数に株価換算係数を掛けた株数保有すれば，そのポートフォリオは日経平均株価と完全に連動し，実質的に日経平均株価を購入したことになるのである。ただし，その金額は先物 1 単位よりは大きい。たとえば，各構成銘柄を「1,000 株×株価換算係数」保有している場合は，各構成銘柄を採用株価ベースで 1,000 株保有していることになるので，このポートフォリオの金額は，

ポートフォリオの金額＝日経平均株価×除数×1,000 株

で示すことができる。したがって，日経平均株価が 30,000 円で，除数が 30 倍であれば，ポートフォリオの金額は 9 億円になる。日経平均先物の価格も 30,000 円だとすると，1 単位の金額は 3,000 万円なので，このポートフォリオの金額は先物 1 単位と比べて 30 倍，すなわち除数倍大きいことになる。

4　株価指数先物の理論価格

過去問題
2020年
問15

国債先物と同じく，株価指数先物についても現物価格からその理論価格を算出することができる。ここでもアービトラージ・フリー（無裁定）の考え方を用いる。

取引日を10月1日，現物の決済日を10月4日，先物の受渡日を12月13日として，2つのシナリオを考えてみよう。

① 資金を利息0.3％支払って借り入れ，日経平均株価の構成銘柄に相当する現物株式（配当利回り2.1％）を採用株価ベースで均一株数購入する[4]方法で，日経平均株価を市場価格30,000円で購入し，12月13日まで保有する。

② 先物取引を行い，12月13日の受渡で日経平均株価を購入する（この先物価格をXと置いて，これを計算する。なお，ここでは呼値の単位は考慮しないものとする）。

● 株価指数先物価格の計算

① 10月4日から12月13日までの70日間，日経平均株価の購入代金を借り入れ，借入利息を支払う。

借入利息＝30,000円×0.3％×70日÷365日
　　　　≒17円

10月4日から12月13日までに配当収入がある。

配当＝30,000円×2.1％×70日÷365日
　　≒121円

したがって，①の方法で12月13日に日経平均株価を保有するために支払う金額は，

支払金額＝現物価格＋借入利息－配当
　　　　＝30,000円＋17円－121円
　　　　＝29,896円

となる。

② 12月13日受渡しの先物取引により，X円で日経平均株価を購入する。

①＝②と置くと，X＝29,896 となる。

以上を計算式にまとめると，以下のようになる。

> 先物価格＝現物価格＋現物価格
> 　　　　　×（資金調達短期金利－配当利回り）×保有期間

この式の左辺は上記のシナリオ②，すなわち日経平均株価を先日付で買い約定した状態を表し，右辺はシナリオ①，すなわち日経平均株価を買って，その代金を短期金利で調達して支払い，配当金を受け取った状態である。

現物価格から算出した理論先物価格と実際の先物価格とが乖離していれば，現物と先物との間で**裁定取引**を行うことが可能である。一般に，株価指数先物と現物との裁定取引は，以下のような手順で行われる。

① 　現物指数と連動する株式のポートフォリオをつくる。

② 　先物価格が，現物指数から算出した理論先物価格よりも割高であれば，先物を売り，ポートフォリオの各銘柄を買う（買い裁定）。

③ 　先物のSQ決定日に，その日の始値でポートフォリオの各銘柄を売却する。

これにより，先物はSQ値で自動的に清算され，現物はSQ値で売却したことになるので，裁定取引を組んだときの実際の先物価格と理論先物価格との差額が利益として確定できるのである。先物のSQ決定日，すなわち限月の第2金曜日（休業日の場合は繰上げ）に現物株の取引量が通常日よりも増えるのは，裁定取引を終了させるための売買が加わるためである。

なお，先物のSQ決定日前であっても，先物価格と理論先物価格次第では，先物買い・ポートフォリオの各銘柄売りの取引を行って，

裁定取引を解消してしまうこともある。また，先物の限月間スプレッドを見て，裁定取引に係る先物の売りを期近物から期先物へ乗り換えることも珍しくない。

 ## 5　株価指数オプション

第2章
有価証券および金利の上場先物・オプション

過去問題
2023年
問27
2022年
問26
問27
2021年
問26
問27
2020年
問26

(1)　取引条件

大阪取引所には TOPIX，日経平均株価，JPX 日経インデックス 400 などを対象とするオプションが上場しているが，取引は日経平均オプションに集中している（図表 2-13）。図表 2-14 は，その取引条件の概要をまとめたものである。

日経平均オプション（日経 225 オプション）の取引限月は，6，12 月の直近 16 限月と 3，9 月の直近 3 限月，および，それ以外の月の直近 8 限月の合計 27 限月になっている。取引最終日は限月の第 2 金曜日（休業日の場合は繰上げ）の前営業日で，その翌営業日が権利行使日である。

図表 2-13　株価指数先物・オプションの取引高

（万単位）

年	TOPIX 先物取引	TOPIX オプション取引	日経平均 先物取引	ミニ日経平均 先物取引	日経平均 オプション取引
2014	2,088	32	2,592	19,912	4,396
2015	2,230	33	2,768	24,716	3,781
2016	2,256	15	2,677	23,394	3,376
2017	2,439	26	2,305	21,952	3,259
2018	2,622	18	2,619	27,333	3,550
2019	2,635	24	2,253	23,758	2,976
2020	2,770	31	2,717	32,172	2,867
2021	2,331	43	1,807	22,401	2,419
2022	2,579	57	2,204	27,546	2,403
2023	2,663	64	2,110	25,049	2,296

（出所）日本取引所グループ
　ミニ日経平均先物の取引単位は，日経平均先物の 10 分の 1 である。

図表 2-14　株価指数オプションの取引条件（2023 年 12 月現在）

	日経平均オプション取引（通常限月取引）
対象株価指数	日経平均株価
限月取引	6，12 月の直近 16 限月と 3，9 月の直近 3 限月，および，それ以外の月の直近 8 限月の 27 限月（最長 8 年）
取引単位	日経平均株価×1,000
呼値の単位	価格が 100 円以下のとき 1 円，価格が 100 円超のとき 5 円
取引最終日	各限月の第 2 金曜日（休業日の場合は繰上げ）の前営業日
権利行使価格	250 円刻みで設定。 取引開始日前営業日の日経平均株価に最も近い権利行使価格を中心に上下 16 本，計 33 本の権利行使価格が新規設定される。その後，日経平均株価が大きく動いた場合は，前日の日経平均株価に最も近い権利行使価格を中心に上下に 16 本以上の権利行使価格があるように追加設定される。ただし，直近の 3 限月については，125 円刻みで，前日の日経平均株価に最も近い権利行使価格を中心に上下 16 本以上の権利行使価格があるように追加設定される（なお，取引最終日のある週は，通常の場合，当該限月の権利行使価格の追加設定はない）。
権利行使日	取引最終日の翌営業日のみ（ヨーロピアン・タイプ）
権利行使の方法	決済は，取引最終日の翌営業日の特別清算指数（SQ）と権利行使価格との差額に相当する金額の授受により行う（差金決済）。 なお，SQ を基準に権利行使する価値のある銘柄については，買い手からの申告がなくとも権利行使の申告があったものとして取り扱われる（自動権利行使制度）。ただし，買い手は，申告すれば，当該銘柄を権利行使しないこともできる。権利行使する価値のない銘柄については，権利行使できない。
取引時間	午前 9 時～午後 3 時 15 分（日中立会） 午後 4 時半～翌日の午前 6 時（夜間立会：翌営業日付け）
代金の授受	取引日，権利行使日の翌営業日に行う
市場開設日	1989 年 6 月 12 日

　なお，2023（令和 5）年 5 月 29 日からは，取引単位が「日経平均株価×100」の**日経平均ミニオプション**（日経 225 ミニオプション）の取引も開始している。このオプションは従来の週次設定限月取引（Weekly オプション）に通常限月取引を加えて改変したもので，取

引限月は，第2週に満期を迎える限月の直近3限月と第2週以外の週に満期を迎える限月の直近4限月の7限月である。たとえば，6月が第5金曜日まである場合，6月の第2週の月曜日に取引可能な限月は，6月第2週・第3週・第4週・第5週・7月第1週・第2週・8月第2週となる。取引最終日は各週の金曜日（休業日の場合は繰り上げ）で，権利行使は取引最終日の翌営業日である。

　日経平均オプションはヨーロピアン・タイプで，権利行使は取引最終日の翌営業日1日に限定されている。買い手がオプションを行使すると，特別清算指数（SQ）と権利行使価格との差額が売り手から支払われる。

(2)　自動権利行使制度

　日経平均オプションは自動権利行使制度を採用しているため，SQを基準に権利行使する価値のある銘柄については，買い手が申告しなくても権利行使の申告があったものとして取り扱われる。この場合，買い手は，申告により当該銘柄について権利行使しないこともできる（権利行使の手数料等を考慮すると，権利行使しないほうがよい場合があるため）。ただし，権利行使する価値のない銘柄を権利行使することはできない（差金決済方式では経済合理性がないから）。

　オプション取引において，権利行使する価値があるかどうかは，権利行使価格と原資産の市場価格（日経平均オプションの場合はSQ）を比べて判断する。たとえば，権利行使価格30,000円の日経平均プット・オプションの場合，権利行使日の日経平均株価（SQ）が30,000円未満であれば，オプションを行使して30,000円で日経平均株価を売る（権利行使価格との差額を受け取る）ことができるので，このオプションは権利行使の価値があるといえる。

　もし，日経平均株価（SQ）が30,000円以上であれば，あえて30,000円で日経平均株価を売却する（権利行使価格との差額を支払

う）必要がないので，このオプションは権利行使の価値がないことになる。このような場合，オプションの買い手は権利を放棄すればよい。買い手にとってオプションはあくまでも売買取引を行う権利であるため，権利行使日の原資産の市場価格によっては，これを行使しない（権利放棄する）という選択肢があるわけである。

　オプションが権利行使する価値すなわち本源的価値をもつ場合，そのオプションの状態を**イン・ザ・マネー**（In The Money，略して ITM）という。オプションの権利行使価格と原資産の市場価格が一致する場合は，**アット・ザ・マネー**（At The Money，略して ATM）と呼ばれ，オプションに権利行使の価値がない場合は，**アウト・オブ・ザ・マネー**（Out of The Money，略して OTM）と呼ばれる。イン・ザ・マネーのオプションは，コールの場合は権利行使価格が原資産価格よりも低いもの，プットの場合は権利行使価格が原資産価格よりも高いものであり，アウト・オブ・ザ・マネーのオプションは，コールの場合は権利行使価格が原資産価格よりも高いもの，プットの場合は権利行使価格が原資産価格よりも低いものである。

（3）　株価指数オプションの損益計算

　最後に，日経平均オプションを購入し，権利行使日（最終期限）まで保有した場合の損益を計算してみよう。

●株価指数オプションの損益計算

　購入銘柄：　　　日経平均コール・オプション
　権利行使価格：30,000 円
　購入価格：　　　260 円
　数量：　　　　　5 単位
　SQ：　　　　　　30,400 円
　　権利行使差金を求める。
　　　　権利行使差金＝（30,400 円－30,000 円）×5 単位×1,000
　　　　　　　　　　　＝200 万円
　　オプションの購入代金を求める。

購入代金＝260 円×5 単位×1,000
　　　　＝130 万円
損益は，権利行使差金と購入代金の差額であるから，
　　損益＝権利行使差金－購入代金
　　　　＝200 万円－130 万円
　　　　＝70 万円
よって，70 万円の利益である。

6　株券オプション取引

　ここまで見てきた株式関連のデリバティブは，すべて株価指数を対象とする取引であった。これに対して，株券オプション取引は，個別株を対象とするオプションで，取引所取引は**大阪取引所**で行われている。近年では，株券のほかに ETF（上場投資信託），REIT（リート；不動産投資信託）も対象に加わったため，**有価証券オプション取引**と呼ばれている（愛称「かぶオプ」）。

　有価証券オプションは，国内証券取引所に上場する株式等のうち，一定の条件を満たす銘柄を対象とするヨーロピアン・タイプのオプション（権利行使は取引最終日のみ）であり，取引条件の概要は図表 2-15，限月取引のサイクルは図表 2-16 のとおりである。

　買い手がオプションを行使すると，買い手と売り手との間で対象株券等を権利行使価格で売買する取引が発生し，株券等と代金の授受が行われる。なお，有価証券オプションでも自動権利行使制度が採用されており，取引最終日の株価を基準に権利行使する価値のある銘柄については，買い手が申告しなくても権利行使の申告があったものとして取り扱われる。この場合，買い手は，申告により当該銘柄についても権利行使しないこともできる。また，株価指数オプションと異なり，権利行使する価値のない銘柄を権利行使すること

図表 2-15　有価証券オプションの取引条件（2023 年 12 月現在）

	有価証券オプション取引
取引対象	国内証券取引所上場銘柄から選ばれた株券，ETF，REIT 等
限月取引	直近 2 限月とそれ以外の 3，6，9，12 月の直近 2 限月の計 4 限月（3，6，9，12 月は最長 8 ヵ月，それ以外は 2 ヵ月）
取引時間	午前 9 時〜11 時 35 分（午前立会） 午後 0 時半〜3 時 15 分（午後立会），夜間立会なし
取引最終日	限月の第 2 金曜日（休業日の場合は繰上げ）の前営業日
権利行使価格	対象株券等の前日の値段を基準に，刻み幅が決められている。取引開始日前日の対象株券等の値段に最も近い権利行使価格を中心に上下 2 本，計 5 本の権利行使価格が新規設定される。その後，値段が大きく動いた場合は，前日の値段に最も近い権利行使価格を中心に上下に 2 本以上の権利行使価格があるように追加設定される（ただし，取引最終日のある週は，当該限月の権利行使価格の追加設定はない）。
取引単位	対象株券等の売買単位にかかる数量
呼値の単位	呼値の水準に応じて決められている。 呼値の水準　　　　　　　　　呼値の単位 50 円未満*　　　　　　　　　　10 銭 50 円以上 1,000 円未満*　　　　50 銭 1,000 円以上 3,000 円未満　　　 1 円 3,000 円以上 3 万円未満　　　　 5 円 3 万円以上 5 万円未満　　　　　25 円 5 万円以上 10 万円未満　　　　 50 円 10 万円以上 100 万円未満　　　500 円 100 万円以上　　　　　　　 5,000 円 *呼値の水準が 1,000 円未満である場合，取引単位が奇数であるときは 1 円とする。
取引代金の授受	約定日の翌日に行う
権利行使日	取引最終日のみ（ヨーロピアン・タイプ）
権利行使の方法	決済は，対象株券等および売買代金の授受により行う（受渡決済）。取引最終日の株価を基準に，権利行使する価値のある銘柄については，買い手から申告がなくても権利行使の申告があったものとして取り扱われる(自動権利行使制度)。ただし，買い方は，申告により当該銘柄を権利行使しないこともできる。また，権利行使する価値のない銘柄についても，申告すれば権利行使できる。
権利行使による決済	権利行使日から起算して 4 営業日後に対象株券等の受渡しを行う。ただし，権利行使日が対象証券売買における配当落ち等の期日の前日に当たる場合には，3 営業日後に行う。
市場開設日**	1997 年 7 月 18 日

＊＊有価証券オプション取引は東京証券取引所でも行われていたが，2014（平成 26）年 3 月 24 日以降は大阪取引所のみで行われている。

図表 2-16　有価証券オプション取引における限月取引のサイクル

限月＼該当月	1月	2月	3月	4月	5月	6月	7月	8月	9月	11月	11月	12月
1月限												
2月限												
3月限												
4月限												
5月限												
6月限												
7月限												
8月限												
9月限												
10月限												
11月限												
12月限												
1月限												
2月限												
3月限												
4月限												
5月限												
6月限												

（限月取引の取引期間）
①3・6・9・12月…8ヵ月
②それ以外の限月…2ヵ月

図表 2-17　有価証券オプションの取引高

（万単位）

年	有価証券オプション取引
2014	106.2
2015	83.5
2016	92.2
2017	91.6
2018	91.5
2019	123.7
2020	134.8
2021	203.3
2022	206.0
2023	270.0

（出所）日本取引所グループ

もできる。有価証券オプションの取引量は，近年はやや回復している（図表2-17）。

　株券等を対象とするオプションは，相対取引の形態でも行われて

いる。いわゆる**エクイティ・デリバティブ**（Equity Derivatives）が
それであり，金融商品取引法では店頭デリバティブ取引（そのうち
の有価証券店頭オプション取引）に分類されている。取引の基本的
な仕組みは上場有価証券オプションと同様であるが，当事者の合意
により権利行使価格や期間などが自由に設定できるので，取引の柔
軟性が高い。また，オプション取引ではなく，スワップ取引の形態
をとる場合もある。これらの店頭オプションは，**他社株転換可能債**
(Exchageable Bond；**EB**) と呼ばれる債券に組み込まれ，個人投資
家にも販売された[5]。また，株価指数を対象とした店頭オプションは，
日経平均株価連動債券（日経平均リンク債）などに組み込まれてい
る（仕組債については第3章第2節参照）。

　カバード・ワラント（Covered Warrant）は，オプションを証券

---

[5] 金融庁の「金融商品取引業者等向けの総合的な監督指針（令和5年8月）」では，仕組債の勧誘について，以下のような留意点が示されている。

　店頭デリバティブ取引に類する複雑な仕組債・投資信託の販売に関しては，顧客にとってリスク等が分かりにくい等の問題により，特に個人顧客との間でトラブルが増加している。こうしたことを踏まえると，個人顧客に対してこれらの仕組債・投資信託の勧誘を行う金融商品取引業者においては，投資者保護の充実を図る観点から，適合性原則等に基づく勧誘の適正化を図ることが重要であり，たとえば，以下の点に留意して検証することとする。
　①　日本証券業協会自主規制規則「協会員の投資勧誘，顧客管理等に関する規則」を踏まえ，投資者へ販売する商品としての適合性（合理的根拠適合性）の事前検証を行っているか。
　②　日本証券業協会自主規制規則「協会員の投資勧誘，顧客管理等に関する規則」を踏まえ，商品のリスク特性や顧客の性質に応じた勧誘開始基準を適切に定め，当該基準に従い適正な勧誘を行っているか。
　また，店頭デリバティブ取引の勧誘方法等に関する注意喚起文書の配布に係る留意事項，および通貨オプション取引・金利スワップ取引等を行う店頭デリバティブ取引業者の説明責任に係る留意事項についても，仕組債の販売を行う場合に「準じた取扱いとしているかに留意する」と付言している。

化したもので，発行者（オプションの売り手）はオプションの対象
とは別の金融機関であることが一般的であり，投資家はワラントの
買い手（オプションの買い手）にのみなることができる。

第2章

有価証券および金利の上場先物・オプション

取引所取引の仕組み

〈学習上のポイント〉

取引所で取引されているデリバティブには，国債・金利・株価指数を対象とする先物や国債先物・金利先物・株価指数・個別株を対象としたオプションなどがある。取引所取引の利点は，取引を集中させることによる流動性の向上，取引所（清算機関）を決済の相手にすることによる信用リスクの減殺などであり，これを実現するために，取引所取引においては証拠金制度も設けられている。ここでは，取引所取引の仕組みを理解しておこう。

 ## 1　取引所取引の利点

　ここまで，取引所に上場されている先物やオプションという商品の仕組みを見てきたが，では，取引所取引にはどのような利点があるのであろうか。

　最初に思い浮かぶのは，取引所に売買注文を集中させることにより，各注文間で価格競争が行われ，効率的な価格形成がなされるということである。図表2-18は，国債先物を例にとって，相対取引と取引所取引の決済方法を比較したものである。

　相対取引では，まず取引相手を探すことから始めなくてはならない。顧客と業者との取引の場合は，顧客が業者に声をかけ，業者が価格を提示し，それを顧客が受け入れれば，取引が行われることになる。業者が顧客に取引を提案し，顧客がこれに応じる形で取引が

図表 2-18　相対取引と取引所取引の決済方法

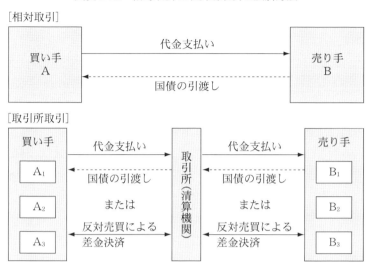

行われる場合も多いと思われる。しかし，その際の取引価格が果たして最良なものかどうかは，他の業者と比較してみなければわからない。約定した後で，他の業者ならもっと有利な条件で取引が可能であったとわかる場合も少なくないであろう。

　業者間の取引では，業者が他の業者に声をかけ，他の業者がこれに応じれば取引が行われる。しかし，この方法では取引したいときに都合よく相手が見つかるとは限らないため，国債・為替の現物や金利デリバティブのような取引では業者間取引を仲介する業者（ブローカー）が存在しており，各業者はそこに注文を出す方法で取引することも多い。そこでは，各業者の提示する価格の間で競争が行われるので，最も優先する価格を提示した業者が取引の相手方となるわけである（ブローカー経由の取引であっても，最終的な売買は売り手と買い手の間で行われる）。

　これに対して，定型化された上場商品の取引では，顧客自身が取引相手を探す必要はない。株式の取引の場合でいうと，顧客が株式

を売買したい場合には，業者（取引参加者）に委託し，業者の名前で取引所に注文を出す。取引所には，同じ業者の他の顧客の注文や業者自身の注文，他の業者からの注文も多数寄せられているので，出された注文間で価格競争が行われる。そして，最も安い売り注文と最も高い買い注文の値段（呼値）が合致すれば，その値段で取引が成立することになる。取引が成立すると，取引所または別に設けられた清算機関が取引参加者の債権・債務を引き受け，相手方に代わり資金の授受を行う。したがって，実際の取引相手が誰なのかは，意識する必要がないのである。また，売り手と買い手の希望取引数が合わなくても，複数の反対取引を集めることで取引が執行される。取引所は，このように効率的に売り手と買い手を集め，そのニーズをつなぐという大きな役割を果しているのである。

　反面，このような仕組みを可能にするために，上場商品は定型化されたものになっており，取引条件の変更は許されない。また，当然のことながら，これだけのシステムを支えるためにはコストがかかり，これを取引参加者や顧客が負担することになる。さらに，決済を確実にするために証拠金の差入れが求められるなど，取引所経由の取引には制約も多い。

 # 2　証拠金制度

(1)　証拠金制度の意義

　もう一度図表2-19を見てみよう。相対取引では，買い手Aと売り手Bが直接取引を行い，売買契約に基づいて国債の引渡しと代金決済を行う。したがって，AはBが国債を引き渡してくれるかどうかについての信用リスクを負い，BはAが代金を支払ってくれるかどうかについての信用リスクを負うことになる。これに対して，取引所取引では買い手と売り手の間に取引所（清算機関）が介在して決

済がなされる。買い手，売り手とも取引相手が誰であるかを意識する必要はなく，決済に関するリスクは取引所（清算機関）が負うのである。

　一方，取引所（清算機関）は，取引参加者がきちんと決済しないかもしれないというリスクを負っている。また，取引参加者がきちんと決済しなければ，取引所（清算機関）が決済に応じられないというリスクも生じる。そこで，このリスクをほぼゼロとするために，先物取引やオプション取引においては**証拠金制度**を設けているのである。

　証拠金制度の基本的な考え方は，取引所取引の未決済建玉について，当日までの評価損失額と翌日に発生しうる最大損失額の合計額を毎日計算して，それ以上の金額を証拠金として取引所(清算機関)に差し入れさせるというものである。建玉の評価損失額は，毎日の**値洗い**（その日の清算価格による評価替え）により計算される。取引当日は約定価格とその日の清算価格を比較し，翌日以降は前日の清算価格と当日の清算価格が比較される。それに伴って新たに評価損失が発生すれば，差し入れるべき証拠金額に上乗せされ，その結果，証拠金に不足額が生じれば追加の差入れ（**追証**という）を求めるわけである。証拠金の追加差入れは，原則として翌営業日の指定時刻までに行うことになっている。

　決済の相手方を肩代わりする取引所（清算機関）にとって最大のリスクは，評価損失を抱えている投資家が決済時にその損失を負担しないことである。そこで，翌日に発生しうる最大損失額までをカバーした証拠金を常に差し入れさせ，決済時に投資家が損失を負担し得ないケースをなくしているのである。

　証拠金は有価証券で代用することができ，有価証券の種別によって差入額計算のための掛け目（時価に乗ずべき率）が決まっている。ただし，先物の評価損失に相当する金額などは現金で差し入れなけ

ればならない。

⑵　SPAN方式

　大阪取引所上場の先物・オプションの清算機関である日本証券クリアリング機構（JSCC）および東京金融取引所では，これまで証拠金額を，CME（Chicago Mercantile Exchange）が開発した **SPAN**（The Standard Portfolio Analysis of Risk）という計算システムを使って算出してきたが，JSCCでは2023年11月6日から計算方法を「**VaR方式**」（VaR：Value at Risk）に変更した。

①　プライス・スキャンレンジ

　SPAN方式では，**プライス・スキャンレンジ**（PSR：Price Scan Ranges）をもとに証拠金所要額を算出する。PSRは先物1単位あたりの証拠金所要額（証拠金基準額）で，いわゆる**バリュー・アット・リスク**（**VaR**）に相当するものである。VaRとは，将来に被る可能性のある最大損失額を一定の確率（信頼区間）を設けて推定したものをいう。たとえば，JSCCは日経平均株価グループの先物については，正規分布を仮定した 2 日間の原資産価格変動率の片側 99 ％カバー（信頼区間 99 ％）を前提に，

$$想定価格変動幅＝ボラティリティ・インデックス（VI）÷100×$$
$$\sqrt{2÷250}×2.33×基準日の原資産価格$$
$$（30円の整数倍となるように切り上げ）$$

$$PSR＝想定価格変動幅×先物1単位の乗数$$

という計算式で PSR を算出していた。仮に，基準日の日経平均株価が 30,000 円，VI が 16 ％であれば，

$$0.16×0.089443×2.33×30,000 円＝1,000.33 円$$

より，想定価格変動幅は 30 円の整数倍の 1,020 円となるので，日経平均株価先物の PSR は，

$$PSR＝1,020 円×1,000＝1,020,000 円$$

より，102 万円であった。

　JSCC は長期国債先物も，かつては VI 方式で VaR を算出していたが，2020 年 5 月 22 日からは想定保有日数 1 日間の**ヒストリカル・シミュレーション方式**（HS：Historical Simulation），2020 年 7 月 22 日からは想定保有日数 2 日間の HS 方式に代わり，さらに 2022 年 9 月 5 日からは VaR に代えて**期待ショートフォール**（ES：Expected Shortfall）を採用するようになった。HS 方式は，リスクファクターのヒストリカル・データを用いて将来に被る可能性のある最大損失額を推定する手法であり，ES とは VaR を超える損失額の期待値をいう。

　2020 年 7 月 22 日から適用されていた方法では，基準日までの 54 週の 2 日間の価格変動率（足元の市場環境が考慮されるようウエイトづけした原資産価格の変動率の大きさを用いる）および基準日までの 5 年間の 2 日間の価格変動率における上位および下位 99％の値の絶対値のうち，いずれか大きい方の数値に，基準日の原資産価格を乗じて得た額（3 銭の整数倍になるように切り上げ）に先物 1 単位の乗数を掛けて得た額を PSR としていた。

　また，2022 年 9 月 5 日から適用されていた方法では，基準日までの 5 年間の 2 日間の価格変動率（足元の市場環境が考慮されるようウエイトづけした原資産価格の変動率の大きさを用いる）およびストレス日における 2 日間の価格変動率のうち，上位 97.5％以上の平均値（価格変動率が正規分布に従うと仮定し，カバー率が 99％ VaR と同程度になるよう 97.5％ ES とする）の絶対値または下位 97.5％以下の平均値の絶対値のうち大きい方の値に，基準日の原資産価格を乗じて得た額（3 銭の整数倍になるように切り上げ）に先物 1 単位の乗数を掛けて得た額を PSR としていた。

　② **商品グループリスク額の計算**
　SPAN においては，同じ原資産の先物・オプション商品を 1 つの商品グループとして定義付け（日経平均株価グループ・TOPIX グル

ープ・長期国債先物グループなど），商品グループごとにスキャンリスク額，商品内スプレッド割増額を計算し，その合計額を**商品グループリスク額**としている。

> 商品グループリスク額＝
> スキャンリスク額＋商品内スプレッド割増額

　スキャンリスク額とは予想最大損失額のことで，リスクファクター（価格・ボラティリティ）の変動幅と変動の方向を組み合わせて16通りのシナリオを設け，シナリオごとに損益を計算し，損失が最大となるものを採用する。先物のみのポートフォリオであれば，先物1単位あたりの証拠金所要額であるPSRに先物のネット数量を乗じて得た金額と同じになる。たとえば，同一商品グループの先物を5単位買い建て，同時に3単位売り建てている場合には，差し引きの2単位にPSRを乗じて，ポートフォリオのリスク額を算出することになる。

　商品内スプレッド割増額は，**限月間スプレッド割増額**ともいい，同一先物の異なった限月の一方を売り，他方を買った場合のリスク額である。この取引では，差引の先物取引数量はゼロになるが，限月間スプレッドの変化によって損失が発生しうるので，その分を割り増すものである。

　③　商品間スプレッド割引額の控除

　商品間スプレッド割引額は，同じ取引所内の異なった先物の一方を買い，他方を売った場合に，原資産の価格変動に正の相関関係が認められれば，その相関関係に基づいて双方間でリスク額を相殺し，想定される損失額を減額するものである。

　④　売りオプション最低証拠金額の計算

　売りオプション最低証拠金額とは，オプションの売り1単位当たりの最低証拠金額のことである。ディープ・アウト・オブ・ザ・マ

ネーのオプションの売りは，先物換算ではリスクが小さくなるものの，原資産が大きく変動した場合には，急激にその価値が上昇して損失額が大きくなる性質があるため，オプションの売りに関しては，別途，最低証拠金額を設けているのである。

⑤　SPAN 証拠金額の計算

商品グループごとに，②の商品グループリスク額から③の商品間スプレッド割引額を差引いた額を算出し，④の売りオプション最低証拠金額を比較して，大きい方の額を商品グループ SPAN 証拠金額とする。

> 商品グループ SPAN 証拠金額
> 　＝MAX {(商品グループリスク額－商品間スプレッド割引額)，売りオプション最低証拠金額}

SPAN 証拠金額は，各商品グループの商品グループ SPAN 証拠金額を合計した額となる。

> SPAN 証拠金額＝Σ（各商品グループの商品グループ SPAN 証拠金額）

⑥　証拠金所要額

証拠金所要額は，SPAN 証拠金額から，ネット・オプション価値の総額を差し引いた額に取引受渡証拠金額を加えて得た額である。

> 証拠金所要額＝SPAN 証拠金額－ネット・オプション価値の総額＋取引受渡証拠金

ネット・オプション価値の総額とは，オプションの買いと売りの清算価値（理論価格）ベースの差引金額のことで，買い建てているオプションの清算価値の総額から売り建てているオプションの清算価値の総額を引いたものである。したがって，買いの金額が売りを

上回っている場合には，SPAN証拠金額から差額が差し引かれるが，売りの金額が買いを上回っている場合には，SPAN証拠金額に差額が加算されることになる。

ネット・オプション価値の総額は，オプションの買付代金から売却代金を引いたものに評価益を加えたものと同値である。これをSPAN証拠金額から控除するということは，オプションの買付代金を引き，オプションの売却代金を加え，評価益を控除するということを意味する。オプションの買付代金を控除するのは，買い手は別途買付代金を支払うからであり，売却代金を加算するのは，売り手は別途売却代金を受け取るからである。評価益を控除し評価損を加算するのは，オプション取引について値洗いをするためである。

先物取引は，毎日値洗いを行っているため，ネット・オプション価値と同様の価値を計算して，証拠金所要額の計算に含める必要はない。

取引受渡証拠金は，商品先物取引において，受渡しにより決済を行う場合に必要となる証拠金額である。

⑦　差し入れるべき証拠金額

差し入れるべき証拠金額は，このように計算された証拠金所要額に現金授受予定額を加減したものである。すなわち，

> 差し入れるべき証拠金額＝証拠金所要額＋現金授受予定額

である。

現金授受予定額とは，先物取引の評価損益などのことであり，具体的には，先物取引の値洗いによって発生する約定価格と約定日の清算価格との差金(引直差金)，先物取引の日々の清算価格の変動による差金(更新差金)，先物の決済により発生した受渡し未了の決済損益額，オプション取引により発生した受渡し未了の取引代金などである。したがって，先物を新規に買い建てたものの，その日の清

算価格が下落した場合には，証拠金所要額に加えて先物の評価損失相当額の現金を差し入れることが必要になるのである。証拠金所要額は有価証券で代用することができるが，先物の評価損失額などの現金支払予定額については，現金で差し入れなければならない。

(3)　VaR 方式

　VaR 方式は，JSCC が証拠金水準の急増・急減の抑制やリスク管理の高度化を通じた顧客や証券会社等の保護という証拠金本来の機能向上を目的として，2023 年 11 月 6 日から導入された新しい証拠金計算方式である。VaR 方式は，流動性やヒストリカル・データの有無などの商品特性により，「**ヒストリカル・シミュレーション方式 (HS-VaR 方式)**」(Historical Simulation) と「**代替的方式 (AS-VaR 方式)**」(Alternative Simulation) の 2 つの方式に分けられる。HS-VaR 方式は原則となる方式で，株価指数先物（配当指数先物を除く）・オプションや国債先物・オプション，短期金利先物などに適用され，AS-VaR 方式は例外的なものとして当分の間，配当指数先物や貴金属先物・オプション，農産物先物などに適用される。なお，HS-VaR 方式と AS-VaR 方式の間ではリスク額の相殺は行われない。

　証拠金所要額は，VaR 方式により計算した想定損失相当額からネット・オプション価値の総額を差し引いて得た額（**VaR 証拠金額**）に取引受渡証拠金を加えて得た額になる。

VaR 証拠金額＝想定損失相当額－ネット・オプション価値の
　　　　　　　総額

証拠金所要額＝VaR 証拠金額＋取引受渡証拠金

---

①　HS-VaR 方式

　HS-VaR 方式は，リスクファクター（先物取引では清算価格等，オプション取引では原資産価格，インプライド・ボラティリティお

よび金利)のヒストリカル・データを用いてポートフォリオの**期待ショートフォール（ES）**を計算するものである。

　VaR方式での想定損失額の計算は，原則，先物・オプション取引に係る清算資格の種類（指数先物等・国債先物等など）ごとに1つのポートフォリオとして行い，①ヒストリカル・データやストレス日のデータから，各銘柄のシナリオ損益を生成し，②各銘柄のシナリオ損益をポートフォリオ情報に当ててポートフォリオ単位のシナリオ損益を計算し，それをもとにポートフォリオ単位のVaR証拠金額を算出するというフローで行う（ただし，同一ポートフォリオ内の商品グループの間で相殺制限がある場合は，ポートフォリオに加え，各商品グループについても個別にVaR証拠金を計算し，それらをもとに相殺制限のあるVaR証拠金額を計算する）。

　具体的には，①各銘柄の過去5年に相当する1,250個の2日間の価格変動率（足元の市場環境が考慮されるようウエイトづけした価格変動率を用いる）および2008年以降のストレス日における2日間の価格変動率に，計算日の原資産価格を乗じて各銘柄のシナリオ損益を生成し，②それにポートフォリオ情報を当ててポートフォリオ単位のシナリオ損益を計算し，それを損失の大きい順番に並べ，上位2.5％までのサンプルにおける損失の平均をポートフォリオ単位の想定損失相当額（価格変動率が正規分布に従うと仮定し，カバー率が99％VaRと同程度になるよう97.5％ESとする）とする。想定損失相当額からネット・オプション価値の総額を差し引いて得た額の合計額がVaR証拠金額である。

　② AS-VaR方式

　AS-VaR方式は，SPAN方式に類似するもので，①清算資格の種類（貴金属先物等・農産物先物等など）内の各商品グループ（原資産を同一とする先物・オプション取引の銘柄で構成されるグループ）について，1日間のカバー率が99％VaRとなるリスクファクター

（価格・ボラティリティ・金利）の想定変動幅（SPAN 方式の PSR 等に相当）を設定し，②リスクファクターの変動幅と変動の方向を組み合わせた 30 通りのシナリオについて損益を計算し，そのうちの最大損失額と商品内スプレッド割増額を加えた額を各商品グループの想定損失額とし，③各商品グループの想定損失額を合計し，商品間スプレッド割引額を控除することにより，想定損失相当額（SPAN 方式の SPAN 証拠金に相当）を算出する。SPAN 方式にあった売りオプション最低証拠金は用いない。想定損失相当額からネット・オプション価値の総額を差し引いて得た額が VaR 証拠金額である。

　なお，リスクファクターのうちの価格の想定変動幅は，先物 1 単位あたりの証拠金所要額に相当する。また，対象の商品グループにおいては，金利リスクはゼロと想定されている。

⑷　変更前の SPAN 方式と VaR 方式の比較

　JSCC の変更前の SPAN 方式と新しい VaR 方式を比較すると，計算方式においては，SPAN 方式と AS-VaR 方式では，商品グループごとに VaR に相当するリスクファクターの変動幅と変動の方向を組み合わせたシナリオに基づいてポートフォリオの損益を計算し，損失が最大となるシナリオのものを採用するのに対し，HS-VaR 方式では，清算資格の種類ごとに各銘柄のリスクファクターの変動率（または変動幅）のヒストリカル・データを用いてポートフォリオの損益を計算し，それをもとに算出したポートフォリオの VaR 相当額（ES）を採用するという違いがある。

　先物 1 単位当たりの証拠金所要額は，SPAN 方式と AS-VaR 方式では，売りと買い同額で，どの限月も同額である（東京金融取引所の短期金利先物は限月グループにより異なる）のに対し，HS-VaR 方式では，売りと買い，限月ごとに異なる金額になる。

　また，証拠金の更新頻度と適用のタイミングは，SPAN 方式と AS

図表 2-19　SPAN 方式と VaR 方式の比較

	SPAN 方式	VaR 方式	
		HS-VaR 方式	AS-VaR 方式
計算方式の概要	VaR に相当するリスクファクターの変動幅と変動の方向を組み合わせた 16 通りのシナリオに基づいて, ポートフォリオの証拠金額を計算	リスクファクターのヒストリカル・データを用いて算出したポートフォリオの VaR 相当額 (ES) に基づいて, ポートフォリオの証拠金額を計算	VaR に相当するリスクファクターの変動幅と変動の方向を組み合わせた 30 通りのシナリオに基づいて, ポートフォリオの証拠金額を計算 (SPAN 方式に類似)
対象商品	短期金利先物・オプション (東京金融取引所)	JSCC 清算の変更前の先物・オプション	指数先物・オプション (配当指数先物を除く), 国債先物・オプション・短期金利先物(大阪取引所)・電力先物・LNG 先物	配当指数先物, 貴金属先物・オプション, ゴム先物, エネルギー先物 (電力・LNG を除く), 農産物先物
売りと買いの証拠金額	売りも買いも同額	売りも買いも同額	売りと買いで異なる金額	売りも買いも同額
限月ごとの証拠金額	限月グループにより異なる金額	どの限月も同額	限月ごとに異なる金額	どの限月も同額
証拠金の更新・公表頻度	第 3 水曜日の日中取引終了後	毎週最終営業日 18 時ころ	毎営業日 15 時 45 分〜16 時ころ	毎週最終営業日 17 時ころ
新証拠金の適用タイミング	第 3 水曜日の翌日の日中取引終了時より	翌週の日中立会終了時より	公表当日の日中立会終了時より	翌週の日中立会終了時より

-VaR 方式では, 毎週最終営業日に更新され, 翌週の営業日から適用となる (東京金融取引所の短期金利先物は毎月第 3 水曜日に更新され, その翌営業日から適用になる) のに対し, HS-VaR 方式では毎営業日に更新され, 即日適用になるという違いがある (図表 2-19)。

　なお, このように計算される証拠金所要額は, 取引所(清算機関)が取引参加者に対して要求する最低限度のものであることから, 取引参加者 (証券会社や金融機関など) はその顧客に対しては, これよりも多めの証拠金の差入れを求める場合も少なくない。また, 有価証券での代用を認めないことや, 取引開始前に一定額以上の証拠金の差入れを必要としていることも多い。

為替デリバティブ

Derivatives

Derivatives

Derivatives

為替フォワード（先物為替）

〈学習上のポイント〉 2つの通貨を交換する外国為替を原資産とする先物取引として，為替フォワードと為替フューチャーがある。フォワードは相対取引，フューチャーは取引所取引である。為替フォワードを利用したアービトラージ（裁定取引）の仕組みも理解しよう。

 ## 1　為替直物（スポットFX）

　第3章では，外国為替を原資産とするデリバティブを取り上げる。デリバティブの話に入る前に，まず，原資産の**為替直物取引**の条件をまとめておこう。為替の直物取引は，スポットFX（Foreign Exchange の略）とも呼ばれる。

　海外旅行の際に「1ドルを120円で買う」という形で，2つの通貨の交換取引を経験したことのある人も多いと思うが，為替直物取引とは，このような「1ドル＝○○○円でドルを買う（または売る）」という2つの異なる通貨の交換取引をいう。通常，直物取引では契約締結の2営業日後が決済日となる[1]。通貨の組合せは米ドルと他通貨が多いが，必ずしも米ドルを介在する必要はなく，巨大通貨ユーロの誕生で1ユーロ＝○○○円という表示もよく見かけるように，ユーロと他通貨の交換もなされる。1ドル＝120円という表示ではドルが**基準通貨**（Base Currency）であり，1ユーロ＝1.1800ドルと

いう表示ではユーロが基準通貨となる。

　価格表示の桁数は，原則として小数点以下4桁，日本円について
は小数点以下2桁が市場慣行である。今では実際には使用すること
のない貨幣単位である銭（1銭＝0.01円）が，ここでは生きている。
$1＝120.00円の為替レートは，1ドルと120円00銭との交換を意
味する。

　また，為替レートの提示には常に**オファー**（売値）と**ビッド**（買
値）の区別がある。基準通貨の売りか買いかで値段が異なるのであ
る。たとえば，1,000万ドル分のドル円為替レートについて法人間取
引の条件でA銀行に聞いてみると，「120円35−40銭です」という
答えが返ってくる。これは，A銀行は120円35銭であればドルを買
い，120円40銭であればドルを売る取引をしてくれるということで
ある。この場合には，120円35銭がA銀行にとってのビッド（ドル
買いの「買値」）であり，120円40銭がオファー（ドル売りの「売値」）
である。同じように，ユーロの売買レートを聞いて「1.1840-45」と
言われれば，A銀行は1.1840米ドルで1ユーロを買い（ビッド），
1.1845米ドルで1ユーロを売る（オファー）取引をすることにな
る。

　近年は，ニュース番組でも為替レートが紹介されることが多く，
「円相場は現在1ドル＝120円35銭から40銭で取引されています」
などと伝えられるが，それは，実際には直近に約定したレートでは
なく，為替ブローカーが提供するビッドとオファーの最優先レート
なのである。

---

[1] 通貨によっては決済日の慣行が翌営業日である場合もあるが，米ドル，
円，ユーロなどの主要通貨は2営業日後を決済慣行とする。「営業日」
とは，土・日・祝日その他の銀行休業日を除いた銀行の営業日を意味す
る。したがって，金曜日に約定した為替直物取引は，祝日がないかぎり
土・日を抜かして月曜日と火曜日を2「営業」日と数え，火曜日決済と
なる。

なお，オファー（売り），ビッド（買い）という言葉は，レートを提示する側からの表現であるため，顧客がドル買いやユーロ買いを行う場合には，A銀行のオファー価格での取引となる。

また，新聞報道やニュースなどで，「円安」「円高」という表現がよく使われるが，これはわが国の自国通貨である円を中心に考えた表現である。$1＝120.00円であった為替レートが$1＝125.00円に変化すれば，それはドル高であり，$1＝115.00円に変化すれば，ドル安と表現するのが市場では一般的であるが，これを円の側から考えると，$1＝125.00円になったときに円安，$1＝115.00円になったときに円高と表現することになるのである。

 ## 2　為替フォワード

過去問題
2023年
問12
問36
2022年
問12
問36
2021年
問11
2020年
問12

直物取引が2営業日後の決済を標準とするのに対して，決済日までの日数がそれを超える為替取引は**為替フォワード**（FX Forward）と呼ばれる。前章で見た国債先物は，取引所取引であるフューチャーに分類されるが，為替フォワードは相対取引である。為替にも取引所取引のフューチャーがあるが，これについては後述する。以下の例は，決済日が1年後の為替フォワードである。

●**為替フォワードの例（アウトライト取引）**

輸出企業A：	ドル売り（円買い）
銀行B：	ドル買い（円売り）
取引約定日：	xxx1年10月1日
決済日：	xxx2年10月3日（取引約定日から数えて2営業日後であるxxx1年10月3日のさらに1年後）
約定金額：	10,000,000ドル
約定価格：	1ドル＝119.52円
（スポット・レート：1ドル＝120.00円）	

　為替のフォワード・レート（先物為替レート）の理論値を計算してみよう。ここでも，国債先物の理論価格の算出[2]で使ったアービトラージ・フリー（無裁定）の考え方を用いる。

① 手持ちのドルをドルのままで1年間運用する（1年物ドル金利＝0.8％とする）

② 手持ちのドルを為替直物取引（直物為替レート\$1＝120.00円）で売って円に換えると同時に，1年後決済のドルを為替フォワード（先物為替レート\$1＝X円）で買い予約しておく。1年後に円で運用した元利合計額（1年物円金利＝0.4％とする）を，予約していた先物為替レート（\$1＝X円）でドルに換える。

　裁定が働いていれば，ドルのままで運用する①と，いったん円に転換して運用し，これをドルに再転換する②は，同じ経済効果になるはずである。

●先物為替レートの計算

① \$1×（1＋0.8％）＝\$1.008（ドルの元利合計）
② \$1×120＝120円（ドルを売って円に換える）
　120円×（1＋0.4％）＝120.48円（円の元利合計）
　120.48円÷X （円の元利合計を，先物為替レート X でドルに換える）
①＝②なので，\$1.008＝120.48円÷X
これを解いて，X＝119.52となる。
これを公式に直すと，以下のようになる。

$$先物為替レート＝\frac{直物為替レート×（1＋円金利×年数）}{1＋ドル金利×年数}$$

　この計算式に従っていろいろな先物為替レートを計算してみると，「基準通貨の金利が非基準通貨の金利より高ければ，先物為替レートは直物為替レートより小さくなる」という法則が導き出される。

[2] 第2章第1節参照

計算例では，ドル（基準通貨）金利が円金利より高いので，先物為替レートは直物為替レートよりドル安になるのである。

　新聞報道などで「低金利の円を売って高金利のドルを買う動きが活発化して円安・ドル高になった」といった需給面からの市況解説がよくなされるが，先物為替レートの考え方からすると，金利差に相当する分だけ高金利通貨には常に下落圧力が加わっているのであるから，金融当局が円安政策をとり続ける等の円安要因がほかにないと，中長期的には高金利通貨を買っても期待した収益を得るのは難しいといえる。

　順イールドの環境でドル金利が円金利よりも高ければ，ドルの先物為替レートは，期間が長くなるほど安くなる。これを調整して数期分を同レートで取引する契約も，フラット為替予約などの名称で行われている。

　最後に，先物為替レートを利用して，以下の問題を解いてみよう。

●外貨利息の計算

〔設問〕
　直物為替レートが1豪ドル＝80円，日本円の1年ターム物金利が0.1％（年1回払い），豪ドルの1年ターム物金利が2％（年1回払い）のとき，元本が1億円で，利息のみ豪ドルで受け取る1年預金の利息額（年1回払い）はいくらか。預金金利は1年ターム物金利と同じで，市場金利での取引が可能とする。

〔解答〕
　元本が1億円で，利息も円で受け取る預金であれば，1年後の利息額は

　　1億円×0.1％×1年＝10万円

である。豪ドルの1年後の先物為替レートは

　　80円×(1＋0.1％×1年)÷(1＋2％×1年)＝78.5098円

である。よって，1年後の利息額10万円は，豪ドル換算して

　　10万円÷78.5098円＝1,273.73豪ドル

となるので，利息額は1,273.73豪ドルである。

なお，1年後の利息額10万円の現在価値は

　　10万円÷(1+0.1％×1年)＝99,900円

なので，豪ドル換算では

　　99,900円÷80円＝1,248.75豪ドル

となり，その1年後の将来価値を計算して，

　　1,248.75豪ドル×(1+2％×1年)＝1,273.73豪ドル

とする方法もある。

 3　為替フューチャーと
為替証拠金取引

(1)　取引所取引の為替先物取引

過去問題
2023年
問13
2022年
問13
2021年
問12
2020年
問13

　決済が先日付となる為替先物取引には，取引所取引の**為替フューチャー**もあり，シカゴ商業取引所（CME）では米ドル・日本円の先物取引が行われている。限月取引は3，6，9，12月の直近20限月，および，それ以外の月の直近3限月，取引単位は1,250万円で，価格は円を基準通貨とした1円当たりの米ドル相当額で表示される（1ドル＝120円なら，1円＝0.0083335ドルとなる）。呼値の単位は0.0000005ドルで，最小変動幅は6.25ドルである。最終決済日は限月の第3水曜日で，決済は米ドルと日本円を交換する方法で行われる。取引最終日は，限月の第3水曜日の2営業日前（中央時間午前9時16分）である（2023年12月現在）。

　このような為替先物取引は，わが国でもかつて東京金融取引所で行われていたが，現在では制度が全面的に改められ，取引所取引版の外国為替証拠金取引になっている。

(2)　外国為替証拠金取引

　外国為替証拠金取引とは，為替レートを原資産（参照指標）とする当日期限の一種の先物取引（フォワードまたはフューチャー）で，当日の期限までに反対売買（または両建を相殺）して差金決済しな

図表 3-1 外国為替証拠金取引の取引金額

(単位：兆円)

年度	店頭外国為替証拠金取引	取引所為替証拠金取引
2013	4,217.6	54.9
2014	4,760.4	41.0
2015	5,483.3	47.0
2016	4,905.6	43.8
2017	4,190.7	33.1
2018	3,740.1	30.2
2019	4,248.6	25.3
2020	6,234.8	25.5
2021	6,474.1	25.3
2022	13,376.7	44.1

(出所) 金融先物取引業協会
　会員・特別参加者の取引報告を集計したもの。取引所取引については受託取引のみで，市場の取引金額に近似する。

かった場合には，建玉が翌日期限の先物の建玉としてロールオーバー（更改）される取引をいう。

　ロールオーバーにあたっては，通常の場合，2通貨間の金利差相当額がスワップ・ポイントとして算出され，「高金利通貨買い・低金利通貨売り」の場合には加算，「高金利通貨売り・低金利通貨買い」の場合には減算されて，反対売買時に売買差金とともに授受される。したがって，高金利通貨の買い手は，一般的にはスワップ・ポイントを受け取ることができる。ただし，特別にヘッジコスト等のかかる通貨の場合には，そのコストの影響で高金利通貨の買い手であってもスワップ・ポイントを支払う場合がある。

　外国為替証拠金取引は，名目上は当日が期限の取引であるが，建玉のロールオーバーが制度として行われることから，実質的には無期限の取引といえる。したがって，取引の実態は，約定元本の一部分に相当する金額を証拠金（5％〜10％程度）として差し入れて行

う差金決済方式の外国為替取引であるといえる。近年では，個人投資家の行う外国為替証拠金取引が，東京外国為替市場の値動きにも影響を及ぼすようになっているといわれている。

①　相対取引（店頭取引）

外国為替証拠金取引は，相対取引と取引所取引の双方で行われている（図表 3-1）。わが国では，1998（平成 10）年の外国為替取引業務の完全自由化以降，商品先物取引業者が先鞭をつけ，個人投資家を相手とする相対取引の形態で拡大した。相対取引であることから，取引時間や最低取引単位などの制限がなく，これまで企業間取引が中心であった為替のトレーディングを個人投資家にまで普及させたという点では画期的であったが，取扱業者[3]によっては顧客に対する情報開示が不十分であったために，トラブルになった事例も少なくなかった。

外国為替証拠金取引は，金融商品取引法においてデリバティブ取引と規定されており，業者は金融商品取引業の登録を受けることが義務づけられているが，業者の経営破綻時において，顧客から預託を受けた証拠金が適切に区分管理されていなかったことにより，顧客被害も発生している。このため，2009（平成 21）年 8 月に「金融商品取引業等に関する内閣府令」が改正され，ロスカットルールの整備と証拠金の金銭信託が義務化された。

また，近年，内外金利差の縮小等を背景に高レバレッジ化が進展していたが，高レバレッジでの取引は，①顧客保護（ロスカットが十分に機能せず，顧客が不測の損害を被るおそれがある），②業者のリスク管理（顧客の損害が証拠金を上回ることにより，業者の財務の健全性に影響が出るおそれがある），③過当投機の観点から問題であるとされた。このため，上述の内閣府令が改正され，相対取引・

---

[3] すべての業者が問題を起こしているわけではない。

図表 3-2　取引所為替証拠金取引の取引高

（万単位，%）

年	くりっく 365	うち米ドル/円	構成比
2014	3,275	1,255	38.3
2015	3,869	1,292	33.4
2016	4,359	1,499	34.4
2017	2,900	1,048	36.1
2018	3,191	836	26.2
2019	2,494	535	21.5
2020	3,060	718	23.5
2021	2,781	633	22.8
2022	3,661	1,506	41.1
2023	2,896	1,055	36.4

（出所）東京金融取引所

　取引所取引ともに，個人を顧客とした取引については 2011（平成 23）年 8 月 1 日以降，最大 25 倍のレバレッジに制限（想定元本の 4 ％以上の証拠金の預託を受けずに取引を行うことが禁止）されている。

　さらに，2016（平成 28）年 6 月の同府令の改正により，2017（平成 29）年 2 月 27 日以降は，法人顧客も証拠金基準額の算出方法に基づく必要証拠金率以上の証拠金の預託が必要になった。

　② 取引所取引

　取引所取引は，2005（平成 17）年 7 月 1 日から東京金融取引所において**取引所為替証拠金取引**（くりっく 365）として行われている（図表 3-2）。

　くりっく 365 の場合，対象となる為替取引は，対円通貨取引とクロスカレンシー取引である。このうち，**対円通貨取引**は日本円と外貨を交換するもので，外貨は米ドル，ユーロ，英ポンド，豪ドル，スイスフラン，カナダドル，ニュージーランド（NZ）ドル，南アフリカランド，トルコリラ，ノルウェークローネ，スウェーデンクローナ，メキシコペソ，ポーランドズロチ，香港ドルの 14 種類である。

一方，**クロスカレンシー取引**は外貨と外貨を交換するもので，ユーロ・米ドル，英ポンド・米ドル，英ポンド・スイスフラン，米ドル・スイスフラン，米ドル・カナダドル，豪ドル・米ドル，ユーロ・スイスフラン，ユーロ・英ポンド，NZドル・米ドル，ユーロ・豪ドル，英ポンド・豪ドルの11種類である。

　取引単位は，多くは外貨（基準通貨）1万通貨（米ドルなら1万ドル）で，呼値は1通貨当たりの日本円または計算通貨相当額で表示する。ただし，南アフリカランド，ノルウェークローネ，スウェーデンクローナ，メキシコペソ，香港ドルの対円通貨取引の取引単位は，外貨10万通貨である。また，米ドル，ユーロ，英ポンド，豪ドルの対円通貨取引とユーロ・米ドルのクロスカレンシー取引では，10万通貨単位のラージ取引も行われている。

　呼値の単位は対円通貨取引の場合，米ドル，ユーロ，豪ドルは0.005円で，最小変動幅は50円，英ポンド，スイスフラン，カナダドル，NZドル，トルコリラ，ポーランドズロチは0.01円で，最小変動幅は100円である。また，南アフリカランド，ノルウェークローネ，スウェーデンクローナ，メキシコペソ，香港ドルの対円通貨取引の呼値の単位は0.005円で，最小変動幅は500円，米ドル，ユーロ，英ポンド，豪ドルのラージ取引は0.001円で，最小変動幅は100円である。クロスカレンシー取引の場合には，0.0001計算通貨単位である。決済は，反対売買（または両建の相殺）による差金決済のみである。

　決済期日は，取引日の翌々取引日における取引開始時間（付合せ開始時間）が属する日となる。

　取引日は，土曜日，日曜日，1月1日（日曜日の場合には1月2日），臨時休業日を除くほぼ毎日である。

　取引時間（付合せ時間）は，対円通貨取引では，ニューヨークが夏時間でない場合,月曜日：7時10分〜翌日6時55分,火曜日〜木

曜日：7時55分〜翌日6時55分，金曜日：7時55分〜翌日6時00分，ニューヨークが夏時間の場合，月曜日：7時10分〜翌日5時55分，火曜日〜木曜日：6時55分〜翌日5時55分，金曜日：6時55分〜翌日5時00分である。クロスカレンシー取引は，終了時刻が対円通貨取引よりも30分早くなっている（2023年12月現在）。

 # 4　アービトラージ
（裁定取引）

　アービトラージ（裁定取引）については，これまで何度も説明しているが，ここできちんと定義しておこう。アービトラージは，狭義と広義に分けられるが，アービトラージ型運用手法などというように，一般的には広義で使われることが多いようである。あえて**広義のアービトラージ**を定義するならば，「過去の経験則や金融工学的な理論値から市場が乖離した状態にある場合に，この乖離が是正されることを見込んで行う取引」ということになるであろう。

　広義のアービトラージは，金融工学で無裁定という場合の**狭義のアービトラージ**とは異なるものである。狭義のアービトラージは，2つの異なる経路の取引が等しい経済効果を生む場合になされる，

図表3-3　為替フォワードを利用したアービトラージ

	取引直後の受払い		1年後の受払い	
	米ドル	日本円	米ドル	日本円
取引①米ドル借入	+$1,000,000		△$1,008,111	
取引①為替フォワード （ドル買・円売）			+$1,008,111	△¥120,418,859
取引②為替直物 （ドル売・円買）	△$1,000,000	+¥120,000,000		
取引②円運用		△¥120,000,000		+¥120,480,000
損益	0	0	0	+¥61,141

市場性リスクのほとんどない取引であり，契約締結段階で当該取引にかかる損益が確定するものである。

為替フォワードを例にとって，狭義のアービトラージを考えてみよう（図表 3-3）。

取引　① 1,000,000 ドルを 1 年間（365 日間），金利 0.8 ％（実日数/360 日ベース）で借り入れる。1 年後の返済額は，元利合計で

　　　　1,000,000 ドル×（1+0.8 ％×365/360）

　　　　=1,008,111 ドル

である。

1 年後を決済日とする為替フォワードで，1,008,111 ドルを先物為替レート\$1＝119.45 円で購入（買い予約）する。1 年後の決済日における円支払額は，

　　　　1,008,111 ドル×119.45 円=120,418,859 円

である。

取引　② 1,000,000 ドルを為替直物取引において\$1＝120.00 円で売却し，

　　　　1,000,000 ドル×120.00 円=120,000,000 円

を受け取る。

120,000,000 円を 1 年間(365 日間)，市場金利 0.4 ％(実日数/365 日ベース）で運用する。1 年後の受取額は，元利合計で

　　　　120,000,000 円×（1+0.4 ％×365/365）

　　　　=120,480,000 円

となる。

取引①と取引②を同日に行うと，1 年後の受取りで

　　120,480,000 円−120,418,859 円=61,141 円

の利益確定となる。これは，為替フォワードにおける先物為替レー

トがドル・円の金利差から計算される理論値

$$120\text{円}\times(1+0.4\%\times365/365)\div(1+0.8\%\times365/360)$$
$$=119.511\text{円}$$

より，ドル安の\$1＝119.45円で設定されていることに目をつけた狭義のアービトラージの例で，取引①と取引②を行うことにより，1年後の収益を確定させているのである。

　これに対して，広義のアービトラージでは，当初の取引の段階では当該取引にかかる損益を確定できない。一般的な取引は，2つの類似商品のうち割高なほうを売るとともに割安なほうを買い，価格の歪みが修正された段階でそれぞれ反対の取引を行って，利益を確保するというものである。このような取引は，実質的に2つの商品の価格差を売買する取引であることから，商品によっては**スプレッド取引**（先物の価格差の取引）とか**ベーシス取引**（先物と現物の価格差の取引）などと呼ばれる場合もある。いずれにせよ，取引者の思惑どおりに価格の歪みが修正されるとは限らないことから，広義のアービトラージ取引は相応の市場性リスクをもつ取引であるといえる。

 # 5　ヘッジ取引

　本項では，外貨で調達した資金を為替フォワード（先物為替レートの予約）でヘッジした場合の効果を見てみよう。下記の例で，円ベースの実質調達コストはいくらになるであろうか。

●円の実質調達コストの計算

借入元本：	100万米ドル
借入期間：	6ヵ月（0.5年）
米ドル調達金利：	年率0.6％
ドル円直物為替レート：	1ドル＝120円

　6ヵ月のドル直先スプレッド：0.08円のディスカウント

　なお，ここでは金利は円貨・外貨とも6ヵ月を0.5年として計算することにする。

　外貨借入の円ベースでの調達金額は，

　　調達金額＝ドル調達金額×直物為替レート

　　　　　　＝100万ドル×120円＝120,000,000円

　より，120,000,000円である。

　一方，円ベースでの返済金額は，先物為替レートが直先スプレッド0.08円のディスカウントであることから119.92円（＝120円－0.08円）となるので，

　　返済金額＝ドル調達金額×(1＋ドル金利÷100×調達年数)

　　　　　　　　×先物為替レート

　　　　　　＝100万ドル×(1＋0.6％×0.5年)×119.92円

　　　　　　＝120,279,760円

　より，120,279,760円となる。

　よって，円ベースの調達金利は，

　　調達金利＝(返済金額－調達金額)÷調達金額

　　　　　　　　÷調達年数×100

　　　　　　＝(120,279,760円－120,000,000円)

　　　　　　　　÷120,000,000円÷0.5年×100

　　　　　　＝0.466％

　より，0.466％である。

　これは，ドルで資金を調達したものの，為替直物取引でのドル売却と為替フォワードでのドル購入（買い予約）を行うことにより，為替リスクなしに実質的に円資金を調達した例である。

為替オプション

〈学習上のポイント〉 為替オプションは，実需の外貨の売買から発生する為替リスクをヘッジする取引として幅広く利用されている。ヘッジのニーズに合わせて，為替フォワードとオプションを比較してみよう。また，オプションの損益図を描き，オプションの買い手と売り手のリスクを理解しよう。為替オプションやフォワードは，デュアル債（二重通貨債）に組み込まれて，個人投資家にも販売されていることも確認しよう。

 ## 1　為替オプションとは

オプションには，プットとコールがあり，それぞれ「原資産を売る権利」，「原資産を買う権利」であることは，すでに述べた。ところが，為替取引ではドルを買う取引が同時に円を売る取引になるため，どちらの通貨を基準に述べているかを確認しておく必要がある。ここで，本章の初めに学んだ**基準通貨**という概念を思い出しておこう。$1＝120.00円という表示の為替取引においては，ドルを基準通貨と呼び，1ドルが何円に相当するかという価格提示を行う。本書では，この基準通貨の売り買いでプットまたはコールの別を考える方式に統一する。

実際の取引の現場では，ドル・プット取引のことを「ドル・プット／円コール」取引と呼んで，両方の通貨を表示することも多い。

2　ドル・プット取引

過去問題
2022年
問25

まず，ドル売りの権利を買うドル・プット取引（ドル・プットの買い）を見てみよう。

日本の会社の A 社は輸出企業であり，半年後に商品の代金として米ドルで 1,000 万ドルを受け取る予定がある。A 社は，この米ドルを外国為替市場で売って円に換える[4]予定である。半年後に為替がドル安（＝円高）になっていれば，円ベースでの A 社の受取額は目減りしてしまうため，このリスクを回避する取引，すなわちドル安リスクをヘッジする取引を考えたい。A 社の取引先である B 銀行は，以下の 2 つの手法を A 社に提案した（なお，直物為替レートは\$1＝120.00 円であるとする）。

① 半年後が決済日の為替フォワードでドルを売っておく（先物為替レート\$1＝119.90 円）

② 半年後が決済日のドル売りを行う権利，すなわちドル・プットを購入しておく（行使価格 \$1＝120.00 円，プレミアム・1 ドル当たり 3.0 円）

半年後の直物為替レートによる受取円価額を考えてみよう。ヘッジ取引をしない場合には，半年後の直物為替レートがドル高になれば受取額は増えるが，ドル安になれば受取額は減ってしまう。

上記提案①に従って，為替フォワードでドルを売っていれば，半年後には直物為替レートの水準に関係なく A 社は約定した\$1＝119.90 円でドルを売ることになるため，受取円価額は 11 億 9,900 万円（＝1,000 万ドル×119.90 円）で固定される。ヘッジをしない場合と比べると，半年後の直物為替レートが\$1＝119.90 円よりドル安に

---

[4] 「円転（えんてん）」取引である。

第3章

為替デリバティブ

図表 3-4　為替フォワードによるヘッジ
（1,000万ドル当たり）

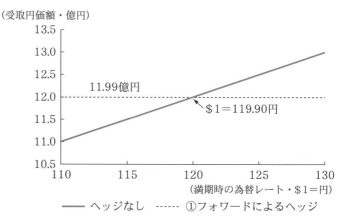

図表 3-5　為替フォワードと為替オプションによるヘッジの比較
（1,000万ドル当たり）

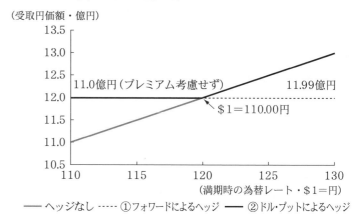

なった場合に，提案①が有利であることがわかる（図表3-4）。

　為替オプションによるヘッジでは，もう少し話が複雑になる。提案②に従って，行使価格$1＝120.00円のドル・プットを購入した場合には，半年後の直物為替レートが$1＝120.00円よりドル安になっていても，A社はオプションを権利行使し，$1＝120.00円でドルを

図表3-6 為替フォワードと為替オプション（プレミアム考慮）による
ヘッジの比較（1,000万ドル当たり）

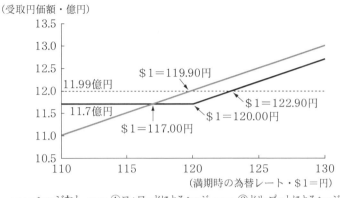

（受取円価額・億円）

$1＝119.90円

11.99億円

11.7億円

$1＝122.90円

$1＝120.00円

$1＝117.00円

（満期時の為替レート・$1＝円）

—— ヘッジなし ‥‥ ①フォワードによるヘッジ —— ②ドル・プットによるヘッジ

売ることができる（受取円貨額は12億円）。直物為替レートが，$1＝
120.00円よりドル高であれば，権利を放棄して，為替オプションと
は別に市場でドルを売ることになる。これをグラフ（図表3-5）にし
てみると，為替オプションでは最低受取額が保証されるうえに，ドル
高のメリットを受けることもできることがわかる。ただし，為替
オプションでは，為替フォワードにはなかったプレミアムの支払い
が，ドル・プットの購入時に発生している。ドル・プットのプレミ
アム3.0円は，権利行使の有無に関係なく支払うものなので，実質
的な受取額はその分減少することになるのである。

　そこで，受取円価額からプレミアム額を控除して，もう一度グラ
フを書き直してみよう（図表3-6）。$1＝117.00円を下回るドル安の
場合には，為替オプションによるヘッジはヘッジなしの場合に比べ
て有利であり，$1＝122.90円を上回るドル高では，為替オプション
によるヘッジが為替フォワードによるヘッジに比べて有利であるこ
とがわかる。

　このように，ドル・プットの購入によるヘッジは，プレミアムを

第3章

為替デリバティブ

支払う代わりに，ドル安のリスクをヘッジしながらドル高のメリットを受けることができる手法なのである。少し詳しくドル・プット取引の内容を見てみよう。

●ドル・プット取引の例

オプション購入 (Option Buyer)：　輸出企業 A
オプション売却 (Option Seller)：　銀行 B
オプションの種類 (Option Type)：　ドル・プット（円コール）
オプション元本 (Amount)：　　　　10,000,000 ドル
行使価格 (Strike Rate)：　　　　　$1 = 120.00 円
プレミアム (Premium)：　　　　　1 ドル当たり 3.0 円
取引約定日 (Trade Date)：　　　　xxx 1 年 8 月 22 日
プレミアム決済日
(Premium Settlement Date)：　　xxx 1 年 8 月 24 日
権利行使日 (Exercise Date)：　　xxx 2 年 2 月 22 日
権利行使時間カット・オフ
(Cut-off Time)：　　　　　　　東京時間午後 3 時
権利行使決済日
(Settelment Date)：　　　　　　xxx 2 年 2 月 24 日

（契約締結時点での直物為替レートを $1 = 120.00 円，半年後の先物為替レートを $1 = 119.90 円とする）

　上記のドル・プット取引により，企業 A は，「xxx 2 年 2 月 24 日に 1,000 万ドルを $1＝120.00 円で売ることのできる権利」を購入し，対価として「1,000 万ドル×3.0 円＝3,000 万円」の**プレミアム**を銀行 B に対して支払った。

　権利行使日に直物為替レートが $1＝116.00 円のドル安になっても，A はこのオプションを権利行使して，B に 1,000 万ドルを $1＝120.00 円で売ることができる。権利行使は，**エクセサイズ** (Exercise) とも呼ばれる。逆に，直物為替レートが $1＝124.00 円のドル高になった場合には，A はこのオプションを行使せず，オプションは消滅する。これを**エクスパイア** (Expire；満了する，失効するの

意）と称する。このときには，A は為替オプションとは別に直物為替レートの$1＝124.00 円で 1,000 万ドルを売り，円に換えればよいのである。

3　ドル・コール取引

過去問題
2022年
問25

　今度は，ドル買いの権利を買うドル・コール取引（ドル・コールの買い）を見てみよう。日本の輸入業者の C 社は，半年後に商品の代金として米ドルで 1,000 万ドル支払う予定がある。C 社は，この米ドルを外国為替市場で購入しなくてはならない。半年後に，ドル高（＝円安）になっていれば商品の購入コストが上がるため，このリスクを回避する取引，すなわちドル高リスクをヘッジする取引を考えたい。C 社の取引銀行である B 銀行は，以下の 2 つの手法を C 社に提案した（なお，直物為替レートは$1＝120.00 円とする）。

① 　半年後が決済日の為替フォワードでドルを買っておく（先物為替レート$1＝119.90 円）

② 　半年後が決済日のドル買いを行う権利，すなわちドル・コールを購入しておく（行使価格 $1＝120.00 円，プレミアム・1 ドル当たり 2.9 円）

半年後の直物為替レートによる支払円価額を考えてみよう。まず，ヘッジなしの場合と提案①の為替フォワードによるヘッジを比較すると，ヘッジがない場合にはドル高になればなるほど支払円価額が増えてしまうが，為替フォワードでヘッジしていれば，直物為替レートの水準に関係なく支払額は 11 億 9,900 万円で一定である（図表3-7，支払額は「－受取額」で表示）。

　為替オプションによるヘッジでは，半年後の直物為替レートが行使価格 $1＝120.00 円よりドル高になっていても，C 社はオプションを権利行使し，$1＝120.00 円でドルを買うことができる（支払円

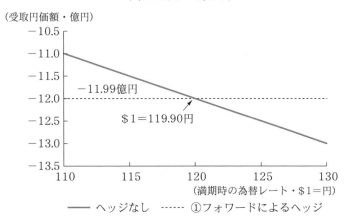

図表3-7 為替フォワードによるヘッジ
（1,000万ドル当たり）

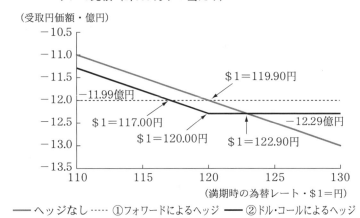

図表3-8 為替フォワードと為替オプション（プレミアム考慮）による
ヘッジの比較（1,000万ドル当たり）

貨額は12億円）。直物為替レートが$1＝120.00円よりドル安であれ
ば，オプションの権利を放棄して，為替オプションとは別に市場で
ドルを買うことになる。これに，最初に支払ったオプションのプレ
ミアム（2,900万円）を足して，実質的な支払円価額をグラフにする

と，図表 3-8 のようになる。$1＝122.90 円を上回るドル高の場合には，為替オプションによるヘッジはヘッジなしに比べて有利であり，$1＝117.00 円を下回るドル安の場合には，為替オプションによるヘッジが為替フォワードによるヘッジに比べて有利であることがわかる。

　このように，ドル・コールの購入によるヘッジは，プレミアムを支払う代わりに，ドル高のリスクをヘッジしながらドル安のメリットを受けることができる手法なのである。ドル・コール取引の明細は次のとおりである。

●ドル・コール取引の例

オプション購入：	輸入業者 C
オプション売却：	銀行 B
オプションの種類：	ドル・コール（円プット）
オプション元本：	10,000,000 ドル
行使価格：	$1 = 120.00 円
プレミアム：	1 ドル当たり 2.9 円
取引約定日：	xxx 1 年 8 月 22 日
プレミアム決済日：	xxx 1 年 8 月 24 日
権利行使日：	xxx 2 年 2 月 22 日
権利行使時間カット・オフ：	東京時間午後 3 時
権利行使決済日：	xxx 2 年 2 月 24 日

(契約締結時点での直物為替レートを$1＝120.00，半年後の先物為替レートを$1＝119.90 とする)

4　為替オプションの損益図

　前項と前々項では，為替オプションを実需に合わせて取り組む例を見てきた。本項では，為替オプション単独の取引ではどのような損益になるかを考えてみよう。

　オプション取引においては，オプションの満期時における原資産

価格とオプションの損益の関係を図に描いて表すことが多い。これを**損益図（ペイオフ・ダイアグラム；Payoff Diagram）** と呼ぶ。特に複数のオプションを組み合わせて取引する場合には、損益図を合成して、全体の損益図を作成することが必要不可欠であるが、その第一歩は、個々のオプションの損益図をきちんと描くことにある。ここでは、直物為替レートを$1＝120.00円、半年後の先物為替レートを$1＝119.90円、元本を1,000万ドルとして、各為替オプションについて満期時の損益図を描いてみよう。

(1) ドル・プットの買い

まず、ドル・プット（期間半年、行使価格$1＝120.00円、プレミアム・1ドル当たり3.0円）の買い手の損益を考えてみる。

たとえば、満期時の直物為替レートが$1＝119.00円であったとすると、買い手はこのオプションを行使する。オプション行使によって得られる1ドル当たりの経済価値は、「120.00円－119.00円＝1.00円」である。よって、プレミアム控除後の損益は－2.0円、1,000万ドルだと2,000万円の損失となる。直物為替レートが$1＝115.00円のときは、行使の経済価値は「120.00円－115.00円＝5.00円」であるから、プレミアム控除後の損益は＋2.0円、1,000万ドルだと2,000万円の利益である。逆に、直物為替レートが行使価格を上回っていればオプションは行使せず、したがって、経済的な価値は0円である。よって、プレミアム控除後の損益は－3.0円、1,000万ドルだと3,000万円の損失である。このように、オプションの買い手の損益は満期時の経済価値（本源的価値）からプレミアムの支払いを減額したものとなる。

これを為替フォワードでのドル売りと比べてみると、さらに特徴が際立つ。為替フォワードでは、満期時には直物為替レートの水準に関係なく、約定した為替レートで取引が実行される。たとえば、為替フォワードでドルを$1＝119.90円で売っていれば、満期時の直

図表 3-9　ドル・プットの買いと為替フォワード（ドル売り）の損益図
（1,000万ドル当たり）

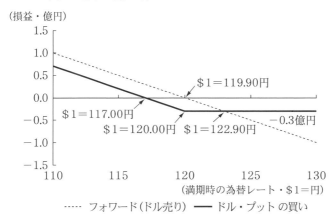

..... フォワード(ドル売り)　—— ドル・プットの買い

物為替レートが\$1＝119.90円よりドル安の場合は，その差額分が実質的な利益となるが，\$1＝119.90円よりドル高の場合には，実質的に損失となる。損益図にしてみよう（図表3-9）。

　商品単独の損益図を描いてみると，ドル・プットの買いは，ドルが安くなるほど利益が大きくなるが，ドルが高くなっても損失は限定される取引であることがよくわかる。ドル・プットの買いから発生しうる最大の損失は，直物為替レートが行使価格よりドル高になり，オプションを行使せずに消滅させた場合のプレミアム額で，この場合は3,000万円である。損益分岐点は，行使価格からプレミアムを引いた\$1＝117円である。

(2)　ドル・プットの売り

　今度は，同じドル・プットの売り手の損益を見てみよう（図表3-10）。ドル・プットの売り手の損益は，買い手と全く逆になる。満期時の直物為替レートが行使価格\$1＝120円以上のときは，通常の場合，買い手は権利行使をしないので，売り手はプレミアムの3円，金額で3,000万円を利益とすることができる。直物為替レートが行

図表 3-10　ドル・プットの売りと為替フォワード（ドル買い）の損益図
　　　　　　（1,000万ドル当たり）

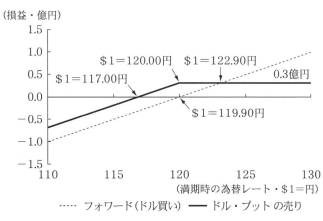

使価格を下回っているときには，買い手が権利行使をするので，売り手は行使価格の$1＝120円でドルを買わなければならない。したがって，プレミアム金額からその差額を引いた金額が，売り手の損益となる。損益分岐点は，行使価格からプレミアムを引いた$1＝117円である。図中のフォワードは，$1＝119.90円でのドル買いの場合を示している。

(3)　ドル・コールの買い

同様に，ドル・コール（行使価格$1＝120.00円，プレミアム・1ドル当たり2.9円）の買い手の損益図を描いてみよう（図表3-11）。買い手の場合は，損失は最大でプレミアム支払額（2,900万円）であり，利益はドルが高くなるほど増えていくことがわかる。損益分岐点は，行使価格にプレミアムを加えた$1＝122.90円である。図中のフォワードは，$1＝119.90円でのドル買いの場合である。

(4)　ドル・コールの売り

一方，同じドル・コールの売り手の損益は，買い手と全く逆になる（図表3-12）。利益は最大でプレミアム受取額（2,900万円）であ

図表 3-11 ドル・コールの買いと為替フォワード（ドル買い）の損益図
（1,000万ドル当たり）

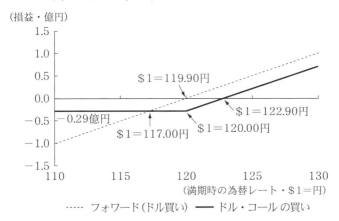

図表 3-12 ドル・コールの売りと為替フォワード（ドル売り）の損益図
（1,000万ドル当たり）

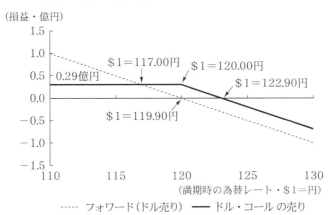

り，損失はドルが高くなるほど増えることになる。損益分岐点は，
行使価格にプレミアムを加えた$1＝122.90円である。図中のフォワ
ードは，$1＝119.90円でのドル売りの場合である。

　なお，通常の場合，原資産価格（為替レートの場合には1ドルの

価格を円で表示していると考える）の下限はゼロであるため，プットの売り手の最大損失額は「原資産価格＝ゼロ」の場合の「行使価格－プレミアム」に相当する金額に決まるが，原資産価格に上限はないので，コールの売り手の損失額は理論上は無限大まで広がりうるものである。

 5　デュアル債

過去問題
2023年
問26
2022年
問25

　金利は通貨によって異なるため，同じ期間の債券であってもドル建てか円建てかによってクーポン（利率）が異なるのが普通である。歴史的に見ると，ドルは円に比べて高金利であり，ドル建債券のほうがクーポンが高い。払込元本，クーポン，償還元本がすべてドル建ての債券は外貨建債券であるが，外貨建債券と円建債券の中間的な債券として，債券の償還元本部分のみが外貨建てとなる**デュアル債**（デュアル・カレンシー債，二重通貨債）と呼ばれる仕組債がある。

　デュアル債とは，払込元本とクーポンは円建てで，償還元本がドル（外貨）建てである債券をいう。ドル建ての元本償還額は，債券発行時点の為替レートに基づいて一定額に定められているため，ドル建ての償還額を円に換算した場合，償還時に為替レートがドル高になっていれば償還額は大きくなり，ドル安になっていれば小さくなる。したがって，ドル安（円高）が進行すれば，円ベースで考えると元本割れのリスクがある商品ということになる。デュアル債にはいろいろな種類のものがあるが，ここでは代表的な例をいくつか紹介する。

　デュアル債の基本形は，払込元本と利息が円建て，償還元本がドル建て（または，ドルを償還時の為替レートで円転して円で償還）というものである。円より金利が高い通貨を償還元本に使うことに

●デュアル債の例(1)

発行体：	事業法人 A
クーポン：	1.7 ％（年 2 回払い，実日数/365 日，円建て）
発行価格：	円価にて 100 ％
発行額：	10 億円
償還額：	8,333,333.33 ドル（為替レート $1＝120.00 円で 10 億円相当）を，満期 5 営業日前の直物為替レート（計算代理人が決定）で円換算した金額
期間：	1 年間

※ 現行為替レートを $1＝120.00 円，同期間の円建債券利回りを 0.10 ％，ドル建債券利回りを 1.80 ％とする。

第3章

為替デリバティブ

よってクーポン（利率）を高くしているが，その代わりに為替リスクを負う仕組みである。

例(1)はドルを円転して円で償還するタイプであるが，満期日の直物為替レートが現行の $1＝120.00 円と同じであれば，元本 10 億円で償還となり，投資家は元本を損なうことなく高金利を享受することができる。$1＝120.00 円よりドル高であれば償還額は元本 10 億円を超え，$1＝120.00 円よりドル安であれば投資元本を下回ることになる。

デュアル債の基本形は，投資家の立場から見て，普通の債券に為替フォワードのドル買いを組み込むことで組成できる。高金利通貨の先物為替レートは直物為替レートよりも安くなるが，償還額の計算に発行時の直物為替レートを採用すれば，先物為替レートとの差額を債券のクーポンに上乗せして，クーポンを高くすることができるのである。

為替フォワードのドル買いの代わりに，投資家の立場から見て，ドル・プットの売りを組み込んだタイプもある。例(2)がそれである

● デュアル債の例(2)

発行体：	事業法人 A
クーポン：	3.2 ％（年2回払い，実日数/365日，円建て）
発行価格：	円価にて 100 ％
発行額：	10 億円
償還額：	8,333,333.33 ドル（為替レート $1＝120.00 円）を，満期5営業日前の直物為替レート（計算代理人が決定）で円換算した金額。ただし，元本の上限は 10 億円
期間：	1年間

※　現行為替レートを $1＝120.00 円，同期間の円建債券利回りを 0.10 ％，ドル建債券利回りを 1.80 ％とする。償還額に円建ての上限がつかないデュアル債のクーポンは 1.70%である。

図表 3-13　デュアル債の償還額
（8,333,333.33 ドル当たり）

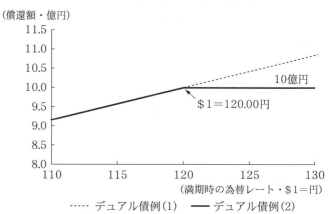

（償還額・億円）

$1＝120.00円

10億円

（満期時の為替レート・$1＝円）

・・・・ デュアル債例(1)　━━ デュアル債例(2)

が，ドル高になっても償還円貨額が増えない代わりに，クーポンが高くなっている（図表 3-13）。ドル・プットの売りで得られるプレミアムが，クーポンに上乗せされているためである。なお，ドル・プットの売りというのは，為替フォワードのドル買いにドル・コール

の売りを加えたものと同じであり，この点からも例(1)のタイプと比べて例(2)のタイプのクーポンが高くなることがわかる。

　デュアル債には，このほか，バリア・オプションが組み込まれ，為替レートが観測期間中に一定のレベルに達した場合のみ償還がドルになるタイプもある。

第3章

為替デリバティブ

バリア・オプション

〈学習上のポイント〉

応用型のオプションとして，エキゾチック・オプションと呼ばれる複雑な仕組みの商品がある。バリア・オプションはその1種であるが，通常のオプションと比べて最終的にオプションが価値をもつ可能性が減ることから，その分プレミアムが安くなる商品である。

1　バリア・オプションとは

過去問題
2022年
問28
2021年
問25
問28
2020年
問25
問28

　今まで見てきた一般的なオプションは，オプションのなかで最も基本的なものであり，その価格は，ブラック・ショールズ・モデルを使って計算される。デリバティブでは，基本形を**プレーン・バニラ**（Plain Vanilla）と称するが，これに対して複雑な仕組みをもつオプションは，**エキゾチック・オプション**（Exotic Option）と呼ばれる。1990年代に入ってからの金融工学の隆盛に伴い，より複雑で高度な価格算出モデルを必要とする様々なオプションが商品化されてきた。本節では，代表的なエキゾチック・オプションである**ノックアウト・オプション**（Knock-out Option）と**ノックイン・オプション**（Knock-in Option）を取り上げる。

　ノックアウト，ノックインともに**バリア・オプション**（Barrier Option）と呼ばれるカテゴリーの商品で，行使価格のほかにバリア・レートが設定され，観測期間（バリア有効期間）中に為替レートが

バリア・レートに到達するとオプションが消滅（＝ノックアウト）したり，出現（＝ノックイン）したりするという性質を持つ。消滅や出現という条件が加わっているため，通常のオプションと比べて満期時にオプションが価値をもつ可能性は減る。ノックアウト・オプションでは，観測期間中に為替レートがバリアに到達すればオプションが消滅してしまい，ノックイン・オプションでは，観測期間中に為替レートがバリアに到達しなければオプションが出現しないからである。

　このように，バリア・オプションは通常のオプションと比べて満期時にオプションが価値をもつ可能性が減ることから，その分プレミアムは安くなるのである。理論的には，他の条件が同じであれば，ノックアウト・オプションのプレミアムとノックイン・オプションのプレミアムを合計したものが，通常のオプションのプレミアムになる。

 # 2　ノックアウト・オプション

　ノックアウト・オプションは，行使価格のほかにバリア・レートが設定され，観測期間中に為替レートがバリア・レートに到達した場合に，オプションが消滅するという仕組みのオプションである。バリア・レートが当初，直物為替レートより高く設定されているものをアップ・アンド・アウト（Up and Out, U&O），低く設定されているものをダウン・アンド・アウト（Down and Out, D&O）と呼ぶ。まず，アップ・アンド・アウト（U&O）のドル・プットの例を見てみよう。

● U&O ドル・プットの例

オプション購入：　　　　　輸出企業 A

オプション売却：	銀行 B
オプションの種類：	ドル・プット
オプション元本：	10,000,000 ドル
行使価格：	$1 = 120.00 円
バリア・レート：	$1 = 125.00 円
バリアタイプ：	ノックアウト（アップ・アンド・アウト）
プレミアム：	1 ドル当たり 2.70 円
取引約定日：	xxx 1 年 8 月 22 日
権利行使日：	xxx 2 年 2 月 22 日
バリア有効期間：	xxx 1 年 8 月 22 日から xxx 2 年 2 月 22 日まで

（契約締結時点での直物為替レートを $1 = 120.00 円，半年先の先物為替レートを $1 = 119.90 円とする。バリアが付かない普通のドル・プットのプレミアムは 3.00 円である）

　アップ・アンド・アウトでは，観測期間中に直物為替レートがバリア・レート（$1 = 125.00 円）以上のドル高になった場合に，オプションが消滅する。オプションが消滅することなく行使日を迎え，イン・ザ・マネー（$1 = 120.00 円よりドル安）になっていれば，オプションは行使され，買い手は行使価格で取引（$1 = 120.00 円でドル売り）をすることができる（図表 3-14）。

図表 3-14　U&O ドル・プット・オプションの行使

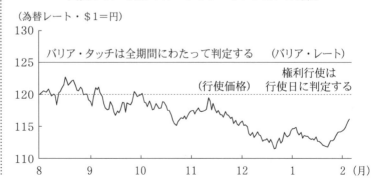

図表 3-15　U&O ドル・プット・オプションの消滅

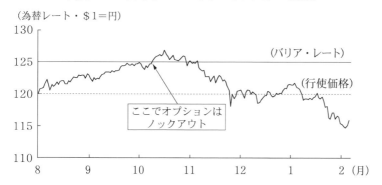

　ドル・プットのアップ・アンド・アウトの形態のものは，バリア・レートが高く設定されており，ドル安リスクのヘッジのためにオプションが必要でなくなったとき，すなわちドル高になったときにオプションが消滅する仕組みである。このためにプレミアムが安くなるのであるから，ドル・プットの買い手にとっては理想的な商品に思えるが，バリア・タッチの判定はオプションの全期間にわたっている点に注意が必要である。観測期間中に為替レートがバリア・レート（$1＝125.00円）以上のドル高になったものの，行使日までの間に再び安くなって行使価格を下回るといったことも少なからず起こりうるが，このような場合には，ドル安リスクのヘッジが必要であるにもかかわらず，ヘッジのために買ったドル・プットはすでに消滅していることになる（図表 3-15）。

　次の例は，ダウン・アンド・アウト（D&O）のドル・プットである。

　ダウン・アンド・アウトでは，バリア・レートが当初，直物為替レートより低く設定されている。直物為替レートが，観測期間中にバリア・レート（$1＝110.00円）以下のドル安になった場合には，このドル・プットは消滅する。

　このバリア・オプションは普通のドル・プット・オプションと比

第3章

為替デリバティブ

● D&O ドル・プットの例

オプション購入：	輸出企業 A
オプション売却：	銀行 B
オプションの種類：	ドル・プット
オプション元本：	10,000,000 ドル
行使価格：	$1＝120.00 円
バリア・レート：	$1＝110.00 円
バリアタイプ：	ノックアウト（ダウン・アンド・アウト）
プレミアム：	1 ドル当たり 1.30 円
取引約定日：	xxx 1 年 8 月 22 日
権利行使日：	xxx 2 年 2 月 22 日
バリア有効期間：	xxx 1 年 8 月 22 日から xxx 2 年 2 月 22 日まで

（契約締結時点での直物為替レートを$1＝120.00 円，半年先の先物為替レートを$1＝119.90 円とする。普通のドル・プットのプレミアムは 3.00 円である）

べてプレミアムが安いので，半年間でバリアに到達するほどのドル安にはならないであろうと見込む場合には，このオプションの購入が有効である。しかし，本来，ドル安リスクのヘッジのためにドル・プットを買ったにもかかわらず，ドル安が進むとオプションが消滅してヘッジ効果がなくなってしまうものなので，そのリスクを十分に理解したうえで取り組むべき商品といえる。本例のように，オプション価値が増大するイン・ザ・マネーの方向にノックアウト・レベルが設定されている商品を，リバース・ノックアウトと呼ぶこともある。

 # 3　ノックイン・オプション

　ノックアウト・オプションとは逆に，ノックイン・オプションは，観測期間中に為替レートがバリア・レートに到達した場合に，オプ

● D&I ドル・プットの例

オプション購入：	輸出企業 A
オプション売却：	銀行 B
オプションの種類：	ドル・プット
オプション元本：	10,000,000 ドル
行使価格：	$1＝120.00 円
バリア・レート：	$1＝110.00 円
バリアタイプ：	ノックイン
プレミアム：	1 ドル当たり 1.70 円
取引約定日：	xxx 1 年 8 月 22 日
権利行使日：	xxx 2 年 2 月 22 日
バリア有効期間：	xxx 1 年 8 月 22 日から xxx 2 年 2 月 22 日まで

（契約締結時点での直物為替レートを$1 = 120.00 円，半年先の先物為替レートを$1 = 119.90 円とする。バリアのない普通のドル・プットのプレミアムは 3.00 円である）

ションが出現するという仕組みのオプションである。バリア・レートが当初，直物為替レートより高く設定されているものをアップ・アンド・イン（U&I），低く設定されているものをダウン・アンド・イン（D&I）と呼ぶ。

　ドル・プットのダウン・アンド・インの形態のものは，ドル安リスクのヘッジが必要なときにオプションが出現するため，ヘッジ目的にはかなっているし，プレミアムも普通のドル・プット・オプションに比べて安い。しかし，直物為替レートがバリア・レート（$1＝110.00 円）に到達するほどのドル安にならなかったためにオプションは出現しなかったものの，満期時の直物為替レートが行使価格（$1＝120.00 円）を下回っている場合には，ヘッジ効果が得られないことになる。

　ダウン・アンド・イン・オプションは，バリア・レートを引き下げればそれだけオプションがノックインする可能性が低くなるた

め，プレミアムは安くなる。たとえば，前記例と同じオプションでバリアを\$1＝105.00円に下げると，プレミアムは0.50円まで下がる。

これらのバリア・オプションは，直物為替レートが観測期間中にどのような経路をたどるかによって，オプションの運命に違いが生じる。ダウン・アンド・インでは，市場価格がバリアまで下落して初めてオプションとしての価値が出現し，ダウン・アンド・アウトでは，バリアを付ければ[5]オプションは無価値となってしまう。普通のヨーロピアン・タイプのオプションが行使日一定時点の直物為替レートによって最終価値が決定するのとは異なることを確認したい。

4 バリア・オプションの最終価値

最後に，バリア・オプションの最終価値を計算してみよう（図表3-16）。

過去問題
2023年
問28
2022年
問28
2021年
問28
2020年
問28

●バリア・オプションの最終価値

> 行使価格を110円，バリア・レートを120円としたとき，以下のバリア・オプションの満期時の価値はいくらか。
> ① このオプションがノックアウト・コールで，期中に為替レートが105円～125円で推移し，118円で満期を迎えたとき……期中に為替レートがノックアウト価格120円以上を付けたので，ノックアウトしており，満期時の価値は0である。
> ② このオプションがノックアウト・プットで，期中に為替レートが105円～118円で推移し，115円で満期を迎えたとき……期中に為替レートがノックアウト価格120円以上を

---

[5] バリアに原資産市場価格が到達することを"バリアを付ける""バリアをヒットする"と表現する。

付けていないので，ノックアウトしていないが，満期時の
為替レートが行使価格より高いので，満期時の価値は 0 で
ある。

③　このオプションがノックアウト・コールで，期中に為替
レートが 105 円〜118 円で推移し，115 円で満期を迎えたと
き……期中に為替レートがノックアウト価格 120 円以上を
付けていないので，ノックアウトしていないことから，満
期時の為替レート 115 円と行使価格 110 円の差額 5 円が満
期時の価値となる。

④　このオプションがノックイン・プットで，期中に為替レ
ートが 105 円〜115 円で推移し，108 円で満期を迎えたとき
……期中に為替レートがノックイン価格 120 円以上を付け
ていないので，ノックインしておらず，満期時の価値は 0 で
ある。

⑤　このオプションがノックイン・コールで，期中に為替レ
ートが 105 円〜121 円で推移し，108 円で満期を迎えたとき
……期中に為替レートがノックイン価格 120 円以上を付け
たのでノックインしているが，満期時の為替レートが行使
価格より安いので，満期時の価値は 0 である。

図表 3-16　為替レートの変動範囲とバリア・オプションの最終価値

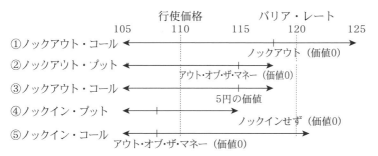

バリア・オプションのように，行使日までに原資産価格がどのよ
うな経路（Path）をたどったかで価値が変わるオプションを，**経路
依存型**（Path–dependent）オプションと呼ぶ。経路依存型オプショ

ンには，バリア・オプションのほかにも，オプション期間を通じて一番高い（または低い）為替レートを行使価格とする**ルックバック・オプション**，期間を通じた平均値を参照する**アジアン・オプション**などがある。また，設定金利のレベルに応じて順次スワップ元本が減額されるインデックス・アモタイジング・スワップ（IAS）と呼ばれる商品もある。

第4章

オプションの基礎

オプションの基本事項

〈学習上のポイント〉 これまでにいくつかのオプションを取り上げてきたが，ここでオプションの基本事項をまとめておこう。コールとプットが行使されたときに売り手と買い手が行う取引はどのようなものか，取引は具体的にどのように行うのか，取引の目的はどのようなものか，きちんと理解しよう。

 ## 1　オプションとは

過去問題
2023年
問16
2022年
問16
問17
2021年
問16
2020年
問16

オプション (Option) とは，将来一定の条件で売買その他の取引をすることができる権利を意味する。代表的な例は，将来一定の価格で個別株を買うことができる株券オプションや，予め定められたレートで為替取引を行うことができる為替オプションであるが，これ以外にも様々な金融取引のオプションが存在する。

株券オプションの場合には，「個別株の売買をする権利」がオプションとなるが，このオプションの対象になる金融商品である「個別株」のことを**原資産** (Underlying) と呼ぶ。

「原資産を買うことができる権利」を**コール・オプション** (Call Option)，「原資産を売ることができる権利」を**プット・オプション** (Put Option) と呼ぶ。単純なオプション取引では，当事者のいずれ

---

1 オプションを売ることを，オプションを「書く」 (Write) ということがある。オプションの売り手のことを Writer とも呼ぶ。

か一方が買い手であり，他方が売り手[1]となる。株券のコール・オプションでは，オプションの買い手は，「株式を買う権利」をもつことになる。これに対して，オプションの売り手は，買い手の権利行使に応じて「株式を売る義務」を負うことになる。この関係を表にまとめてみよう（図表4-1）。

図表4-1　コールとプットの行使による権利義務関係

	コール	プット
オプションの買い手	原資産を買う権利	原資産を売る権利
オプションの売り手	原資産を売る義務	原資産を買う義務

　つまり，コール・オプションが「買う権利」だというのは，あくまでもオプションの買い手から見た原資産取引の態様であり，売り手から見れば逆に原資産を「売る義務」ということになる。これはわかりきったことのようであるが，複雑なオプションを債券などに組み込んだ金融商品を組成する場合には，オプションの売買の方向と原資産の売買の方向を整理しておかないと，混乱する原因となる。オプション取引では，権利を保有する買い手の立場でコールとプットの区別をするとわかりやすい。

 ## 2　基本形と
バリエーション

オプション取引の基本形は，以下のとおりである。

① オプションの売買を行い，買い手は売り手にオプションの対価（プレミアム）を支払う。
② オプションの期限の権利行使日に，買い手は権利行使か権利放棄かを選択する。
  ・ 買い手が権利を行使すると，予め定められていた行使価格で原資産の売買が行われる。

過去問題
2020年
問16

> ・買い手が権利を放棄すると，オプションは失効し，原資
> 産の売買は行われない。

　①のプレミアム支払いは，オプション売買時に一括でなされるの
が普通であるが，契約によって期間按分の分割となったり，組合せ
オプションや他の商品と相殺して支払いが起こらないこともある。
　②の権利行使では，原資産の売買を実際に行うのが基本であるが，
原資産の市場価格と行使価格の差額を支払って差金決済とするタイ
プも少なくない（株価指数オプションはこの例である）。また，自動
権利行使制度が採用され，買い手が権利行使の申告をしなくても，
イン・ザ・マネーの（権利行使する価値のある）オプションについ
ては，権利行使があったものとして取り扱う場合も少なくない。た
とえば，国債先物オプションや株価指数オプションなどの取引所取
引のオプションは，満期時にイン・ザ・マネーであれば自動的に行
使される。したがって，権利行使をしない場合には，その旨の申告
が逆に必要となる。
　権利行使のタイプは，権利行使が1日のみに限定されるヨーロピ
アン（European）・タイプが基本であるが，国債先物を原資産とす
る取引所取引のオプションは，権利行使期間を定め，その期間内で
あればいつでも権利行使ができるアメリカン（American）・タイプ
である。また，この中間ともいえる**セミアメリカン**（Semi-amer-
ican）または**バミューダ**（Bermuda）・タイプと呼ばれるものもあり，
これは行使期間中，3ヵ月ごとまたは6ヵ月ごとなど限られた複数
の日に行使ができるというタイプである。このタイプのオプション
は，利払日ごとに複数回早期償還の可能性がある**マルチ・コーラブ
ル債**という仕組債に使われることが多い。
　複雑な仕組みをもつオプションとしては，原資産の市場価格があ
るレベル（バリア）以上に上がったらオプションが消滅するという

取引条件の付いたもの（ノックアウト・オプション）や，逆に，あるレベルをクリアしないとオプションが発生しないという取引条件の付いたもの（ノックイン・オプション）もある。これらは**バリア・オプション**（Barrier Option）と呼ばれるもので，消滅・発生条件の付いていないオプションよりプレミアムが安く済む（第3章第3節参照）。また，行使価格を最初に決めておかずに，観測期間中の原資産最高値を行使価格に設定するオプション（ルックバック・オプション）や，市場価格として観測期間中の原資産価格平均値をとるオプション（アジアン・オプション），権利行使によって得られる金額が原資産価格に関係なく一定のオプション（デジタル・オプション，バイナリー・オプション）もある。

　また，オプションを単純に売買するのではなく，通常のオプションを複数組み合わせて一定の経済効果を生み出す取引も多く見られる。その代表例はオプションの売りと買いを組み合わせてプレミアム支払いをゼロにする**ゼロコスト・オプション**である。なお，ゼロコストとは，当初のプレミアム支払いが差引ゼロという意味であり，最大損失がゼロという意味ではないので，注意する必要がある。

 # 3　オプション取引の流れ

　相対取引の為替オプションを例にとって，オプション取引の流れをまとめてみよう。3ヵ月後にドルを$1＝120.00円で買える権利は，ドル円為替を原資産とするドル・コール・オプションである。仮に，基準通貨であるドルを商品と考えれば，「1ドルという商品を120円で買える権利（コール・オプション）」と解釈できる。

●ドル・コール・オプションの例

オプションのタイプ：　　ドル・コール・オプション

行使のタイプ：	ヨーロピアン
オプション購入：	事業法人 A
オプション売却：	銀行 B
取引数量：	1,000,000 ドル
行使価格：	$1＝120.00 円
取引約定日：	xxx 1 年 4 月 1 日
権利行使日：	xxx 1 年 7 月 1 日 (取引約定日の 3 ヵ月後)
行使取引決済日：	xxx 1 年 7 月 3 日 (権利行使日の 2 営業日後)
プレミアム：	1 ドル当たり 2.30 円
プレミアム決済日：	xxx 1 年 4 月 3 日 (取引約定日の 2 営業日後)

　取引約定日には，行使価格，期間，プレミアム額などの契約条件を決めて取引が合意される。この契約締結とこれを確認するプロセスは，商品や取引主体となる会社によって異なるが，一般的には電話やメール，電子通信などを通じて契約内容が合意され，後から契約書を取り交わして条件を確認することが多い。

　プレミアムの支払いは，通常，取引約定後比較的すぐに行われる。為替や金利などを原資産とする取引では，約定日から 2 営業日[2]後に一括払いでプレミアムの決済がなされる。契約によりプレミアムを期中延払いとするなどの工夫がなされることもあり，また，仕組みローンなどの複合商品では，ローン金利にプレミアムが織り込まれ，プレミアム決済が表に出ないものもある。

　プレミアムは，原資産の数量が株式のように単位数 (○○株) で表される場合には，1 単位当たり何円 (または何銭) で表示される

---

[2] 営業日 (Business Day) とは，銀行営業日のことである。円建ての取引であれば，日本の銀行が営業している日を営業日とするのが基本であるが，為替ではもう 1 つの通貨，ドルの営業日も併せて勘案する。

のが普通であるが，金利オプションのように原資産の数量が想定元本額で表される場合には，元本額に対する割合(％)（元本100円当たり何円（または何銭））で表示されることが多い。為替オプションでは，1ドル当たり○円（または○銭）という表示と，元本額に対する割合（％）の両方の表示が使われる。いずれの場合にも，契約書ではプレミアムの実額を記載し，決済額を確認する。

　権利行使日は，取引約定の時点では約定日から何ヵ月後(何年後)という条件提示であることが多いが，これも営業日などを勘案して修正されるので，契約書では具体的な日付を確認することが必要である。ほとんどのオプションでは，行使日だけではなく，カットオフ時間も定められており，たとえば為替オプションでは「東京時間の午後3時[3]までの行使」というように時間が区切られている。権利行使の申告は，電話，ファックス，電子通信など様々なやり方があるが，相手に確実に届いていることを確認できる手法をとる。また，オプションによっては権利行使の申告をしなくても，権利行使の価値のあるオプションは申告があったものとして自動的に行使されるものもある。

　権利行使の方式が現物決済，すなわち実際に原資産の売買を行うオプションの場合には，権利行使により「権利行使日＝売買約定日」，「行使価格＝約定価格」とする原資産の売買が行われることになる。権利行使の方式が差金（現金）決済のオプションの場合には，行使価格と原資産の市場価格（清算価格）との差額が現金で授受される。

　期限までにオプションを行使しなければ，オプションは失効して消滅する。買い手の権利行使の申告を必要とするオプション（為替

---

[3] 為替オプションは，典型取引では東京時間（東京午後3時）かNY時間（NY午前10時）の2種類のいずれかをカットオフとしている。東京市場で取引されるオプションは，東京時間をカットオフとするのが普通である。

図表4-2 コールとプットの権利行使の判断

	市場価格＞行使価格	市場価格＜行使価格
コール	行使する	行使しない
プット	行使しない	行使する

オプションや相対取引の株券オプション，スワップションなどは通常このタイプに属する）で，買い手が権利行使の申告を忘れてしまった場合には，買い手は権利を放棄したことになり，経済的価値のある取引が行われなくなるので，注意が必要である（図表4-2）。行使スケジュールの管理は，担当者不在の場合のバックアップも含めてマニュアルを整備し，対応すべきであろう。

 # 4　オプション取引の目的

(1) 価格変動リスクのヘッジ

　オプションを取引する目的の1つに，価格変動リスクのヘッジが挙げられる。為替フォワードを使っても為替リスクはヘッジはできるが，ヘッジした時点で損益が確定してしまうのに対し，為替オプションの買いの場合には，プレミアムの支払いがあるものの，損失を限定しながら，為替レートが自分に有利に動いたときのメリットを留保できるのである。コール・オプションであれば原資産価格が上昇するリスク，プット・オプションであれば原資産価格が下落するリスクについて保険を掛けているようなもので，この観点からすればオプション・プレミアムは保険料のようなものであるといえる。

　オプションをヘッジの手段として使う場合には，自然にオプションの「買い」を行うことになる。では，誰がオプションを売るのであろうか。オプションの損益図からも明らかなように，オプションの売り手となることのリスクは大きく，その損失は無限大となる可

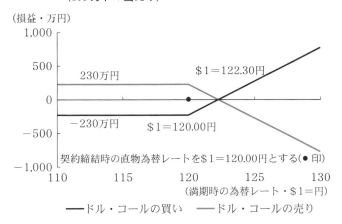

図表4-3　ドル・コール・オプションの売り手と買い手の損益図
（100万ドル当たり）

能性さえ秘めている。しかし，オプションの有効期間中にそうなる
確率は実際には低く，オプションの売り手が収益を得る機会は，決
して小さくない。オプションの売り手は，この損失無限の可能性と
引換えにプレミアム収入を得ているのであり，このプレミアム収入
をすべて自己の収益にできる機会も少なくないのである。満期時の
損益線を見れば，オプションの売りとオプションの買いのいずれが
利益を得やすいかが容易にわかるであろう（図表4-3）。

　オプションを単独で売るだけでなく，ほかのオプションの売りや
買いを組み合わせて，オプションの売りのリスクを軽減させること
も行われる。

　また，オプションを直接取引するのではなく，オプションの売り
を組み込んだ仕組債を購入するという方法で，間接的にオプション
を取引することもある。この場合，オプションの売りで得られるプ
レミアムは，仕組債のクーポンに上乗せされているのが普通である。
オプションの売りで損失が発生した場合には，仕組債の元本がそれ
を負担するので，仕組債は元本割れで償還されることになるが，通

常の場合には，元本以上の損失は発生しないように商品設計がなされている。

　銀行や証券会社のディーラーなどにおいては，オプションのポジションをもつことによって生じる価格変動リスクを軽減させるために，原資産の取引で**デルタ・ヘッジ**をするのが一般的である。デルタ・ヘッジとは，オプション取引によるデルタ・ポジションと逆のポジションを原資産でもつことによって，オプションのリスクを軽減させる手法である（第4章第4節参照）。

(2)　価格変動を予想したトレーディング

　オプションを取引するもう1つの目的は，原資産の価格変動を予想して，オプションを売買するトレーディングである。オプション取引において当初必要な資金は，オプションの買いの場合にはプレミアム相当額，売りの場合にはゼロである（ただし，売りの場合には証拠金や担保の差入れを求められることがある）。後に詳しく見るように，オプションの価値は原資産価格が変動することに伴って上下する。たとえば，A社株式を1株100円で買うことができるコール・オプションは，A社の株価が10円のときにはほとんど価値がない（権利行使の可能性が低い）であろうが，株価が300円ならば200円ないしそれ以上の価値をもつものである。つまり，コール・オプションの価値は，原資産価格が上昇すれば一般的に上がるので，原資産を買う代わりにコール・オプションを買えば，当初資金はプレミアムの支払いだけで済むことから，原資産を買うよりも効率的に利益を上げることが可能なのである。

　また，オプションを利用すると原資産価格が変動しなくても利益を上げることが可能である。プット・オプションとコール・オプションを同時に売る手法は，原資産価格があまり変動しないと想定されるときに行う代表的なオプション・ストラテジー（投資戦略）であるが，これについては次節で詳しく説明したい。

オプション取引のストラテジー

〈学習上のポイント〉

オプションは，単独で取引するだけではなく，オプション同士を組み合わせたり，現物の売買や保有と組み合わせたりする事例も多い。現物との組合せとしては，カバード・コール，プロテクティブ・プット，ターゲット・バイイングがあり，オプション同士の組合せとしてはストラドル，ストラングル，ブル（ベア）スプレッド，ゼロコスト・オプションが代表的である。それぞれのストラテジーにつき，損益図などからそのリスクと取引の効果を考えよう。

第4章

オプションの基礎

オプションは，単独でも取引されるが，現物，先物や他のオプションと組み合わせて取引されることも多い。本節では，代表的なオプション取引のストラテジー（投資戦略）をまとめておこう。

 1　カバード・コール
(Covered Call)

カバード・コールは，原資産（現物）を保有しているが，あまり価格の上昇はないと見られる場合にコール・オプションを売却し，プレミアムを稼ごうとするストラテジーである。現在市場価格が100円しているA債券のカバード・コールを考えてみよう。まず，A債券保有の損益は，現在の価格（100円）を基準として（簿価を100円として），価格が上昇すれば利益，下落すれば損失となる。ここで，行使価格105円，期間6ヵ月，プレミアム2円のコール（ヨーロピ

過去問題
2023年
問17
2022年
問23
2021年
問23
2020年
問4
問23

図表 4-4　カバード・コールの損益図
（額面 1 億円当たり）

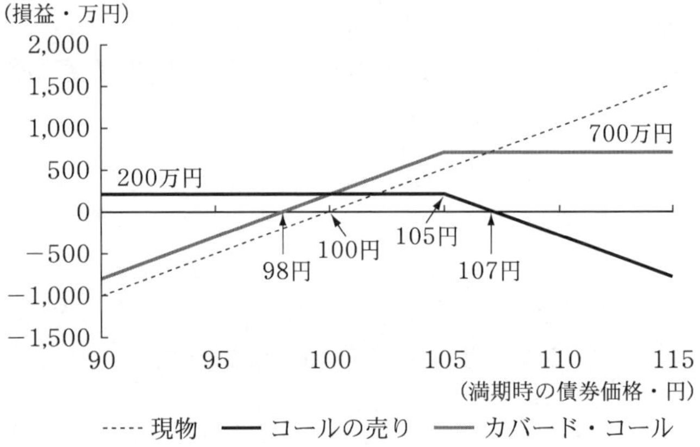

（損益・万円）

2,000	
1,500	
1,000	700万円
500	200万円
0	
−500	
−1,000	
−1,500	

90　　95　　100　　105　　110　　115
（満期時の債券価格・円）

98円　100円　105円　107円

----- 現物　―― コールの売り　―― カバード・コール

アン・タイプ）を額面 1 億円分売却したとしよう。

　満期時においてA債券の価格が 105 円を上回っていなければ，一般的に買い手はオプションを行使しないことから，このコールの売りで得たプレミアム 2 円が利益として確定する。105 円を上回っていた場合には，オプションが行使されるので，A債券を 105 円で売却することになるが，プレミアム 2 円（金額で 200 万円）を得ているので，A債券が 107 円（＝105 円＋ 2 円）を超えないかぎり，市場価格で売却するよりも有利な条件で実質的にA債券を売却できたことになるのである。

　現物の損益図とカバード・コールの損益図を比べてみると，価格 105 円以下の場合にはプレミアム 2 円（金額で 200 万円）分だけカバード・コールのほうが有利であり，価格 105 円超 107 円以下の場合も 2 円を下回るものの，カバード・コールのほうが有利であり，価格が 107 円を上回った場合に，初めて現物のまま売却したほうが有利になることがわかる（図表 4-4）。

　このカバード・コールとA債券を市場において 105 円で売却しよ

うとする場合とを比べると，カバード・コールでA債券を売却できるのは，オプションの満期時に限られるが，A債券をいわゆる指値で売却する場合には，オプションの満期時に限らず価格が 105 円まで上昇した時点で売却できる，という違いがある。このように，カバード・コールでは売却の可能性が指値売りよりも少なくなるが，その分プレミアムを受け取ることができるのである。

2　プロテクティブ・プット(Protective Put)

過去問題
2020年
問17

プロテクティブ・プットは，保有している原資産（現物）の値下がりリスクをヘッジ（回避）するために，プット・オプションを購入するストラテジーである。再びA債券の例で損益図を描いてみよう。現在の市場価格は 100 円で，このとき行使価格 95 円，期間 6 ヵ月，プレミアム 2 円のプット（ヨーロピアン・タイプ）を額面 1 億円分購入したとしよう。

満期時において価格が 95 円より下がらなかった場合には，投資家とすれば想定外の損失を被らずに済んだことになるが，オプションの価値はゼロとなるので，支払いプレミアム 2 円（金額で 200 万円）は一種の保険料として捨てたことになる。価格が 95 円を下回っている場合には，オプションを行使してA債券を 95 円で売ることができる。ただし，プレミアムを 2 円（金額で 200 万円）支払っているので，A債券が 93 円（＝95 円－2 円）を下回って下げないかぎり，市場価格で売却するよりも有利な条件で実質的にA債券を売却できたとはいえない（図表 4-5）。

このプロテクティブ・プットと，A債券が 95 円を下回ったら，市場で売却しようとする場合とを比べると，プロテクティブ・プットでA債券を売却できるのは，オプションの満期時に限られるので，A債券が 95 円を下回った後，満期時までに価格が回復した場合には

第4章

オプションの基礎

図表4-5　プロテクティブ・プットの損益図

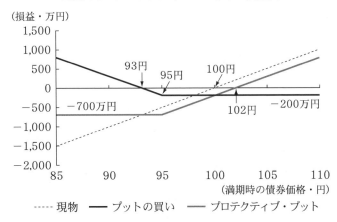

（損益・万円）

----- 現物　――― プットの買い　――― プロテクティブ・プット

メリットが得られるのに対し，A債券をいわゆる逆指値で売る場合には，オプションの満期時に限らず価格が下落した時点で売却することになるので，その後に価格が回復しても，そのメリットは受けられないという違いがある。ただし，プロテクティブ・プットにはオプションのプレミアムの支払いが必要なので，その分売却にかかるコストは高くなるのである。

3　ターゲット・バイイング(Target Buying)

過去問題
2023年
問24

　ターゲット・バイイングは，購入してもよいと考えている原資産（現物）を対象とするアウト・オブ・ザ・マネー（OTM）のプット・オプションを売却し，プレミアムを稼ごうとするストラテジーで，債券取引でよく使われる。行使価格（ターゲット価格）は原資産の市場価格より低い価格に設定される。現在市場価格が100円しているA債券のターゲット・バイイングを考えてみよう。

　投資家が，A債券の行使価格95円のプットをプレミアム2円で売却したとする。満期時において，価格が95円を下回っていなければ

図表 4-6　ターゲット・バイイングのイメージ図

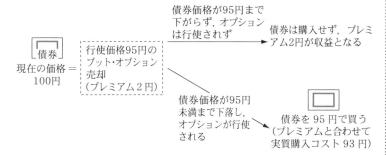

オプションは行使されないので，このプットの売りで得たプレミアム2円が利益として確定する。95円を下回っていた場合には，オプションを行使されるので，A債券を95円で購入することになるが，プレミアム2円を得ているので，A債券が93円（＝95円−2円）を下回らないかぎり，市場で購入するよりも有利な条件で実質的に債券を購入できることになる（図表4-6）。

　このターゲット・バイイングとA債券を市場において95円の指値で購入しようとする場合とを比べると，ターゲット・バイイングでA債券を購入できるのは，オプションの満期時に限られるが，A債券を指値で購入する場合には，オプションの満期時に限らず価格が95円まで下落した時点で購入できるという違いがある。このように，ターゲット・バイイングでは，購入の可能性が指値買いより少ないが，その分プレミアムを受け取ることができるのである。

 # 4　ストラドル(Straddle)

　ストラドル(Straddle)は，同じ行使価格のプットとコールを同時に同数量買うまたは売るというストラテジーで，原資産価格が上がるか下がるかという方向ではなく，動くか動かないかという変動率を取引の対象としている。通常，ストラドルの行使価格は，アット・

過去問題
2023年
問17
2020年
問17

ザ・マネー，すなわち原資産価格と行使価格が一致するレベルに設定する。オプションを専門に取引するトレーダーは，オプションの価格要因の1つであるボラティリティ（原資産価格の変動の度合い）の変動を利用して利益を得ようとする際に，このストラドルを使うことが多い。

●ストラドルの取引例

プット・コール購入：	銀行 E
プット・コール売却：	銀行 F
オプション元本：	10,000,000ドル（プットもコールも10,000,000ドル）
オプション行使価格：	$1＝120.00円
プレミアム：	1ドル当たり5.9円（プット3.0円，コール2.9円）
取引約定日：	xxx1年8月22日
権利行使日：	xxx2年2月22日
権利行使時間カット・オフ：	東京時間午後3時
権利行使決済日：	xxx2年2月24日

（契約締結時点での為替直物レートを$1＝120.00円，半年後の為替先物レートを$1＝119.90円とする）

図表4-7　ストラドルの買いの損益図
（1,000万ドル当たり）

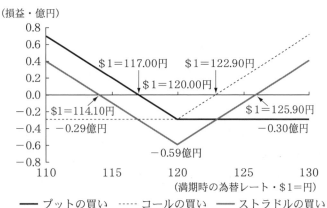

（損益・億円）

$1＝117.00円　$1＝122.90円
$1＝120.00円
$1＝114.10円
−0.29億円
−0.30億円
$1＝125.90円
−0.59億円

（満期時の為替レート・$1＝円）

—— プットの買い　……コールの買い　—— ストラドルの買い

図表 4-8　ストラドルの売りの損益図
（1,000万ドル当たり）

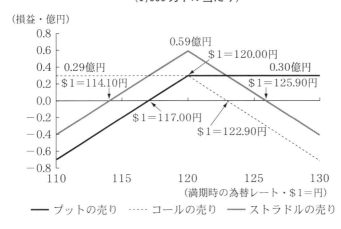

ストラドルの買いとストラドルの売りの損益図を，図表4-7・図表4-8に示したが，ストラドルの買い手にとっては満期時に原資産価格が行使価格よりも大きく上昇しているか，大きく下落していれば利益となり，ストラドルの売り手にとっては原資産価格が大きく動かなければ利益となることがわかる。この例の場合，損益分岐点は114.10円（＝120.00円－5.90円）と125.90円（＝120.00円＋5.90円）であり，満期時の直物為替レートがこれを超えて下落または上昇していれば，買い手が最終的に利益を得ることができ，逆に，満期時の直物為替レートがこの範囲にあれば，売り手が利益を得ることになる。

ストラドルは，実際には，為替レートがプレミアム以上動くか，逆に動かないといった相場変動を狙うというよりは，ボラティリティの上昇，下落を予測したトレーディングに使うことが多く，期限前に反対売買して手仕舞うことも珍しくない。

第4章

オプションの基礎

5　ストラングル(Srangle)

過去問題
2022年
問18

　ストラドルと同じようにコールとプットを同時に同数量買うまたは売る取引として，**ストラングル**(Strangle)もある。ストラングルは，行使価格の違うプットとコールを同時に買うまたは売るという取引であり，行使価格は，同じ割合だけアウト・オブ・ザ・マネーであるレベルに設定するのが一般的である。ストラングルも，ボラティリティ取引のツールとして使われることが多い。

　●ストラングルの取引例

プット・コール購入：	銀行 E
プット・コール売却：	銀行 F
オプション元本：	10,000,000 ドル(プットもコールも 10,000,000 ドル)
プット行使価格：	$1 = 117.50 円
コール行使価格：	$1 = 122.50 円
プレミアム：	1 ドル当たり 3.80 円(プットもコールも 1.90 円)
取引約定日：	×××1 年 8 月 22 日
権利行使日：	×××2 年 2 月 22 日
権利行使カット・オフ：	東京時間午後 3 時
権利行使決済日：	×××2 年 2 月 24 日

（契約締結時点での直物為替レートを$1=120.00円，半年先の先物為替レートを$1=119.90円とする）

　この例の場合の損益分岐点は 113.70 円（＝117.50 円−3.80 円）と 126.30 円（＝122.50 円＋3.80 円）であり，満期時に直物為替レートがこれを超えて下落または上昇していれば，買い手が最終的に利益となり，直物為替レートがこの範囲内にあれば，売り手が利益となる（図表 4-9・図表 4-10）。

図表 4-9　ストラングルの買い損益図
（1,000 万ドル当たり）

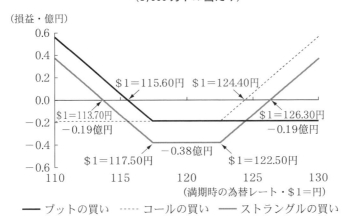

（損益・億円）

凡例：━ プットの買い　┈┈ コールの買い　━ ストラングルの買い

図表 4-10　ストラングルの売り損益図
（1,000 万ドル当たり）

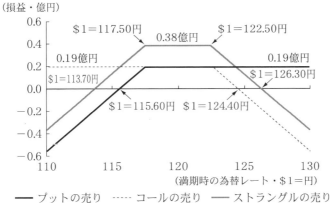

（損益・億円）

凡例：━ プットの売り　┈┈ コールの売り　━ ストラングルの売り

6　ブル・スプレッド (Bull Spread)

ブルとは雄牛のことで，角を下から上に上げることから，市場で

過去問題
2023年
問17
2021年
問17

図表 4-11 価格上昇リスクをブル・スプレッドでヘッジする損益図
（1,000万ドル当たり）

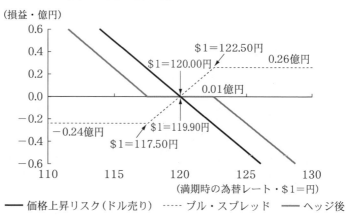

は強気相場を意味する言葉になっている。ブル・スプレッドとは，原資産価格が上昇する場合に利益となるが，損益額が限定される組合せ取引をいう。行使価格の違うコール同士，またはプット同士を組み合わせる**ブル・スプレッド** (Bull Spread) は，**バーティカル・ブル・スプレッド** (Vertical Bull Spread) とも呼ばれる。バーティカル（垂直の）・スプレッドとは，価格が違うオプションの組合せを意味する。これに対して，ホリゾンタル（水平の）・スプレッドとは，期日が違うオプションの組合せを指す（**カレンダー・スプレッド**と呼ばれることのほうが多い）。また，期日も行使価格も異なるオプションの組合せをダイアゴナル（対角線の）・スプレッド (Diagonal Spread) 呼ぶ。

　ブル・スプレッドは，原資産価格の上昇によって利益を得ることができるストラテジーで，利益が限定される代わりに損失も限定される。単純にコール・オプションを買っても，原資産価格の上昇のメリットを受けることができるが，ブル・スプレッドではオプションの売りを組み合わせることによってプレミアム・コストを削減し，

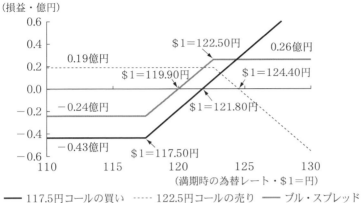

図表 4-12　ブル・スプレッド（コールの組合せ）
（1,000 万ドル当たり）

（損益・億円）

―― 117.5円コールの買い　‥‥‥ 122.5円コールの売り　―― ブル・スプレッド

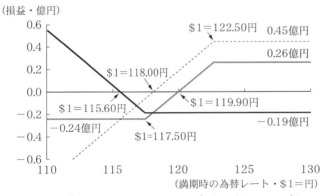

図表 4-13　ブル・スプレッド（プットの組合せ）
（1,000 万ドル当たり）

（損益・億円）

―― 117.5円プットの買い　‥‥‥ 122.5円プットの売り　―― ブル・スプレッド

損益分岐点を引き下げることができる。ただし，原資産価格の上昇
による利益が限定されるので，価格上昇リスクのヘッジのために使
う場合には，大幅な価格上昇はないと予測されるときが有効であろ
う（図表 4-11）。

第4章

オプションの基礎

　ブル・スプレッドはコールでもプットでも作成可能であり，いずれの場合にも，低い行使価格のオプションを買い，高い行使価格のオプションを売る組合せとなる。

　行使価格のレベルによるボラティリティの差はないものとして考えれば，コールを使っても（図表4-12）プットを使っても（図表4-13)経済効果が変わらないが，実際には行使価格の水準やオプションのタイプによって市場の需給関係が違うので，インプライド・ボラティリティも異なることが多い。このため，プットを使うかコールを使うかによって損益に差が出ることもある。

　図表4-12は，行使価格の低いコールの買い(行使価格 \$1＝117.50円のコール，プレミアム 4.30円)と行使価格の高いコールの売り(行使価格 \$1＝122.50円のコール，プレミアム 1.90円）の組合せであり，図表4-13は，行使価格の低いプットの買い（行使価格 \$1＝117.50円のプット，プレミアム 1.90円)と行使価格の高いプットの売り（行使価格 \$1＝122.50円のプット，プレミアム 4.50円）の組合せであり，いずれも元本は1,000万ドルである。また，図表4-11は，ドル売りポジション1,000万ドルをブル・スプレッドでヘッジした場合の損益図である。

　## 7　ベア・スプレッド
(Bear Spread)　

過去問題

2020年
問17

　ベアとは熊のことで，爪を上から下に振り下ろすことから，市場では弱気相場を意味する言葉になっている。**ベア・スプレッド**(Bear Spread)とは，原資産価格が下落する場合に利益となるが，損益額が限定される組合せ取引をいう。バーティカル・ベア・スプレッド(Vertical Bear Spread)と呼ばれることもある。低い行使価格のコール（またはプット）の売りと高い行使価格のコール（またはプット）の買いの組合せで作ることができる（図表4-14・4-15，プレミ

アムは前に同じ）。

図表 4-14 ベア・スプレッド（コールの組合せ）の損益図
（1,000 万ドル当たり）

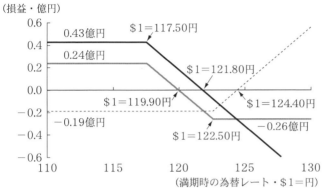

（損益・億円）

── 117.5円コールの売り ‥‥ 122.5円コールの買い ── ベア・スプレッド

図表 4-15 ベア・スプレッド（プットの組合せ）の損益図
（1,000 万ドル当たり）

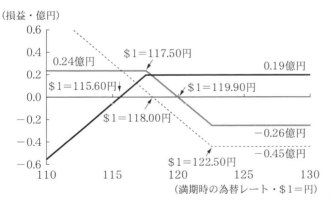

（損益・億円）

── 117.5円プットの売り ‥‥ 122.5円プットの買い ── ベア・スプレッド

8　ゼロコスト(Zero Cost)

過去問題
2023年
問25
2022年
問24
2021年
問24
2020年
問24

　ゼロコスト・オプション (Zero Cost Option) とは，プレミアムが同額となるオプションの買いと売りを組み合わせて，結果としてプレミアムの支払いをゼロとする組合せ取引を指す。通常は，コールとプットというように異なるタイプのオプションを組み合わせるものをいい，コールとプットの元本が同額の場合には，**リスク・リバーサル** (Risk Reversal) あるいは**レンジ・フォワード** (Range Forward) と呼ばれる取引に含まれる。

　オプションを組み合わせて取引する目的の1つとして，支払いプレミアムの削減がある。ゼロコスト・オプションはコスト削減の代表的な例で，購入するオプションのプレミアムと等価のプレミアムのオプションを売却することにより，プレミアムの支払いをゼロにするものである。

　為替のゼロコスト・オプションでよく見られるのは，輸出企業が将来受け取る予定のドルの下落リスクをヘッジするためにドル・プットを購入する一方で，同額のプレミアムを生むドル・コールを売却する取引である。具体例として，半年後にドル代金を受け取る予定のある輸出企業が，ドル安リスクをヘッジするためにドル・プットを購入し，これに組み合わせてドル・コールを売却した場合を考えてみよう。

　●ゼロコスト・オプションの取引例

プット購入・コール売却：輸出企業 D
コール売却・プット購入：銀行 B
オプション元本：　　　　10,000,000 ドル
ドル・プット行使価格：　$1＝117.50 円
　　　　　　　　　　　　（プレミアム・1 ドル当たり 1.90 円）

ドル・コール行使価格：	$1＝122.50 円
	（プレミアム・1 ドル当たり 1.90 円）
ネット・プレミアム：	0 円
取引約定日：	xxx 1 年 8 月 22 日
権利行使日：	xxx 2 年 2 月 22 日（約定日より半年後）

（契約締結時点での為替直物レートを$1＝120.00 円，半年後の為替先物レートを$1＝119.90 円とする）

　ドルリスクのヘッジ目的で購入するドル・プット（行使価格 $1＝117.50 円）に支払うプレミアムと，売却するドル・コール（行使価格 $1＝122.50 円）から受け取るプレミアムが同額であるため，契約締結時に支払うプレミアムはゼロである。購入したドル・プットによって，権利行使日（満期）時点の直物為替レートが$1＝117.50 円よりドル安であれば差額を利益とすることができるが，直物為替レートが$1＝122.50 円よりドル高であれば，コール・オプションが行使され，損失が発生することになる（図表 4-16）。

　ゼロコスト・オプションによって，輸出業者 D は，プレミアムを

図表 4-16　ゼロコスト・オプションの損益図
（1,000 万ドル当たり）

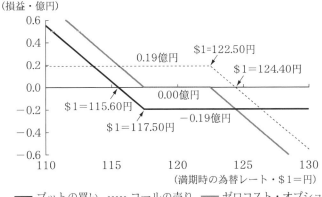

図表4-17　ゼロコスト・オプションのヘッジ効果
（1,000万ドル当たり）

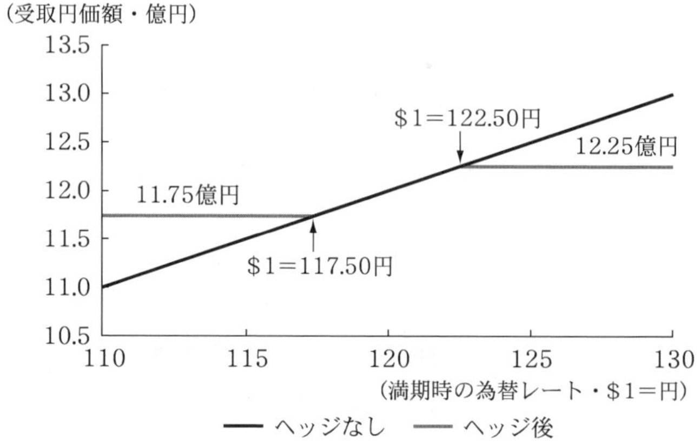

（受取円価額・億円）

（満期時の為替レート・$1＝円）

━━　ヘッジなし　━━　ヘッジ後

支払わずにドル・プットを手に入れている。その代わりに，売却し
たドル・コールの行使価格を超えるドル高の場合には，オプション
から損失が発生する。これを受取ドル代金の円貨換算額の図に重ね
てみると，ドル安時に円ベースでの受取額が目減りするリスクをヘ
ッジしている一方で，ドル高時に円ベースでの受取額が増えるメリ
ットをあきらめていることがわかる（図表4-17）。

　ゼロコスト・オプションのバリエーションとして，売却するオプ
ションの元本を増額し，代わりに行使価格を高く設定するタイプも
ある。先の例のゼロコスト・オプションは，購入するドル・プット
と売却するドル・コールの元本比率が１対１であるが，これを変更
して売却するドル・コールの元本を２倍とすると，ゼロコストにな
るドル・コールの行使価格は，$1＝122.50円ではなく，$1＝126.00
円に上昇する。コールの行使価格が高くなる分，オプション売却に
よるデメリットを受ける可能性は少なくなる。

　しかし，為替レートが大きくドル高にふれてドル・コールの行使
価格を上回れば，オプションの売却から発生する損失額も２倍とな

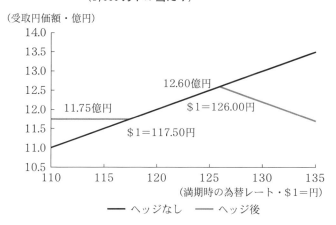

図表 4-18　2 倍型ゼロコスト・オプションのヘッジ効果
　　　　　　（1,000 万ドル当たり）

るので，今度はオプション取引のほうでドル高リスクを心配しなけ
ればならなくなるのである（図表 4-18）。

● 2 倍型ゼロコスト・オプションの取引例

プット購入・コール売却：輸出業者 D
コール売却・プット購入：銀行 B
プット・オプション元本：10,000,000 ドル
コール・オプション元本：20,000,000 ドル
ドル・プット行使価格：　$1＝117.50 円
　　　　　　　　　　　　（プレミアム・1 ドル当たり 1.90 円）
ドル・コール行使価格：　$1＝126.00 円
　　　　　　　　　　　　（プレミアム・1 ドル当たり 0.95 円）
ネット・プレミアム：　　0 円
取引約定日：　　　　　　xxx 1 年 8 月 22 日
権利行使日：　　　　　　xxx 2 年 2 月 22 日（約定日より半
　　　　　　　　　　　　年後）

（契約締結時点での直物為替レートを$1＝120.00 円，半年先の先物為替レートを
$1＝119.90 円とする）

第 4 章

オプションの基礎

　ドル・コールの売りの元本が2倍になっている分だけ，損失が追加で発生する仕組みとなっていることが，損益図からも読み取れる。このようなドル・コールの売却額を増額するタイプでは，ドル・コールの売りの倍率を高めるほど行使価格を高くすることができるが，想定以上のドル高となったときに大きなリスクを抱え込むことになるため，慎重なリスク分析が必要である。

オプション価格の算出

〈学習上のポイント〉 基本的なオプションの価格計算には，ブラック・ショールズ・モデルが使われるが，価格算出に必要な各要素を理解しよう。また，オプションの価値は，行使価格と原資産の価値の差である本源的価値と，満期時までに本源的価値が上昇する可能性に対して支払われている時間的価値に分解できることも知っておこう。

1　オプション価格算出の要素

オプション価格は，ブラック・ショールズ・モデルをはじめとする様々な公式から導き出されるが，本書では，オプション価格算出の数式導入過程をカバーしない。本節では，オプション価格算出に必要な要素（パラメータ；Parameter）を，できるだけ“直感”的に捉え，ブラック・ショールズ・モデルによる計算例を示すにとどめる。

オプション価格算出の要素にはどのようなものがあり，それぞれの要素がオプション価格にどのような影響を与えるかは，オプション取引のリスクを管理する際に重大な意味をもつ。実際に価格を計算するトレーダーは，価格算出式の内容を正確に把握しておくべきであろうが，顧客に説明・販売するセールスや，スペキュレーションやヘッジの手段としてオプションを利用する最終利用者も，オプ

第4章

過去問題 2022年 問20

オプションの基礎

ションの基本的な仕組みや価格算出の考え方，リスクの所在については知っておく必要がある。

　オプションの基本形であるヨーロピアン・タイプのコールおよびプットの価格算出には，ブラック・ショールズ・モデルが使われる。下記の商品Aのコール・オプションを例にとって，価格算出に必要な要素を抜き出してみよう。

　●**商品Aのコール・オプション**

オプションのタイプ：	コール・オプション
行使のタイプ：	ヨーロピアン
行使価格：	100円
権利行使日までの期間：	1年間（365日間）
<u>価格算出のために必要な市場情報</u>	
商品Aの先物価格：	105円
商品Aの1年間のボラティリティ（価格変動の度合い）：	9.0％
1年間の金利：	0.05％

　商品Aを1年後に買う必要があるときには，1年後が受渡日の先物を買うか，上記のようなコール・オプションを買うかのいずれかを選択することになる。先物価格が105円のときに，行使価格100円のコール・オプション，すなわち1年後に100円でAを買うことができる権利がプレミアム2円で買える場合，オプションと先物のどちらが有利であろうか？

　　①［先物］先物価格105円の商品Aを1年後受渡しで買う
　　②［コール・オプション］プレミアム2円を支払ってオプションを買い，1年後にオプションを行使して100円で商品Aを買う

　①のコストは105円，②のコストは約102円[4]であるため，当然②を選ぶことになる。トレーディング戦略としては，①の先物を売っ

て②のオプションを買えば，無リスクで収益を得ることができることになる。したがって，市場参加者の多くがこのアービトラージ（裁定）を行い，結果として先物価格が下がり，オプション価格が上がるであろう。つまり，このコールのプレミアムは少なくとも5円の価値がなくてはならないことになる。

　先物価格とオプションの行使価格の差（例では5円）は**本源的価値**（Intrinsic Value）と呼ばれ，これがプラスであるときには，オプションの価値であるプレミアムは最低でも本源的価値に等しくなる。先物価格が105円であるとき，行使価格100円のコール・オプションの本源的価値は5円，同じ行使価格のプット・オプション（100円で商品Aを売る権利）の本源的価値は0円である。

　本源的価値は，マイナスになることはない（商品Aの市場価格がオプションの行使価格より安かったら，コール・オプションを行使せずに，市場で商品Aを買えばよいからである）。本源的価値が大きくなれば，オプションの価値も高くなる。

　しかし，オプションのプレミアムは本源的価値だけで成り立っているわけではない。本源的価値が0円のオプションも，いくらかのプレミアムをもつのが普通である。オプションのプレミアムのうち，本源的価値以外の部分を**時間的価値**（Time Value）と呼ぶ。現在先物価値が105円している商品Aも，時間の経過につれて価格が上昇し，1年後の権利行使日にははるかに高くなっている可能性もないとはいえない。この権利行使期日までの価格変動の可能性に対して支払われる価値が，時間的価値なのである。一般的に，原資産のボラティリティが高いほど，またオプションの期間が長いほど，満期

---

[4] 正確には，契約締結時に支払う2円の将来価値を，円金利を使って算出する必要がある。プレミアムの2円を1年間0.05％で運用すると，将来価値は2.001円となるので，1年後の支払いコスト総計は102.001円となる。

図表 4-19 オプション価格算出の要素

パラメータ（要素）	要素の特性	コール価格	プット価格
行使価格	高い	安い	高い
原資産の先物価格	高い	高い	安い
ボラティリティ	高い	高い	高い
期間	長い	高い	高い

までに原資産価格が上昇または下落して，オプションの本源的価値が高くなる可能性が強いことから，オプションの価値も高くなる。

図表 4-19 は，オプション価格算出に必要な各要素のオプション価格に与える影響をまとめたものである。

 ## 2 時間的価値の変動

過去問題
2023年
問19
2022年
問19
2021年
問19
2020年
問18

オプションの価格で特殊的なのは，権利行使期日までに原資産価格が変動する可能性に対して支払われる時間的価値の部分である。この部分をもう少し詳しく分析してみよう。前項の例に挙げた商品Aのコールのプレミアムが，行使価格を変えることでどのように変動するかをグラフに表したのが図表 4-20 である。

他の条件が一定であれば，行使価格が低いほどコールのプレミアムは高くなる。コール・オプションの本源的価値は，行使価格が低いほど上がるため，これは当然のことである。すなわち，本例では行使価格が先物価格である 105 円より高い場合には，本源的価値はゼロである。しかし，オプションには時間的価値の部分もあるため，プレミアムは完全にゼロとはならない。

この時間的価値は，図表 4-20 では，本源的価値（行使価格が 105円以上はゼロとなる直線）と，プレミアム（曲線）の差で表される。時間的価値は，行使価格＝先物価格（アット・ザ・マネー）で最大

図表 4-20　コールのプレミアムと行使価格の関係

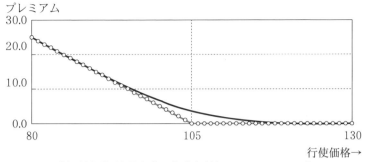

―○― 本源的価値（先物価格－行使価格）　―― コール・プレミアム

図表 4-21　時間的価値の変動

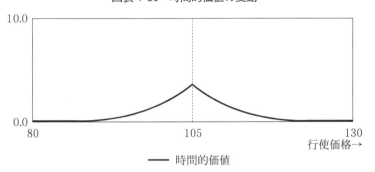

―― 時間的価値

となる。また，行使価格が極端に高い場合や低い場合には，本源的価値とプレミアムはほぼ等しくなり，時間的価値がゼロに近いことがわかる（図表 4-21）。

　コール・オプションで行使価格が極端に高い，すなわちディープ・アウト・オブ・ザ・マネーの状態では，今後商品 A の価格が多少上昇しても，オプションが行使される可能性は低い。たとえば，行使価格が 1,000 円であるコール・オプションは，市場価格 105 円が多少上がったとしても，行使されるところまで至る可能性は低いといえよう。したがって，行使可能性に依拠するオプションの時間的価

第4章

オプションの基礎

値はゼロに近づく。

　逆に，行使価格が極端に低い，すなわちディープ・イン・ザ・マネーの状態では，オプションはほぼ確実に行使され，その価値は本源的価値に等しくなるため，ここでも時間的価値はゼロに近づく。時間的価値が最も大きい「行使価格＝先物価格」，すなわちアット・ザ・マネー[5]のオプションは，価格の変動が行使可能性に最も大きな影響を与える状態にあることから，時間的価値も最も大きくなるのである。

3　ブラック・ショールズ・モデル

　ヨーロピアンのオプションの価値計算に用いられるブラック・ショールズ・モデルは，大雑把に言えば，原資産価格の変動確率に一定の推論をあてはめ，これに基づいて権利行使期日における原資産価格とそれに対応する確率を求め，原資産価格に対応するオプションの本源的価値とその確率からオプション価格を期待値として算出するものである。

　期待値とは，将来想定される値にその確率を掛けたものを合計したものである。確率の学習でよく使われるサイコロの例では，1から6の目が出る確率がそれぞれ6分の1であるとき，期待値は，

$$1\times1/6+2\times1/6+\cdots+6\times1/6=3.5$$

となる。オプションのモデルでは，1から6の目に当たる部分が権利行使日の原資産価格とそれに対応するオプションの本源的価値であり，6分の1に当たる部分がその原資産価格が実現する確率となる。

　将来の権利行使日における原資産価格は，理屈のうえではどんな

---

[5]　厳密には，アット・ザ・マネー・フォワード（先物価格と行使価格の一致）である。これに対して，現在の原資産市場価格（スポット価格）と行使価格の等しい状態をアット・ザ・マネー・スポットと称する。

価格にでもなりうる可能性がある。しかし，原資産価格のボラティリティ（価格変動の度合い）がわかっていれば，現在の先物価格が105円の商品Aが1年後に1円まで暴落したり，1個1,000円まで急騰することは極めて考えにくいといえる。そこで，権利行使日の原資産価格は，所与のボラティリティのもと，ある確率分布に従う[6]という推論を使うことによって，ブラック・ショールズ・モデルは成り立っているのである。

　確率分布の推論を導入することにより，権利行使日の原資産価格とこれに対応する確率が求められ，オプションが満期日時点でいくらの価値をもつのかが期待値として計算される。ブラック・ショールズ・モデルの最も単純な形は，フォワード価格からコール・オプション価値を算出するもので，以下のとおりである。

$$Call = \{F \times N(d1) - K \times N(d2)\} \times e^{-rt}$$
$$d1 = \frac{\ln(F/K) + \frac{1}{2}\sigma^2 t}{\sigma\sqrt{t}}$$
$$d2 = d1 - \sigma\sqrt{t}$$

（ただし
F：先物価格，
K：行使価格，
r：オプション期間分の金利（連続複利計算ベース），
t：オプション期間（年数），
σ：ボラティリティ（年率），
N（d1）は，d1の標準正規分布相当値を意味する）

　この算式にF＝105円，K＝100円，r＝0.05％，t＝1(年)，σ＝9.00％を代入すると，コール・オプションの価値は6.70円となる。同じく，プット・オプション価値を算出するブラック・ショールズ

---

[6] 「原資産価格の対数変化が正規分布に従う」と仮定している。オプション・モデルでは，価格そのものを正規分布と捉えるのではなく，変化率を分布の対象として考えている。

モデルは，以下のとおりである。

$$Put = Call - (F - K) \times e^{-rt}$$

　この算式に F＝105 円，K＝100 円，r＝0.05 ％，t＝1(年)，σ＝9.00 ％を代入すると，プット・オプションの価値は 1.71 円となる。実際の計算には，スプレッドシートや関数電卓，正規分布関数の近似計算などを使うことになる。

　ちなみに，アット・ザ・マネー・フォワードではコールとプットの価値は等しく，K＝105 円では，コール，プットともに 3.77 円となる。

　ここに掲載した算式は，原資産の先物価格がわかっている場合の計算式である。これ以外に，原資産の現在の価格（スポット価格）が与えられており，オプション期間の金利と，原資産の収益率(例：株の配当率）を変数とする公式もよく使われる。なお，次節の第1項では，二項モデルによるオプション価値の算出例が示されているので参照されたい。

 # 4　プット・コール・パリティ

過去問題
2023年
問21
2020年
問20

　前項のブラック・ショールズ・モデルが示すように，プットのプレミアムはコール・オプションのプレミアムから算出することができる。本項では，原資産価格を直物価格，金利を単利ベースに直して，上記の計算式を導いてみよう。

　まず，現時点で2つのポートフォリオAとBがあるとする。Aは，コール・オプションとオプションの期限に行使価格と同額になる割引債それぞれ1単位，Bは，プット・オプションとその原資産それぞれ1単位である。

A：コールの買い＋期限に行使価格と同額になる割引債

B：プットの買い＋原資産

では，オプションの満期時におけるポートフォリオの状態を見てみよう。

まず，原資産価格が行使価格以上になった場合であるが，その場合，Aはコールを権利行使し，割引債の償還金で原資産を買うことになるため，最後に原資産が残ることになる。一方，Bはプットが消滅してしまい原資産だけが残る。よって，A，Bとも内容は同じとなる。

《原資産価格≧行使価格のとき》

A：原資産

B：原資産

次に，原資産価格が行使価格未満になった場合であるが，Aはコールが消滅し，行使価格相当の割引債の償還金が残ることになる。一方のBは，プットを権利行使して原資産を売却することになるため，行使価格相当の受取代金が残る。よって，この場合にもA，Bとも内容は同じとなる。

《原資産価格＜行使価格のとき》

A：行使価格相当の現金

B：行使価格相当の現金

この2つのポートフォリオは，満期時の価値が等しくなることから，アービトラージ・フリー（無裁定）であれば現時点での2つのポートフォリオも等しくなければならない。よって，

コール＋行使価格÷(1＋金利×年数)＝プット＋原資産価格

が得られ，これから，

> プット＝コール－原資産価格＋行使価格÷(1＋金利×年数)

が導かれるのである。

　このようなコールとプットの関係は**プット・コール・パリティ**(Put-Call Parity)と呼ばれるが，あくまでも配当のない株式を対象とするヨーロピアン・タイプのオプションを前提とするものである。なお，単利ベースの「1÷（1＋金利×年数)」は，複利ベースでは「1÷（1＋金利)^{年数}」，連続複利ベースでは「$e^{-金利×年数}$」となる。金利1％，年数0.25年で計算すると，単利ベース＝0.997506，複利ベース＝0.997516，連続複利ベース＝0.997503である。

●**プットのプレミアムの計算**

> 銘柄：　　　　　　　日経平均コール・オプション
> 行使価格：　　　　　30,250円
> 期間：　　　　　　　1ヵ月
> 日経平均株価：　　　30,000円
> プレミアム：　　　　415円
> 1ヵ月物金利：　　　年利0.4％
>
> 　このとき，期間および行使価格が同じプット・オプションの理論価格はいくらであろうか。なお，ここでは呼値の単位は考慮しないものとする。
>
> 　すでに述べたように，
> 　　プット＝コール－株価＋行使価格÷（1＋金利×年数)
> であることから，プットのプレミアムは，
> 　　415円－30,000円＋30,250円÷（1＋0.004×1÷12)
> $$=655円$$
> となる。
> 　以上より，理論価格は655円である。

オプション価格の構成要素

4

〈学習上のポイント〉

ここでは，前節で学んだオプション価格算出の各要素について，それぞれの要素がオプションの価格にどのような影響を与えるのかを解説する。デルタ，ガンマ，ベガ，セータという代表的なオプションのリスク・パラメータを理解しよう。

 1　デルタ

(1) デルタ

デルタ（Delta Δ）は，オプションの原資産価格の変動に対するオプション価格の変動の割合を示す指標である。つまり，原資産価格が１動いたときにオプション価格がどのくらい変動するかという割合を意味する。原資産価格が 105 円から 105.10 円に 0.10 円上昇したときに，コール・オプションのプレミアムが 3.77 円から 3.82 円に 0.05 円上昇すれば，デルタは 0.5 である。

デルタ＝（プレミアム変化）÷（原資産価格変化）

＝（3.82 円－3.77 円）÷（105.10 円－105.00 円）＝0.5

デルタは，オプションがイン・ザ・マネー（ITM）かアウト・オブ・ザ・マネー（OTM）かによって数値が異なる。たとえば，原資産価格が 105 円のときに行使価格が 5 円のコールがあるとすれば，これはディープ・イン・ザ・マネー(ITM)のコール・オプションで

過去問題
2023年
問20
2021年
問20
2020年
問19
問27

第4章

オプションの基礎

あり，オプションはほぼ確実に行使されるであろう。このオプション
のプレミアムは，行使価格と原資産の価格差，すなわち105円マイ
ナス5円の100円とほぼ等しい（言い換えれば，時間的価値がほと
んどゼロである）。この状態では，原資産価格が1円上昇すれば，プ
レミアムもほぼ1円上昇するので，デルタは1となる。

　反対に，権利行使の可能性が非常に小さいディープ・アウト・オ
ブ・ザ・マネー（OTM）のオプションでは，原資産価格が変動して
もオプションのプレミアムはほぼゼロで変動がない。たとえば，原
資産価格が100円のときに行使価格が1,000円であるコール・オプ
ションの価値はほぼゼロに等しく，原資産価格が105円から106円
に変動しても，この価値は変わらない。したがって，ディープOTM
ではデルタはほぼゼロとなる。

　以上からわかるように，コール・オプションのデルタは，1（ディ
ープITM）と0（ディープOTM）の間で変動する。中間地点のア
ット・ザ・マネー地点がちょうど0.5となる（図表4-22）。

　プット・オプションでは，ディープOTMのプット（例：原資産
価格105円のときの行使価格が5円のプット）の価値はほぼゼロで
あり，原資産価格の変動に対するオプション・プレミアムの感応度
もほぼゼロ，すなわちデルタが0となる。逆に，ディープITMの状

図表4-22　コール・オプションのデルタ

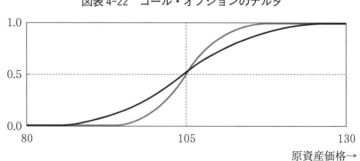

図表 4-23 プット・オプションのデルタ

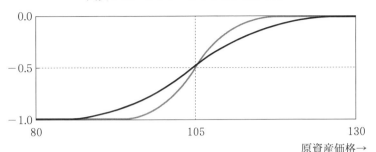

原資産価格→

——— デルタ オプション期間 1 年　——— デルタ オプション期間 3 ヵ月

態（例：原資産価格 105 円のときの行使価格が 1,000 円のプット）
では，オプションの価値は本源的価値にほぼ等しく，原資産価格が
1 円上昇すればプットの価値は 1 円下落する（例：原資産価格が 105
円から 106 円に上昇すれば，行使価格 1,000 円のプットのプレミア
ムは約 895 円から約 894 円に下落する）。したがって，ディープ ITM
のプット・オプションのデルタは，−1 である。

　以上からわかるように，プット・オプションのデルタは，−1 と 0
の間を推移し，アット・ザ・マネーで −0.5 となる（図表 4-23）。

(2)　**デルタ・ヘッジ**

　デルタ・ヘッジは，オプション価格に含まれる原資産価格の変動
リスクを，原資産で逆のポジションをとることによりヘッジする取
引手法である。コール・オプションがアット・ザ・マネー（ATM）
（デルタ＝0.5）のときには，オプションの半分の数量の原資産取引
を行えば，オプション価格に含まれる原資産価格の変動の影響を相
殺できると考えるのである。つまり，アット・ザ・マネーのコール
を 1 単位保有している場合には，デルタ相当額すなわち 0.5 単位の
原資産を売却すれば，オプションに含まれる原資産価格の変動リス
クをヘッジしたことになる。ただし，このデルタは原資産価格の変
動に伴って変化するため，市場価格の変動につれて常にヘッジ数量

を変更しなくてはならない。

　デルタ・ヘッジの仕組みを単純な二項モデルにより説明しよう。まず，この二項モデルでは，オプションの価値をどのように算出するかを見てみよう。

●二項モデルによるプレミアムとデルタの計算

〔設問〕

　現在100円している原資産が，3ヵ月後に110円になる確率が0.5あり，90円になる確率が0.5あるとする。この条件のもとで金利を考慮しない場合には，行使価格102円のコールの理論価格とデルタはいくらになるか。

〔解答〕

　前節で見たように，オプションのプレミアムは，満期時におけるオプションの本源的価値の期待値を現在価値に直したものである。期待値とは，満期時に想定される原資産価格に基づいて計算される本源的価値に，その確率を掛けたものを合計したものをいい，現在価値とは，満期時の価格をその間の金利で割り引いて，現時点の価値に直したものをいう。ここでは，金利を考慮しないので，満期時の期待値とその現在価値は同じである。

　原資産価格が3ヵ月後に110円となる確率が0.5であり，90円となる確率が0.5であるから，行使価格102円のコール・オプションが3ヵ月後に8円（＝110円－102円）になる確率が0.5であり，0円になる確率が0.5である。よって，満期時の当該コール・オプションの期待値は，

　　期待値＝8円×0.5＋0円×0.5＝4円

より4円であり，金利は考慮しないので現在価値も同じであることから，これがコールの理論価格となる。

　一方，満期時のオプションの価値は，原資産価格110円のとき8円，原資産価格90円のとき0円なので，デルタは，オプション価格の変化8円を株価の変化20円で割って，

　　デルタ＝（8円－0円）÷（110円－90円）＝8円÷20円
　　　　　＝0.4

と計算される。

また，原資産価格が 100 円から 110 円に上昇した場合を考えて，

デルタ＝（8 円－4 円）÷（110 円－100 円）＝0.4

と計算してもよい。

デルタ・ヘッジというのは，オプションのデルタ相当額と逆のポジションを原資産でもつことにより，オプション価格に含まれる原資産価格の変動の影響を相殺させる手法で，設問の場合では，原資産を 0.4 単位空売りすればよい。その結果，

① 原資産価格が 3 ヵ月後に 110 円になった場合

原資産の損益＝（100 円－110 円）×0.4＝▲ 4 円

コールの損益＝8 円－4 円＝＋ 4 円

ヘッジ後の損益＝▲ 4 円＋4 円＝0 円

② 原資産価格が 3 ヵ月後に 90 円になった場合

原資産の損益＝（100 円－90 円）×0.4＝＋ 4 円

コールの損益＝0 円－4 円＝▲ 4 円

ヘッジ後の損益＝＋ 4 円＋▲ 4 円＝0 円

となり，いずれの場合でも，3 ヵ月後の損益をゼロにすることができるわけである。

ただし，実際は原資産価格が想定どおりのボラティリティ（価格変動の度合い）で変動するとは限らないであろう。設問の場合には 3 ヵ月で 10 ％の変動を想定しているが，デルタ・ヘッジをしていても，原資産価格の実際の変動率がこれより大きければ利益を得ることができ，小さければ損失を被ることになる。

2 ガンマ

ガンマ（Gamma，γ）は，オプションの原資産価格の変動に対するデルタの変動の割合を示す指標である。前項で見たとおり，デル

過去問題
2020年
問19

第4章

オプションの基礎

図表 4-24　ガンマ

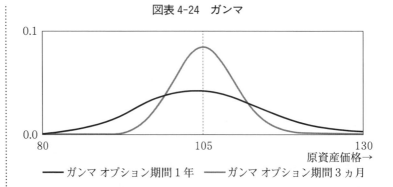

タは原資産価格の変動によって変化する。したがって，デルタ・ヘッジをしている場合には，原資産の取引数量を原資産価格の変動に応じて調整しなくてはならない。ガンマは，そのヘッジ取引の調整額を計算するために必要な指標である。原資産価格が 105.00 円のときにコール・オプションのデルタが 0.5，105.10 円のときにデルタが 0.5004 であれば，ガンマは 0.004 である。

　　ガンマ＝（デルタ変化）÷（原資産価格変化）

　　　　　＝（0.5004－0.5）÷（105.10 円－105.00 円）＝0.004

　ガンマは ATM で最大値をとる（図表 4-24）。デルタ・ヘッジの数量を原資産価格の変動に応じて調整する場合，オプションのガンマが大きければ，原資産価格の変動に伴って行うデルタ・ヘッジの調整額も大きくなるが，ガンマがごく小さければ，原資産価格が変動してもデルタ・ヘッジの調整は不要となる。

　　3　ベガ（カッパ）　

過去問題
2022年
問50
2020年
問19

　ベガ（Vega[7]）は，ボラティリティの変動に対するオプション価格の変動の割合を示す指標である。一般的に，ボラティリティが上昇すればオプション価格も上昇するが，ボラティリティ 1 ％の上昇に

つきどの程度オプション価格が上昇するかというのを示すのがベガであり，原資産価格によって異なる。

　ボラティリティは，オプションの時間的価値に大きな影響を与える要素である。デルタの項で検討したように，オプションが大きくイン・ザ・マネーであったり，大きくアウト・オブ・ザ・マネーであったりして，時間的価値がほとんどゼロに近い場合には，ボラティリティの変動がオプション価値の変動に与える影響はゼロに近い。しかし，時間的価値が最も大きいアット・ザ・マネー近辺では，ボラティリティの変化によるオプション価値の変化は大きく，また，期間が長いほうが変化の度合いも大きい（図表 4-25）。

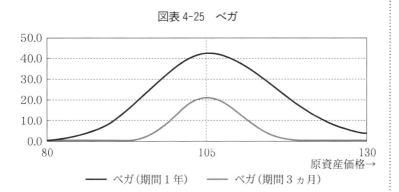

図表 4-25　ベガ

―― ベガ（期間 1 年）　　―― ベガ（期間 3 ヵ月）

---

[7] オプションの価値変動の指標であるデルタ，ガンマなどはギリシャ文字のアルファベットに名前の由来がある。これらの指標をまとめて，グリークス（Greeks；ギリシャ語の意）と呼ぶ。ただし，「ベガ」はギリシャ文字ではなく，ボラティリティ変動に対するオプション・プレミアムの変動率を示すギリシャ文字は，カッパ（Kappa，κ）である。昔は，これをラムダ（Lambda，λ）と呼ぶこともあった。現在では，一般的にベガと呼んでいる。

4 セータ（シータ），ロー

過去問題
2020年
問19

　セータ（またはシータ；Theta, θ）は，時間の経過によるオプション価格の変動の割合を示す指標である。一般的に，オプションの時間的価値は時間の経過とともに減じ，権利行使期日まであと1日というような短期間になると，ATM近辺にあるオプションを除くと，オプション価格はほぼ本源的価値に等しくなる。この時間の経過に伴うオプション価格の減少を捉えて，セータのことを**タイム・ディケイ**（Time Decay；時間による価値崩落）と呼ぶこともある。時間の経過によるオプション価格の下落は，オプションの期限が近くなるほど幅が大きくなる。

　ロー（Rho, ρ）は，オプション期間に対応する金利の変化に対するオプション価格の変動の割合を示す指標である。期間が長いほど，金利の変化に対するオプション価格の変動率は高くなる。

5 デルタ等を利用したプレミアムの計算

過去問題
2020年
問19

　オプションの価格変動の指標であるデルタ，ガンマなどは，**リスク・パラメータ**（Risk Parameter）と呼ばれることもある。最後に，これらを使ったオプションのプレミアム計算の例を見てみよう。

●デルタ等を利用したプレミアムの計算

銘柄：	日経平均コール・オプション
行使価格：	30,250円
日経平均株価：	30,000円
プレミアム：	415円
ボラティリティ：	17%
デルタ：	0.44
ガンマ：	0.0003

ベガ：　　　　　　30.3
セータ：　　　　　11.0

　同日日経平均株価が 30,200 円に上昇し，ボラティリティが16％に低下した場合について，このコールのプレミアムの理論値（近似値）はいくらになるか，計算してみよう。なお，ここでは呼値の単位は考慮しないものとする。

　オプションのデルタ，ガンマ，ベガ，セータは，次の算式で定義される。

　　　デルタ＝原資産価格の変化によるプレミアムの変化
　　　　　　　÷原資産価格の変化
　　　ガンマ＝原資産価格の変化によるデルタの変化÷原資産価格の変化
　　　ベ　ガ＝ボラティリティの変化によるプレミアムの変化
　　　　　　　÷ボラティティの変化
　　　セータ＝期間の変化によるプレミアムの変化÷期間の変化

　この例は，日経平均株価が 30,000 円から 30,200 円へ 200 円上昇した場合なので，デルタは，

　　　0.44＋200×0.0003＝0.50

と計算され，0.50 に上昇する。しかし，これは株価上昇後のデルタであるから，プレミアムの計算には株価上昇前のデルタ 0.44 と株価上昇後のデルタ 0.50 の平均値である 0.47 を用いるのが適当である。ボラティリティは 17％から 16％に 1 ポイント低下，期間は変化なしである。したがって，プレミアムは，

　　　415 円＋200×0.47 円＋（－1）×30.3 円＋0×11.0 円
　　　＝479 円

と計算され，479 円となる。

　以上をまとめると，オプション価格算出の各要素が変化した後のオプション・プレミアムの理論値（近似値）は，

理論値＝変化前のプレミアム＋原資産価格の変化×（デルタ＋原資産価格の変化×ガンマ÷2）＋ボラティリティの変化×ベガ＋期間の変化×セータ

で表すことができる。

金利スワップ

Derivatives

Derivatives

Derivatives

金利スワップの基本

〈学習上のポイント〉 金利スワップは，金利を対象とする代表的なデリバティブで，基本的なものは，想定元本（名目上の資産または負債）から発生する固定金利と変動金利を交換する取引である。金利スワップの前提として，金利の期間構造（イールドカーブ）や金利の種類（固定金利と変動金利）についても学んでおこう。

1 イールドカーブ

過去問題

2023年
問31
問46
2022年
問31
2021年
問31
2020年
問31

　金利とは，お金の貸借料である利息を価格表示したものである。元本に対して，年利○％と表示されることが多く，元本・期間・金利から利息額が決まる。金銭貸借取引には様々なものがあり，商品の範囲が広い。企業が銀行からお金を借りたり，個人が銀行に預金を預けたり，国が資金調達のために国債を発行したりする取引は，いずれも金銭貸借取引であり，金利が関連してくる。金銭貸借取引では，期間という概念が重要で，これも当日中に返済するローンから30年を超える債券まで様々である。

　借り手の信用力によって，利息の支払いや元本の返済がきちんとなされるかどうかの確率が変わるため，債務者（お金を借りる側）が異なれば，債権者（お金を貸す側）に払う金利は異なる。国が債務者である場合と個人が債務者である場合とでは，前者のほうが信用力があるので安く借りられるのが普通であろう。債務者の違いに

よる金利の差は，信用リスクの問題である。

　信用リスクがあるために金利が高くなった場合，その超過部分を**信用リスク・スプレッド**（Credit Spread）と呼ぶ。ローンの借入金利などは，**無リスク金利**（リスクフリー・レート；Risk Free Rate）に，信用リスク・スプレッドを加えたものをベースとして決まる。このほかに，取引形態の違いなどによる流動性も金利に影響を与える。

　以上をまとめると，金利は以下の要素に分解して示すことができる。

> 金利＝無リスク金利＋信用リスク・スプレッド＋流動性調整

　金利は期間によっても異なる。一般的には期間の長いほうが金利が高いことが多いが，インフレ率や金融政策によっては必ずしもそうならないこともある。

　異なる期間のスワップ金利をグラフにしてみよう（図表 5-1）。横軸に期間，縦軸に金利の値をとったこのグラフは，**イールドカーブ**（Yield Curve）と呼ばれ，金利という商品を理解するうえで欠くことのできない概念である。1 年以下を**短期金利**，6 年までを中期金利，それ以上を**長期金利**と呼ぶことが多いが，対象商品や通貨によってはこれとは違う年限区分や呼び方もある。

　なぜ，期間が異なると金利は違うのであろうか。そもそも，金利（無リスク金利）はどうやって決まるのであろうか。この質問に答える理論として最も代表的なものは，見かけの金利（**名目金利**；Nominal Interest Rate）を**実質金利**（Real Interest Rate）と予測インフレ率の合成と考えるものである。

> 名目金利≒実質金利＋予測インフレ率[1]

---

[1] フィッシャーの方程式（Fisher's equation）と呼ばれている。

図表5-1　スワップ金利イールドカーブの例

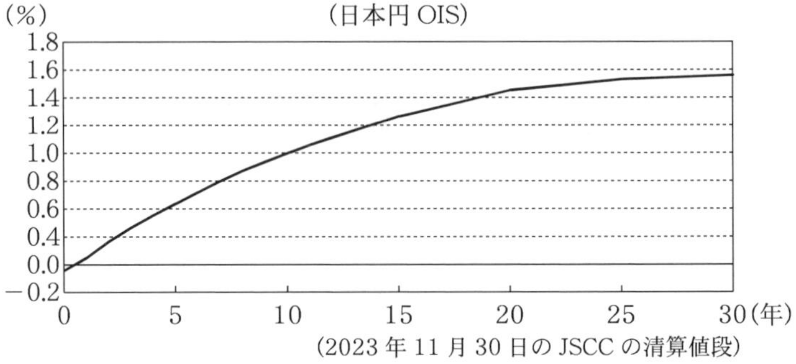

（2023年11月30日のJSCCの清算値段）

　実質金利は，貸し手と借り手の需給で決まる金利である。貸し手より借り手が多い，すなわち資金需要が強い場合には金利は上昇し，逆の場合には金利は下落する。予測インフレ率は，これがプラスの数字であれば物価が上昇し，将来の貨幣価値は下がる（例：20年前の100円と本日の100円では20年前のほうが実質的な価値がある）。この貨幣価値減額を補う分，金利が高くなると考えれば，名目金利はインフレ率の分だけ底上げされる。

　過去のデータ解析からは，必ずしも実質金利と予測インフレの公式が成り立つものではないといわれている。実質金利と予測インフレ率が相互に影響を与えたり，中央銀行による金融政策が短期金利に直接の影響を与えるとともに長期金利にも心理的な影響を及ぼしたり，また，市場参加者の思惑や特定商品の需給に金利動向が左右されるなどで，必ずしも公式どおりには金利が決まらない。過去には，期間が長い長期金利のほうが金利が低いという状況も観察されている[2]。

---

[2] 理論の立場からも，実質金利と予測インフレ率以外の要素が提唱されている。将来の金利上昇（または下落）を見込んで貸し手が長期間の金利を調整するとか，長期間資金を貸付に回すことに対するリスク・プレミアムを貸し手が要求するとかいったアイデアがその例である。

長期になるほど金利が高くなっているイールドカーブを**順イールド**，長期になるほど金利が低くなっているイールドカーブを**逆イールド**と呼ぶ。順イールドにおいて，長短金利差が縮小して，イールドカーブが平らになることを**フラットニング**（Flattening；平坦化），逆に金利差が拡大してイールドカーブの右上がりが急角度になることを**スティープニング**（Steepening；急勾配化）という。

また，金利は通貨によっても異なる。公式に従えば，インフレ率の高い国では金利も高いはずであり，経験則的にはそのとおりであることが多い。金利デリバティブのうち通貨スワップは，異なる2つの通貨の金利を交換する取引である。

 ## 2　固定金利と変動金利

金利には様々な種類がある。同じ5年間の貸付でも，期間を通じて同じ金利を適用する取引もあれば，6ヵ月ごとに金利を見直し，そのつど6ヵ月物の市場金利を基準とする金利を適用する取引もある。期間を通じて金利が一定であるものを**固定金利**（Fixed Rate）取引，定期的に金利を見直し，市場金利をベースとした金利を課す取引を**変動金利**（Floating Rate）取引と呼ぶ。

(1) LIBOR と TIBOR

これまで変動金利取引の基準として広く使われてきたのはLIBOR であった。LIBOR は，パネル行から提示された主要通貨の7期間（オーバーナイト，1週間，1ヵ月，2ヵ月，3ヵ月，6ヵ月，12ヵ月）の銀行間取引金利について，その平均値を示したものである。最も重要な指標はイーターコンチネンタル取引所（ICE）の運営機関 IBA（ICE Benchmark Administration）が算出していたレートで，米ドル，英ポンド，日本円，ユーロ，スイスフランの5通貨の金利が公表されていた。しかし，2012 年夏以降に発覚したレート

過去問題
2023年
問31
問38
問46
問50
2022年
問31
問38
2021年
問31
問38
問46
問47
2020年
問31
問38
問42
問46

提示に係る不正操作をきっかけに信頼性・頑健性が低下し，**2021年末をもって恒久的に公表が停止**された（米ドル LIBOR のオーバーナイト，1ヵ月，3ヵ月，6ヵ月，1年は 2023 年 6 月末に停止）。

LIBOR に代わる金利指標には**無リスク金利（リスクフリー・レート）**が採用され，米ドルが SOFR（Secured Overnight Financing Rate；国債担保付レポ・オーバーナイト物レート），英ポンドが SONIA（Sterling Overnight Index Average；無担保オーバーナイト物レート），日本円が TONA（Tokyo Overnight Average Rate；無担保コール・オーバーナイト物レート），ユーロが€STR（Euro Short Term Rate；無担保オーバーナイト物レート），スイスフランが SARON（Swiss Average Rate Overnight；担保付レポ・オーバーナイト物レート）に特定された。

特定された無リスク金利は翌日物金利なので，既存のターム物 LIBOR の後継金利として使用するためには，まず複利計算などによりターム物に変換する必要があるが，LIBOR と比較すると，①銀行の信用リスクや市場の流動性リスクの有無，②金利の期間構造，③適用金利の確定時期などに差異があるため，金利水準が異なるのが普通であることから，さらにレート調整が必要になる。

ISDA マスター契約に準拠するデリバティブ取引については，ISDA がフォールバック（LIBOR 公表停止時の諸対応）の仕組みの構築を行い，LIBOR の後継金利は，「**無リスク金利を複利計算によりターム物に変換した値（後決め）にスプレッド調整レートを加えたもの**」とした。スプレッド調整レートは，過去 5 年のスプレッド・データの中央値を用いる方法が採用され，2021 年 3 月 5 日に固定・設定された。

これを受けて日本証券クリアリング機構 (JSCC) は 2021 年 12 月 5 日，日本円の LIBOR を変動金利とする金利スワップの清算約定について，2021 年 12 月 31 日までに最終の金利決定がなされる取引

を除いて，TONA 複利を変動金利とする金利スワップの清算約定に
変換した。また，日本円の LIBOR を変動金利とする金利スワップを
清算適格対象から除外した。

LIBOR と同じような指標として，日本円には全銀協 TIBOR 運
営機関の算出する TIBOR があり，2021 年 12 月 31 日以降も，1 週
間，1 ヵ月，3 ヵ月，6 ヵ月，12 ヵ月の 5 期間の金利が公表されて
いる。全銀協 TIBOR には，オフショア市場の実勢を反映するユーロ
円 TIBOR（1 年＝360 日ベース）と日本の無担保コール市場の実勢
を反映する日本円 TIBOR（1 年＝365 日ベース）とがあるが，ユー
ロ円 TIBOR は 2024 年 12 月末に公表停止となることが想定されて
いる。また，ユーロにおいても，EMMI(European Money Markets
Institute；欧州マネーマーケット協会）の算出する EURIBOR（ユ
ーリボーと読む。Euro Interbank Offered Rate）があり，2021 年
12 月 31 日以降も，1 週間，1 ヵ月，3 ヵ月，6 ヵ月，12 ヵ月の 5
期間の金利が公表されている。TIBOR・EURIBOR は，LIBOR の
代替金利指標の一つである。JSCC は 2021 年 12 月 3 日，日本円の
LIBOR の公表停止に起因する市場変化の受け皿拡大の観点から，
日本円 TIBOR の清算対象取引に係る残存期間を 20 年から 30 年へ
拡大した。

⑵　TONA 複利と TORF

前述のようにわが国では，LIBOR に代わる金利指標となる無リ
スク金利として，**無担保コール・オーバーナイト物レート（TONA）**
が採用された。使用されるレートは，日本銀行が翌営業日の午前 10
時頃に公表する確報値（平均）である。これを金利参照期間複利計
算し，得られた数値を年率換算したものが金利参照期間の変動金利
となる。複利計算にあたっては，各休業日については，その前営業
日の TONA の確報値を複利計算せずに適用し，年率換算は，金利参
照期間の日次累積複利に「365÷金利参照期間の実日数」を乗じる方

法で行うのが一般的である。

● TONA 複利の計算

> TONA の確報値が下表のとき，金利参照期間 11 月 2 日から
> 11 月 9 日まで 7 日間の TONA 複利はいくらか計算してみよ
> う。TONA 複利の計算においては，開始日当日の金利は含むが，
> 終了日当日の金利は含まないものとする。
>
> | | 11月2日 | 11月3日 | 11月4日 | 11月5日 | 11月6日 | 11月7日 | 11月8日 | 11月9日 |
> |---|---|---|---|---|---|---|---|---|
> | TONA (%) | −0.031 | 祝日 | −0.033 | −0.036 | 土曜日 | 日曜日 | −0.045 | −0.051 |
>
> この場合は，
> $$\text{TONA 複利} = \{(1-0.031 \div 100 \div 365 \times 2\,日) \times (1-0.033 \div 100 \div 365 \times 1\,日) \times (1-0.036 \div 100 \div 365 \times 3\,日) \times (1-0.045 \div 100 \div 365 \times 1\,日)-1\} \times 100 \times 365 \div 7\,日$$
> $$= -0.0354\,\%$$
> より，−0.0354 %である。

　TONA 複利は後決め金利なので，金利支払日は金利参照期間終了日の 2 営業日後（上記例の場合は 11 月 11 日）などに決められることが多い[3]。

---

[3] 後決め複利算出のコンベンションとして，以下の方法がある。
① 基本となる手法(Base Case)：計算期間に対して複利計算し，計算期間終了日に決済を行う方法(利率確定日と決済日が同日となり，事務手続きが困難な可能性がある。)
② 支払日修正法（Payment Delay）：計算期間に対して複利計算し，計算期間終了日の数営業日後に決済を行う方法(利払日が計算期間終了日ではないため，債券の取引慣習に必ずしも合うとはいえない。)
③ 参照金利留置法（Rate Cut-off）：計算期間に対して複利計算する際に，最後の数営業日の参照金利をすべて同一にする方法(一部の営業日が市場実勢を反映しないことになる。)
④ 参照金利前倒法（Lookback）：計算期間に対して複利計算する際に，参照する金利を数営業日前倒しする方法(非銀行営業日をまたぐ金利を正確に反映しない場合がある。)
⑤ 参照期間前倒法（Observation Period Shift）：計算期間全体を数営業日前倒した期間に対し，複利計算を行う方法(債券の取引では支持者が多い。)

　変動金利に TONA のようなオーバーナイト物レートを参照する金利スワップを**オーバーナイト・インデックス・スワップ**（**OIS**；Overnight Index Swap）という。OIS の固定金利である OIS レートは，参照金利である TONA と同様に銀行の信用リスクはごく限定的であり，オーバーナイト物レートに対する市場見通しを強く反映している。この OIS レートを LIBOR に代わるターム物金利として活用しようという発想から算出されているのが，**東京ターム物リスクフリー・レート**（**TORF**；Tokyo Term Risk Free Rate）である。

　TORF（トーフと読む）は，QUICK ベンチマークス（QBS）が算出・公表する金融指標で，LIBOR の代替金利指標の一つである。2020 年 5 月から QUICK によって参考値が発表され，2021 年 4 月 26 日から QBS によって確報値が発表されている。基準時刻は国内営業日の午後 3 時時点，期間は 1 ヵ月，3 ヵ月，6 ヵ月の 3 期間，更新時刻は営業日の午後 5 時頃である。TORF は，LIBOR と同様に先決め金利であることから支持者は多いが，TORF を参照する金利スワップは JSCC の清算適格対象にはなっていない。

　変動金利に採用される金利は短期金利とは限らず，中長期金利の国債利回りやスワップ金利を変動金利の指標とする取引もある。**CMT**（Constant Maturity Treasury）や **CMS**（Constant Maturity Swap）と呼ばれるものがこれで，国債その他の債券のクーポンによく使われている。金利見直し時の市場国債利回りやスワップ金利を，次の見直し時までの期間の金利の計算ベースとするものである。たとえば，「10 年 CMT − 0.58 ％」というクーポンの債券では，金利見直し時点での市場 10 年国債利回り（例：1.05％）から 0.58 ％を差し引いた率（例：1.05 ％ − 0.58 ％ ＝ 0.47 ％）がクーポンとなる。このクーポンは，次の金利見直し時に，その時の市場 10 年国債利回りに合わせて再設定される。

第 5 章

金利スワップ

図表 5-2　JSCC の金利スワップ債務負担残高（想定元本）構成比

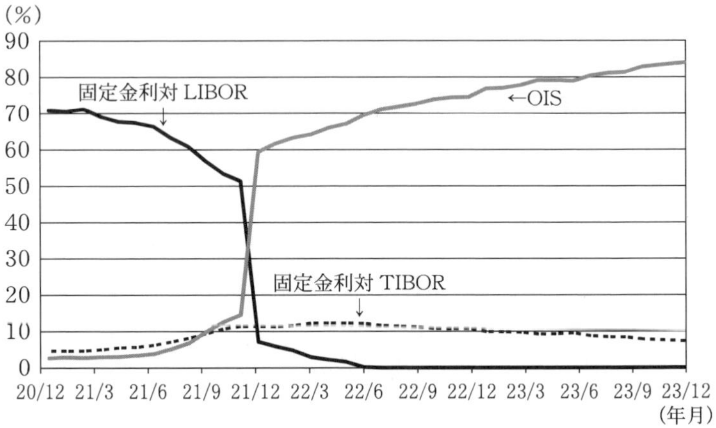

（出所）日本証券クリアリング機構（JSCC）のデータから計算

　固定金利は，期間を通じて一定の固定した金利を適用するものである。金利デリバティブの代表商品である金利スワップの基本形は，固定金利と変動金利を交換する取引であるが，取引の中心は現在では，固定金利対 LIBOR のスワップから OIS，すなわち，オーバーナイト物レートの後決め複利を変動金利として，固定金利と交換する取引に代わっている。わが国ではオーバーナイト物レートとして TONA を使用するので，TONA スワップ，すなわち，TONA 複利を変動金利として固定金利と交換する取引が基本形である。

　図表 5-2 は，金利スワップの清算業務を行っている JSCC の金利スワップ債務負担残高（想定元本）に占める各スワップの構成比の推移を示したものである。2020 年 12 月末時点では固定金利対 LIBOR が 70.8 ％，OIS が 2.7 ％であったが，① 2021 年 12 月 6 日に日本円の LIBOR を変動金利とする金利スワップの清算約定をTONA 複利に一括変換し，日本円の LIBOR を変動金利とする金利スワップを清算適格対象から除外したこと，②その後も OIS の債務負担金額が増加傾向にあることなどから，2023 年 12 月末時点では

固定金利対 LIBOR が 0 ％，OIS が 83.9 ％と大きく変化している。

3　金利スワップの基本形

過去問題
2023年
問41
2022年
問41
問46
2021年
問41
2020年
問40

スワップは，大別して**金利スワップ**（同一の通貨で異なる種類の金利を交換する取引）と**通貨スワップ**（異なる通貨の金利を交換する取引）に分けられる。まず金利スワップから見てみよう。

金利スワップとは，二当事者間で，予め定める元本金額について

図表 5-3　金利スワップの仕組み

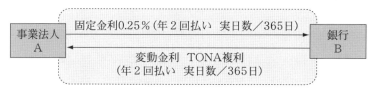

計算される固定金利と変動金利を交換する取引である（図表 5-3）。ローンなどの金銭貸借取引では，期初に貸し手から借り手に元本が移転し，満期に借り手は貸し手に元本を返済するが，金利スワップでは契約の最初や最後に元本の受渡しはない。スワップの金利計算ベースとなる元本金額のことを，**想定元本**と呼ぶ。

では，金利スワップの条件を見てみよう。想定元本 10 億円につき，事業法人Aは 5 年間固定金利（0.25 ％）を銀行Bに支払い，銀行 B から変動金利の TONA 複利を受け取るという取引である。

●金利スワップの条件

固定金利支払い：事業法人 A
変動金利支払い：銀行 B
想定元本：　　　10 億円
固定金利：　　　0.25 ％（年 2 回払い，実日数/365 日ベース）
変動金利：　　　TONA 複利（年 2 回払い，実日数/365 日ベー

ス）
開始日：　　　　xxx 1 年 10 月 15 日
終了日：　　　　xxx 6 年 10 月 15 日（開始日より 5 年後）
金利支払日：　　金利計算期間終了日の 2 営業日後
決済方法：　　　差金決済
営業日：　　　　東京の銀行営業日

　上記のスワップで，最初の金利計算期間（xxx 1 年 10 月 15 日より xxx 2 年 4 月 15 日まで）の日数を 182 日，この期間に適用される TONA 複利を 0.10 ％とすると，xxx 2 年 4 月 15 日の 2 営業日後の事業法人Aの受払いは，以下のようになる。

　支払い：10 億円×0.25 ％×182 日/365 日＝1,246,575 円

　受取り：10 億円×0.10 ％×182 日/365 日＝498,630 円

　差額（支払い）：1,246,575 円－498,630 円＝747,945 円

　この例では決済方法を差金決済としているので，事業法人Aは銀行Bに対して 747,945 円の支払いをすることになる。次の計算期間については，変動金利サイドでは新たに算出される TONA 複利が適用され，固定金利サイドでは引続き 0.25 ％が適用される。

　OIS の想定元本は 10 億円単位が一般的である。金利支払頻度は年 1 回が標準だが，年 2 回や年 4 回の取引も可能である。また，固定金利である OIS レートは，1/8 ベーシスポイント（0.00125 ％）単位で刻むのが一般的である。

　変動金利に先決めの TIBOR を使うスワップも取引されている。2023 年の JSCC の金利スワップ債務負担金額（想定元本）でみると，固定金利対 TIBOR のスワップは債務負担金額の 1.3 ％を占めている。

　なお，スワップの期間をみると，2 年以下が 26.7 ％，2 年超 5 年以下が 21.9 ％，5 年超 10 年以下が 29.3 ％となっており，10 年以下で 77.9 ％を占めている（図表 5-4）。

図表 5-4　JSCC の金利スワップ債務負担金額
（想定元本）構成比（2023 年）

（単位：兆円，％）

		金額	構成比
金利スワップ債務負担金額		2,013.0	100.0
種類別	OIS	1,970.3	97.9
	固定金利対 TIBOR	26.6	1.3
	変動金利対変動金利	16.1	0.8
期間別	0-2 年	537.6	26.7
	2-5 年	440.5	21.9
	5-10 年	589.0	29.3
	10-30 年	437.1	21.7
	30 年超	8.8	0.4

（出所）日本証券クリアリング機構（JSCC）

CMS（Constant Maturity Swap），**CMT**（Constant Maturity Treasury）は，いずれも中長期の金利を変動金利の指標として取り扱う取引である。CMS は指標金利が S，すなわちスワップ金利，CMT は指標金利が T，すなわち国債利回りである（米国債は Treasury Note または Treasury Bond と呼ばれることから，国債利回りを T と呼ぶ）。CMS，CMT ともに，スワップ取引として単独に行われるというよりは，債券のクーポンに組み込まれ，そのリスクヘッジとしてスワップ取引がなされるケースが多い。また，CMS は，指標金利が 1 つではなく複数の組合せとなることも多い。

　変動金利に消費者物価指数（CPI）などのインフレ指数と連動した金利を用いる**インフレーション・スワップ**（Inflation Swap）という取引もある。インフレーション・スワップを利用してインフレ・リスクをヘッジする場合は，「固定金利支払い・変動金利受取り」の取引を開始することになる[4]。

　なお，金融システムの安定化などの観点から，金利スワップ取引

の決済については世界的に中央清算機関の利用が推進されており，わが国でも 2012 年 11 月から特定の金融機関の行う一定の円金利スワップ取引については，清算機関の利用が義務づけられている。JSCC は国内の中央清算機関で，2012 年 10 月 9 日から金利スワップの清算業務を開始し，2022 年末の金利スワップ債務負担残高（想定元本）は 1,281 兆円にのぼっている。また，特定の金融機関の行う中央清算機関で清算されない一定の金利スワップ取引については，証拠金の預託を受けることが義務づけられており，2016 年 9 月 1 日から実施されている（第 9 章第 1 節参照）。

---

[4] インフレ・リスクをヘッジする手段としては，**物価連動国債**の購入も挙げられる。わが国の物価連動国債は，クーポン・レートではなく元金額がコア CPI（全国消費者物価指数（生鮮食品を除く総合指数））に連動して変動する債券である。すなわち，物価連動国債の発行後に物価が上昇すれば，その上昇率に応じて元金額が増加し，物価が下落すれば，その下落率に応じて元金額が減少する。増減後の元金額を「想定元金額」といい，利子の額は，各利払時の想定元金額に表面利率を乗じて算出される。利払いは年 2 回である。償還額は，償還時点での想定元金額となるが，2013（平成 25）年度以降に発行される物価連動国債には，償還時の連動係数（＝評価時点から 3 ヵ月前のコア CPI÷発行時点から 3 ヵ月前のコア CPI）が 1 を下回る場合，額面金額にて償還される元本保証（フロア）が設定されている。物価連動国債の利回りは実質金利に近いので，名目金利に近い長期国債利回りとの差（名目金利－実質金利）は市場の予測インフレ率を表していると考えられ，これをブレークイーブン・インフレ率（Break Even Inflation rate；BEI）と呼んでいる。

2 金利スワップの利用例

〈学習上のポイント〉

金利スワップは，借入金利の上昇リスクのヘッジ，投資利ざやの確保，ALM（資産負債リスク管理）などに利用される。金利の上昇，下落のリスクをヘッジするには，どのような金利スワップに取り組めばよいのか，きちんと理解しておこう。

　　1　変動金利借入れのヘッジ　　

前節の例に挙げた金利スワップ（前掲の事業法人 A の固定金利払い／変動金利受取り）に，事業法人 A が取り組む動機は何であろうか。事業法人 A が，変動金利ベース（TONA 複利＋0.10 ％）で借入れを行っており，今後金利が上昇すると予測してリスクをヘッジするというスキームを想定してみよう（図表 5-5）。

期初に，事業法人 A は貸出人より元本 10 億円を資金調達する。期中に，貸出人に対して TONA 複利を支払うが，この利息と同額を金利スワップを通じて受け取る。これと引換えに，金利スワップで固定金利 0.25 ％の支払いが発生する。期末に，貸出人に対して元本 10 億円を返済する。

つまり，変動金利の借入れと同額の想定元本をもつスワップを組み合わせることによって，変動金利が相殺され（スワップで受け取り，借入れで支払い），固定金利 0.35 ％（＝0.25 ％＋0.10 ％）の支

過去問題
2022年
問42
2021年
問42

第5章

金利スワップ

図表 5-5 変動金利借入れのヘッジ

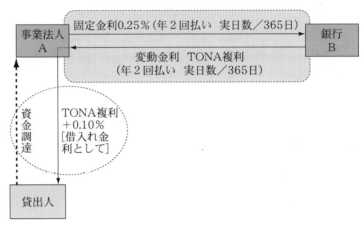

払いが残ることになる。この固定金利は，今後 TONA が上昇して
も不変であり，事業法人 A は金利スワップによって金利上昇リスク
をヘッジできたことになる。

2 固定金利借入れのヘッジ

過去問題
2023年
問42
2020年
問41

今度は逆に，事業法人 A の借入れが固定金利ベースであり，今後
の金利低下または短期金利の低位安定を予測して金利スワップを使
うケースを考えてみよう（図表 5-6）。借入れの残存期間を 3 年，借
入金利を 0.50 ％とする。市場の 3 年 OIS レートは 0.20 ％であり，
事業法人 A は，今後の 3 年間短期金利の上昇はほとんどないと考え
ている。ここで行う金利スワップは，事業法人 A の固定金利の受取
り，変動金利の支払いである。

この金利スワップを行った結果，事業法人 A は貸出人との間で元
本 10 億円の資金貸借取引による資金を調達し，そのコストは，借入
金利とスワップを相殺して TONA 複利＋0.30 ％となる。

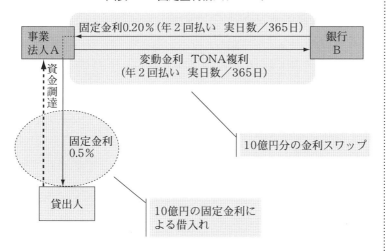

図表 5-6　固定金利借入れのヘッジ

初回の TONA 複利が 0.05 ％であるとき，初回の金利支払いは 0.35 ％になる。この後，TONA 複利が 0.20 ％まで上昇すれば，原借入コストの 0.50 ％と等価になり，さらにそれ以上の TONA 複利の上昇があれば，スワップ取引前に比べて借入コストが上がることになる。TONA 複利がそこまで上昇しなければ，スワップ取引によって借入コストが削減されるわけである。

 3　固定金利投資の変動化

今度は，借入れではなく投資にスワップを組み合わせる例を考えてみよう。投資家 C は，クーポン 1.25 ％（固定金利），満期 10 年の円建債券を投資のために購入した。自らの資金調達（投資元本の借入れ）が，変動金利ベースで TONA 複利＋0.10 ％であるため，投資収入も変動金利に変換して利鞘を確定したいと考えて金利スワップを利用する。

固定利付の資産と変動金利の資金調達をつなぐ金利スワップは，

第5章

金利スワップ

過去問題
2023年
問34
2022年
問34
2021年
問34
2020年
問34

債券と同期間の固定金利支払い・変動金利受取りの取引である（図表5-7）。このように，資産（アセット；Asset）の金利リスクを転換するスワップは，**アセット・スワップ**（Asset Swap）と呼ばれる。

アセット・スワップを通じて，投資家Cは，保有債券から固定金利1.25％を受け取り，スワップの固定金利として1.00％を支払い，代わりにTONA複利を受け取る。投資家Cの資金調達コストはTONA複利＋0.10％であるため，固定金利の差額0.25％の受け取りから変動金利の差額0.10％の支払を差し引いて，0.15％のプラスとなる。

アセット・スワップによって，投資家Cは投資収益（固定金利）と資金調達コスト（変動金利）のミスマッチを解消し，市場金利が変動しても差益は0.15％で不変となった。このスワップを行わなければ，市場金利が上昇すれば資金調達コストも上昇し，上昇の程度によっては債券クーポンとの逆ざやになる可能性もある。

アセット・スワップは，金利スワップに限定されるものではない。投資通貨と資金調達通貨が異なる場合には，後述する通貨スワップ

図表5-7　アセット・スワップ

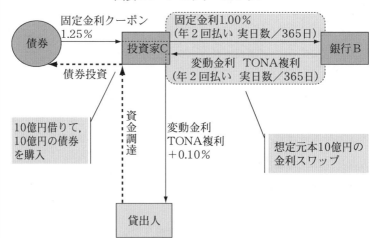

を使ってミスマッチを解消する。アセット・スワップを組み合わせた投資スキームは，ロンドンの債券市場では極めて一般的であり，海外投資家が日本国債を購入する場合にも使われている[4]。

 # 4　ALM スワップ

　次の例は，資産と負債に金利リスクのミスマッチがある場合に，これをヘッジする目的で取引される **ALM**（Asset Liability Management）スワップである。

　銀行のポートフォリオでは，負債(Liability)の大部分を占める預金が短期間の商品であり，主たる資産 (Asset) である貸出が中長期間であるという期間ミスマッチから，リスクが発生する。預金のなかには定期預金もあるが，普通預金と合わせて貸出の期間に比べれば短期間である。したがって，銀行は短期（預金）で資金を調達し，中長期（貸出など）で運用をしていることになる。ここに短期金利と長期金利のミスマッチが発生する。

　短期（変動金利）で資金を調達して長期（固定金利）で資金を運用するため，短期金利が上昇すれば損失発生の可能性がある。これを回避するために行うのが ALM スワップであり，銀行は固定金利支払い・変動金利受取りの取引をすることになる（図表 5-8）。

　ALM スワップによって，銀行 D は資金調達と運用のミスマッチを解消し，市場金利の変動による損益のぶれをなくすことができる。ALM スワップによるリスクヘッジは，短期金利の上昇を予測する場合や，逆イールド状況で有効な戦略である。

　順イールド状況で金利変動がないか，金利の下落を予想する場合には，銀行は相対的に高い中長期金利で貸し出し，低い短期金利で調

---

[4]　このスキームが投資家に無理なく受け入れられるためには，保有債券とヘッジに使うスワップの会計処理が一致していなければならない。

図表5-8　ALM スワップ

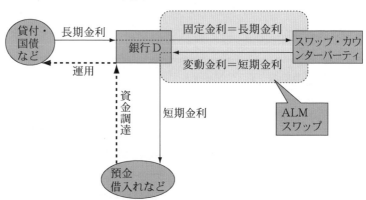

達することにより利ざやを稼ぐことができるため，あえて ALM スワップを行わないであろう。ALM とは，必ずしもリスクヘッジを完全に行うことを意味するものではない。市場の状況や金利変動の予測に応じて，ヘッジ比率を変更することも"マネジメント"の1つである。

　銀行とは逆に，調達が比較的長期である業態に生命保険会社がある。近年何かと話題になる生命保険会社の運用の逆ざやは，過去の高金利時代に高い固定金利（保険の予定利率）で調達した負債に対して，大幅な金利の下落などによって資産サイドの運用利回りが十分確保できないことから発生している。生保の逆ざやは，資産構成（株式，不動産の組入れなど）や人工的に高い調達金利の設定を余儀なくされたという問題もあり，一概に ALM の失敗ともいえないが，金利リスクだけに絞って考えれば，長期固定金利受取り・中期・短期金利支払いのスワップが有効といえる。

過去問題
2023年
問32
2022年
問32
2021年
問32

5　財務省の　　金利スワップ利用

わが国の財務省による国債に係る金利スワップ取引は，2002（平

成 14）年の国債整理基金特別会計法の改正により可能となり，2003（平成 15）年 12 月公表の「国債管理政策の新たな展開」において，「スワップ取引の活用等により，金利変動リスク等の管理の観点から残存年限の調整等を図る」とされたことも踏まえて，2005（平成 17）年度下期から実施されている。当時の財務省の資料では，具体的な活用ケースとして，①大量の国債償還が発生する状況下，その際の金利情勢次第では借換えに伴う調達コストが大きく上振れするリスクがあることから，その時点での金利変動リスクを抑制するため，長期の「固定払い・変動受け」と中期の「固定受け・変動払い」の金利スワップ取引を組み合せて実施する，②年度当初策定された国債発行計画の執行にあたり，金融情勢等により発行額等に変化が生じ，当初想定されていた固定と変動の比率など負債構成に変化が生じることがあるので，その場合に負債構成の適正化やリスクを適切にコントロールする必要から金利スワップ取引を利用する場合があることを挙げている。

　国債の金利スワップ取引実施基本要領によると，取引相手先の資格は，国債市場特別参加者等およびそれ以外の金融機関で，指定格付機関（2 機関以上）より A 格以上の格付けを取得し，金利スワップ取引の相手先となることを希望する者である。財務省に対し，金利スワップ取引に係る申請書（財務省が作成する様式による）を提出して，財務省の審査が通れば，財務省において作成する契約書（ISDA の様式を踏まえたもの）を使用して，基本的な契約（マスター・アグリーメントおよびクレジット・サポート・アネックス）を締結するとされている。準拠法は日本法である。また，基本的な契約を締結した場合は，その相手先の商号または名称が公表される。担保の徴求方法等については，基本的な契約において定めるとしているが，財務省から取引相手先に対しては，担保は差し入れない。適格担保は，日本国債である。

第 5 章

金利スワップ

　財政投融資特別会計（財政融資資金勘定）においても，2006（平成18）年度以降，積立金を臨時的・特例的に一般会計及び国債整理基金特別会計へ繰り入れた結果，金利変動に対応する余力が著しく低下したことから，2011（平成23）年度から，資産と負債のデュレーションや償還年限のギャップを調整するため，金利スワップ取引が実施されている。

金利のトレーディング

〈学習上のポイント〉

金利スワップは，ヘッジとしての利用だけではなく，積極的に市場金利変動のリスクをとって収益を稼ぐトレーディング目的でも使われている。金利の上昇，下落を予測する取引だけではなく，イールドカーブのゆがみに対応する手法もある。金利のトレーディングは，国債を使っても可能であるが，これと金利スワップとの関係も理解しておこう。

金利スワップは，借入れ・運用における金利リスクのヘッジの手段として使われる以外に，金利の動向やイールドカーブの形状変化，国債などの他の金融商品との価格差の動向に注目したトレーディングにも広く利用されている。

 ## 1 金利動向を予測した トレーディング

10年物の金利に着目し，今後金利が上昇すると予測して金利スワップを取引するケースを考えてみよう。金利上昇を予測する場合には，金利スワップで固定金利を支払い，逆に下落を予測する場合には固定金利を受ける取引を行う。

金利上昇を予測する銀行 E のスワップ・ディーラーは，期間10年，想定元本10億円の金利スワップ (OIS) で固定金利 1.00％を支払い，TONA 複利を受ける取引を行った（最初のスワップ）。1年後に予測どおり固定金利が上昇し，銀行 E は期間9年のスワップ取

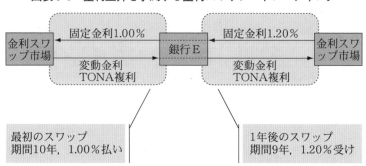

図表 5-9 金利上昇を予測する金利スワップ・トレーディング

引で固定金利 1.20％を受けることができた（1年後のスワップ）。この取引により，最初のスワップの固定支払い 1.00％と，1年後のスワップの 1.20％の差である 0.20％を9年分受け取る利益が確定する。変動金利の TONA 複利は，新旧スワップで相殺となる（図表5-9）。

　金利の動向から収益を上げるトレーディングとして，国債の現物または先物の取引を行うこともできる。国債は，クーポンが固定しているので利回り（金利）が上昇すれば，その価格は下落する。したがって，金利の上昇を見込む場合には，国債の現物または先物を売却し，見込みどおり金利が上昇して国債価格が下落すれば，安い価格で買い戻すことによって利益を確定する。金利動向に着目すると，「国債の売り＝金利スワップの固定金利支払い」，「国債の買い＝金利スワップの固定金利受取り」となる。

　さらに，これを敷衍して考えると，国債保有（固定金利の受取り）の金利リスクをヘッジするためには，金利動向について反対の効果になるよう，金利スワップで固定金利の支払いのポジションをつくればよく（前節第3項のアセット・スワップ参照），逆に，金利スワップの固定金利受取りのポジションの金利リスクをヘッジするためには，国債先物を売ればよいことになる。このような金利スワップ

と国債を組み合せた取引は恒常的に行われている。国債の利回りは国債市場の需給関係を反映し，スワップ金利はTONA複利に準拠しているため，両者の金利が完全に一致するわけではない。しかし，ともに流動性のある金利商品であり，価格の連動性は高く，市場は相互に補完し合っているのである。

2　イールドカーブの形状に着目したトレーディング

　期間に対応した金利を1本の曲線で示したイールドカーブ（本章第1節の図表5-1参照）の形状は，時間とともに大きく変化する。このイールドカーブの形状変化を予測した取引も，金利スワップの組合せにより行うことができる。

　イールドカーブの歪みを見つけて，正常なイールドカーブに復することを予測した取引の例を考えてみよう。一時的にカーブに歪みが出て，スムーズなカーブに比べて3年の金利が低く，5年の金利が高い状況を想定する（図表5-10）。この場合，3年のスワップで固定金利を支払い，5年のスワップで固定金利を受け取るという2つのスワップの組合せによって，その後正常なカーブに戻った際に収益

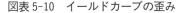

図表5-10　イールドカーブの歪み

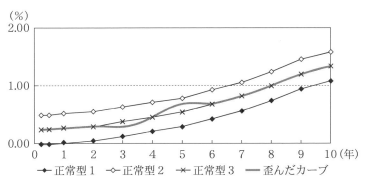

（縦書き）

第5章

金利スワップ

を得ることができる。

　イールドカーブ・トレーディングとして2つの取引を組み合わせる理由は，金利レベルの絶対的な上下にかかわらず，カーブの形状にのみ着目した収益を得ることができる点にある。この取引例では，カーブの形がスムーズな正常型に復しさえすれば，金利のレベルが高くなろうが低くなろうが収益を損なうことはない。図表5-10は，歪みのあるイールドカーブと正常なイールドカーブを示しているが，3年と5年の組合せ取引を行うことによって，金利全体の水準が上昇（正常型2）しても，下落（正常型1）しても収益を得ることができる。

　3年金利が低く5年金利が高い場合には，カーブが現状の金利水準のまま正常に復すれば（正常型3），3年金利が上昇し5年金利が下落するため，3年固定金利払い・5年固定金利受けの両方のスワップとも収益となる。しかし，カーブ全体の水準が上昇すれば（正常型2），5年固定金利受けのポジションは損失・3年固定金利払いが益となるし，逆に下落すれば（正常型1），3年ポジションが損失・5年が益となる。カーブ取引は，あくまでも2つの金利の相対的な関係（イールドカーブ・スプレッド）を変数として捉えて，2つのスワップの損益を通算して利益となることを目指しており，金利の絶対水準には収益が左右されない。

　イールドカーブ・トレーディングでは，期間の異なるスワップを同じ想定元本額ずつ取引するのではなく，期間の長さに応じて取引額を変える。5年の金利スワップ固定金利が0.10％変動すれば，収益は5年×0.10％分変動する[5]。これに対して，3年の金利スワップの0.10％変動収益は，3年分×0.10％であり，同じレートの変化に対して5年スワップのほうが収益のぶれが大きい。したがって，5年

[5]　正確な計算は，第7章第2節の「現在価値の計算」を参照。

スワップの元本を3年スワップ元本より減らすことによって，同じ金利変動に対して同程度の損益ぶれとなるように調整するのである。具体的には，5年物金利スワップ元本10億円に対して，3年物金利スワップを約17億円[6]取引することになる。

　このようなカーブの歪みが是正されることを予測して行うイールドカーブ・トレーディングは，広義のアービトラージ取引の一種といえる。

第5章

金利スワップ

---

[6] この割合は金利の水準によって変わる。基本概念は，債券のデュレーション・マッチと同じで，同率の利回り変化（たとえば0.01％の金利上昇）について，同額の損益となるような元本額を算出するのである。

通貨スワップ

Derivatives

Derivatives

Derivatives

通貨スワップの基本形と取引例

〈学習上のポイント〉

通貨スワップは，2つの異なる通貨の金利を交換するデリバティブ取引である。金利スワップと異なり，基本形の通貨スワップでは開始日と終了日に，元本交換が行われる。通貨スワップは，資金調達などの実需に合わせた取引であることが多い。企業が通貨スワップを利用して，自らの資金調達ニーズに合わせた債券発行を行うスキームをまとめておこう。

 ## 1　通貨スワップの基本形

過去問題
2023年
問39
2022年
問39
2021年
問39
2020年
問39

　通貨スワップは，2つの異なる通貨の金利を交換する取引である。金利スワップと大きく異なる点は，基本的にはスワップの開始日と終了日に，元本相当額を受払いする**元本交換が行われる**ことである[1]。通貨スワップの基本形は，かつては円固定金利とドル LIBOR を交換する取引であったが，LIBOR の公表停止により，現在はドル LIBOR の代替指標である SOFR（Secured Overnight Financing Rate；国債担保付レポ・オーバーナイト物レート）の日次累積複利と交換する取引に代わっている。

---

[1] 元本交換のない取引形態もあり，クーポン・スワップと呼ばれる（詳細は後述）。

●通貨スワップの基本形

固定金利支払人：	銀行 B
固定金利：	円固定金利 0.80 ％
	（年 2 回，実日数/365 日ベース）
変動金利支払人：	事業法人 A
変動金利：	SOFR 複利
	（年 2 回，実日数/360 日ベース）
想定元本：	10 億円または 8,333,333.33 ドル
	（為替レート　$1＝120.00 円）
期間：	10 年
元本交換（開始日）：	事業法人 A は 10 億円支払い，銀行 B は 8,333,333.33 ドル支払う
元本交換（終了日）：	事業法人 A は 8,333,333.33 ドル支払い，銀行 B は 10 億円支払う
金利支払日：	金利計算期間終了日の 2 営業日後
営業日：	東京およびニューヨークの銀行営業日

　基本形となる通貨スワップ取引では，ドル以外の通貨（上記例では円）の固定金利と，ドルの変動金利を交換する。元本交換では，金利支払いの通貨を契約開始日に受け取り，同じ通貨を終了日に支払う。

　上記の例では，スワップ開始日に事業法人 A（SOFR 複利支払い側）はドル元本を受け取って円元本を支払っている。このときのドル円の交換に使われる為替レート（$1＝120.00 円）は，契約締結時の市場為替レートを用いるのが普通である（図表 6-1）。

図表 6-1　通貨スワップ：スワップ開始日のフロー

図表 6-2　通貨スワップ：スワップ期間中のフロー

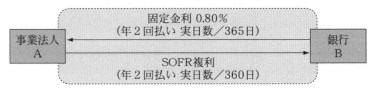

事業法人 A ← 固定金利 0.80%（年2回払い 実日数／365日） ← 銀行 B

事業法人 A → SOFR複利（年2回払い 実日数／360日） → 銀行 B

図表 6-3　通貨スワップ：スワップ終了日のフロー

事業法人 A ← 円元本 10億円 ← 銀行 B

事業法人 A → ドル元本 8,333,333.33ドル（為替レート $1＝120円）→ 銀行 B

　スワップ期間中は，事業法人 A の SOFR 複利支払い，銀行 B の円固定金利支払いの交換となる。それぞれドル，円の元本について金利を計算する（図表 6-2）。SOFR 複利は後決め金利であることから，金利支払日は金利計算期間終了日の2営業日後となっている。

　スワップ終了日には，開始日と逆の元本交換が起きる。このときの為替レートは，開始日と同じ$1＝120.00 円を用いる（図表 6-3）。

 ## 2　通貨スワップの取引例（債券発行）

　通貨スワップは，金利のトレーディングにも使われる金利スワップとは異なり，企業の資金調達などの実需に裏打ちされた取引が多い。本項では，ドル資金の必要な事業法人 A が，投資家にニーズのある円建債券を発行し，調達と債券条件のミスマッチを通貨スワップでつなぐ例を取り上げる。事業法人 A は，調達した円資金を通貨スワップを通してドル資金に転換する。

● 資金調達と通貨スワップ

発行債券（円建て）

発行体：	事業法人 A
クーポン：	1.00 ％（年 2 回払い，実日数/365 日）
発行価格：	100 円
発行額：	10 億円
期間：	10 年

通貨スワップ

固定金利支払人：	銀行 B
固定金利：	円固定金利 1.00 ％ （年 2 回，実日数/365 日ベース）
変動金利支払人：	事業法人 A
変動金利：	SOFR 複利＋0.425 ％ （年 2 回，実日数/360 日ベース）
想定元本：	10 億円または 8,333,333.33 ドル （為替レート　$1＝120.00 円）
期間：	10 年
元本交換（開始日）：	事業法人 A は 10 億円支払い，銀行 B は 8,333,333.33 ドル支払う
元本交換（終了日）：	事業法人 A は 8,333,333.33 ドル支払 い，銀行 B は 10 億円支払う
金利支払日：	金利計算期間終了日の 2 営業日後
営業日：	東京およびニューヨークの銀行営業日

　この取引を，開始日，期中，終了日のそれぞれにつき図にしてみよう。まず，開始日には，事業法人 A は，円建ての固定利付債を発行し，その発行代り金として受け取った 10 億円と同額を，通貨スワップの元本交換で支払う。つまり，円元本は同額の受けと払いで通算ゼロとなる。通貨スワップでは，ドル元本を受け取るため，ここで望むドル資金の調達ができたことになる（図表 6-4）。

　期中には，発行債券に円固定金利を支払う。債券金利と同レートの円固定金利を通貨スワップで受け取るため，円金利の受払いは通

図表 6-4　債券発行と通貨スワップ　債券発行日＝スワップ開始日

図表 6-5　債券発行と通貨スワップ　期中クーポン

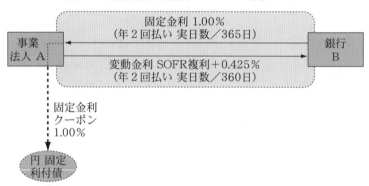

算ゼロである。通貨スワップで，事業法人 A は SOFR 複利＋0.425％を支払うため，事業法人 A が負担するのはドル変動金利ベースの支払いとなる（図表 6-5）。

　債券償還日には，債券保有者に円元本 10 億円を償還金として支払う。通貨スワップでは，円元本を受け取りドルを支払うため，ネットで事業法人 A はドル元本の支払いを行うことになる（図表 6-6）。

　事業法人Aは，円建ての固定利付債の発行に関わる円建てのキャッシュ・フローとは逆の受払いを，取引全体を通じて通貨スワップで行っているため，事業法人 A の手元には円建ての資金は残らな

第6章

通貨スワップ

図表 6-6　債券発行と通貨スワップ　債券償還日＝スワップ終了日

い。結果として，事業法人 A は，発行日のドル元本受取り・期中の
ドル変動金利ベース支払い（SOFR 複利＋0.425 ％）・満期日のドル
元本支払いを行っており，実質的にはドル資金を調達してドル建て
の利息を支払い，満期にドル資金を弁済していることになる。

2 通貨スワップのバリエーション

〈学習上のポイント〉

通貨スワップの基本形は，ドル変動金利と他通貨の固定金利の交換であるが，通貨の異なる変動金利同士を交換する取引もある。これは，ベーシス・スワップと呼ばれるスワップの一種であるが，邦銀の外貨資金調達に利用されてきた。また，通貨スワップには原則として元本交換があるが，特別な目的をもって元本交換なしのスワップを行うこともある。リバース・デュアル債（逆二重通貨債）の仕組みも併せて理解しておこう。

1 ベーシス・スワップ （変動金利の交換）

過去問題

2023年
問40
2022年
問40
2021年
問40

　異なる指標の変動金利を交換する取引を**ベーシス・スワップ**（Basis Swap）と呼ぶ（図表6-7）。その一例が，米ドルの SOFR 複利と日本円の TONA 複利の交換のような異なる通貨の変動金利を交換するスワップ取引である。通貨は同じでも，参照する指標が異なればベーシス・スワップと呼ばれる。たとえば，3ヵ月日本円 TIBOR と6ヵ月日本円 TIBOR の交換，TONA 複利と日本円 TIBOR の交換取引などである。

　本項では，通貨スワップのバリエーションとして，異なる2通貨の変動金利を交換するベーシス・スワップを取り上げよう。

　なお，米国の代替参照金利委員会（ARRC；Alternative Reference Rates Committee）が2020年1月24日付で公表した「2通貨

のオーバーナイト物リスクフリー・レートを参照するベーシス・スワップのディーラー間の取引慣行」に関する最終勧告によると，①金利は年4回払い，②取引のスタートとエンドに元本交換を行う，③金利はリスクフリー・レートの後決め複利，④元本支払日を通貨間で一致させる，⑤スポット（2営業日後）スタートとする，などとしている。元本調整（リセット）と利払いのタイミングについては，3案を提示するにとどめている。

●円ドル変動金利ベーシス・スワップの取引例

米ドル変動金利払い：	邦銀A SOFR複利 （年4回払い，実日数／360日ベース）
円変動金利払い：	米銀B TONA複利−0.20％ （年4回払い，実日数／365日ベース）
想定元本：	10億円または8,333,333.33ドル （為替レート　＄1＝120.00円） ただし，元本ドル額は各金利支払日の2営業日前の為替レートを使って定期的に再計算し，前計算期間のドル元本額との差額を受払いする
期間：	10年
元本交換（開始日）：	邦銀Aは10億円支払い，米銀Bは8,333,333.33ドル支払う
期中ドル元本調整：	再計算されたドル元本額が，前期間に適用されるドル元本額より大きい場合には差額を米銀Bから邦銀Aに支払い，小さい場合には差額を邦銀Aから米銀Bに支払う
元本交換（終了日）：	邦銀Aは最終計算期間に適用されるドル元本額を支払い，米銀Bは10億円支払う
金利支払日：	金利計算期間終了日の2営業日後

営業日：	東京およびニューヨークの銀行営業日

　前節で取り上げた通貨スワップの基本形と異なるのは，交換する金利がともに変動金利ベースであることと，金利支払日ごとにドル元本を再計算し，前計算期間のドル元本からの変動分を利払いのつど決済していることである。

　たとえば，上記取引例の最初の金利支払日において，次期のドル元本を再計算する為替レートが，円高・ドル安により＄1＝115円になったとすると，10億円＝8,695,652.17ドルなので，米銀Bは当初のドル元本額8,333,333.33ドルとの差額362,318.84ドルを邦銀Aに支払うことになる。これは，既存のベーシス・スワップを＄1＝

図表6-7　ベーシス・スワップ

＜契約開始日：元本交換＞

＜期間中：金利の交換＞

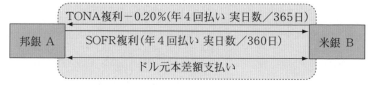

＜契約終了日：元本交換＞

図表6-8　ベーシス・スワップとファンディング

120円でいったん終了し（邦銀Aが米銀Bにドル元本を支払い，米銀Bから円元本を受け取る），新たに＄1＝115円で契約する（邦銀Aが米銀Bに円元本を支払い，米銀Bからドル元本を受け取る）のと同じである。このような調整法により，取引例のベーシス・スワップは，最初の利払いを終えた時点では，想定元本が10億円または8,695,652.17ドル（為替レート＄1＝115円）の取引に変わっているのである。

　元本調整を行わないベーシス・スワップ取引もあるが，近年スワップ取引相手の信用リスク管理への関心が高まるにつれて，リスクの大きい為替レート変動によるスワップ価値の変動を期中に定期的に清算し，取引相手に関する信用リスク額を減らそうという工夫[2]が

---

[2] 通貨スワップで期中に元本額の調整を行わない取引では，満期日の元本交換は，その時点での市場為替レートから大きくずれたレートである可能性が高い。文中の例で，邦銀Aの立場から米銀Bを見たときに，満期日の為替レートが大きくドル安にふれていた場合，満期日までに米銀Bが倒産して元本交換を行うことができなくなった場合のリスクは大きい。期中に元本交換を行って，つど元本にかかる為替リスクを修正しておけば，米銀Bの倒産リスク額は，10年分の為替変動ではなく前回の元本リセット日からの変動リスク，すなわち，ここでは3ヵ月分の変動リスクで済むことになる。

市場に受け入れられるようになってきている。現在，わが国でも徐々に取組みが広がっており，今後利用は進むものと考えられる。

 2　クーポン・スワップ

過去問題
2023年
問33
2022年
問33
2021年
問33
2020年
問33

通常の通貨スワップは，スワップ開始日と終了日に元本交換がある。これに対して，元本交換がなく期中の金利のみを交換するスワップもあり，**クーポン・スワップ** (Coupon Swap) と呼ばれている。

クーポン・スワップは，オフバランスのスワップ取引単体で行われるよりも，発行と償還が円建てで，期中クーポンのみが外貨建てである**リバース・デュアル債** (Reverse Dual Bond；逆デュアル債) を組成するために使われることが多い取引である。リバース・デュアル債は，払込みと償還元本は円建てであるため，元本については為替リスクが発生しないものの，クーポンを円より金利が高い米ドルや豪ドルなどの他通貨にして利回りを上げようとする仕組みである。債券だけではなく，企業向けローンの仕組みとして使われることもある。

●リバース・デュアル債の例

発行体：	欧州系銀行 A
クーポン：	ドル建て　3.37％
	（年1回後払い　30/360日ベース
	元本計算為替：$1＝120.00円）
期間：	30年
発行価格：	円にて100％
償還価格：	円にて100％

（参考：同発行体，同年限の円建債券のクーポンは2.02％）

上記の仕組みでは，受取り利息はドル建てとなり，その額は元本10億円につき，

　　10億円／120.00円×3.37％＝280,833.33ドル

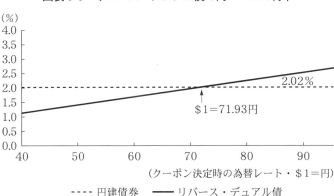

図表 6-9　リバース・デュアル債の円ベースの利率

（クーポン決定時の為替レート・$1＝円）

$1＝71.93円

2.02％

---- 円建債券　　── リバース・デュアル債

となる。

　リバース・デュアル債は，元本が円建てであるため，この部分についての為替リスクはなく，発行体がデフォルトしないかぎり元本は 100％弁済される。一方，クーポンはドル建てであり，クーポン部分においては為替リスクが存在する。

　リバース・デュアル債では，クーポン支払時の円・ドル為替レートによって，円ベースでの利率（クーポン・レート）が異なってくる。利率はドル高であれば高く，ドル安であれば低くなる。たとえば，クーポン受取時の円・ドル為替レートが$1＝125.00円である場合，受取クーポンの円価額は「280,833.33 ドル×125.00 円＝35,104,166 円」となり，これは円ベースで 3.510 ％の利率に相当する。これを同年限の円建債券のクーポン 2.02 ％と比べると明らかに高い利率である。ただし，為替レートが円高に進めば利率は下がり，$1＝71.93 円で 2.02 ％相当，それ以上の円高では同年限の円建債券より利率が下がる（図表 6-9）。

　前述したリバース・デュアル債で，発行体である欧州系銀行 A の資金調達が円建て（調達金利は TONA 複利＋0.20 ％）であるとす

ると，リバース・デュアル債を発行する際に使うクーポン・スワップは以下のようになる。

●リバース・デュアル債組成のためのクーポン・スワップ条件

リバース・デュアル債の条件

発行体：　　　　　欧州系銀行A

クーポン：　　　　ドル建て　3.37％

　　　　　　　　　（年1回後払い 30/360日ベース　元本計算
　　　　　　　　　為替：$1＝120.00円）

発行額：　　　　　10億円

期間：　　　　　　30年

発行価格：　　　　円にて100％

償還価格：　　　　円にて100％

クーポン・スワップの条件

ドル金利受取：　　欧州系銀行A（発行体）

ドル金利：　　　　3.37％（年1回後払い 30/360日ベース）

円金利受取：　　　スワップ・カウンターパーティ銀行B

円金利：　　　　　TONA複利＋0.20％（年1回後払い，実日
　　　　　　　　　数/365日ベース）

想定元本：　　　　10億円／8,333,333.33ドル

元本交換：　　　　なし

　債券発行とスワップの組合せを，発行日，期中，償還時に分けて見てみよう。まず，債券発行日には，発行体は債券発行代り金として10億円を受け取る。クーポン・スワップには元本交換がなく，10億円の受取りが発行体の資金調達に該当する（図表6-10）。

　期中には，リバース・デュアル債クーポンとして米ドル3.37％を支払う。クーポン・スワップで債券クーポンと同率の米ドル3.37％を受け取り，日本円でTONA複利＋0.20％を支払うため，米ドル同士は相殺し，ネットで発行体はTONA複利＋0.20％の支払いとなる（図表6-11）。

　債券満期日には，Aは償還金として10億円を支払う。スワップに

第6章

通貨スワップ

図表 6-10 リバース・デュアル債 債券発行日＝スワップ開始日

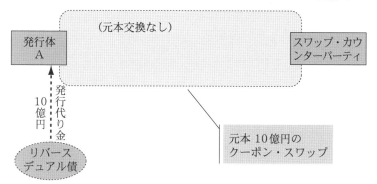

図表 6-11 リバース・デュアル債 期中クーポン

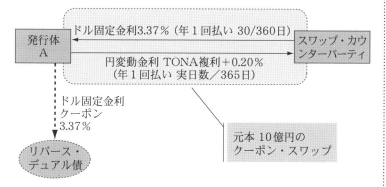

図表 6-12 債券発行と通貨スワップ 債券償還日＝スワップ終了日

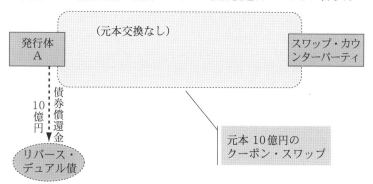

は元本交換がないため，これで取引は終了する（図表6-12）。

　発行体Aにとっては，リバース・デュアル債の発行換り金と償還金（いずれも円建て）が資金調達の元本に相当し，期中リバース・デュアル債クーポンと同額の外貨をクーポン・スワップで受け取ることによって外貨は相殺され，クーポン・スワップで支払う円変動金利（TONA複利＋0.20％）が調達コストに相当することになる。最後に，債券償還金を円で支払うことによって，資金の返済を行う。

　発行体の資金調達ニーズが円以外の通貨である場合には，さらに元本交換のある通貨スワップ（例：ドル資金調達の場合にはドル円通貨スワップ）を組み合わせる。

　リバース・デュアル債は，クーポン部分に為替リスクをとることによって利回り向上を狙う仕組みである。絶対利回りを上げるために期間が長期化する傾向にあり，また為替オプションや早期償還条項を付加して，より高いクーポンを目指すバリエーションもある。長いものでは，投資期間が40年を超えるものまで出てきている。償還元本は円建てであり，発行体のクレジット・リスクがなければ100％での償還が見込めるが，長期の商品であり期中の時価の変動は大きい。リバース・デュアル債の時価は，円金利，ドル金利，円・ドル為替レートなどによって決まる。

第7章

スワップ取引の価格計算

Derivatives

Derivatives

Derivatives

金利の計算ベース

〈学習上のポイント〉 金利は，元本額に対して〇％というように利率で表示されるが，その計算方式にはいろいろな種類があり，単純に比較できない。計算日数ベース，支払い回数などの違いで，同じ利率の金利であっても実質的な経済効果は異なるからである。本項では，計算ベースの違いをまとめ，金利の相互比較をしてみよう。

 1　計算日数ベース

過去問題

2021年
問36
2020年
問36

　金利は通常，元本 100 ％に対する 1 年当たりの利息額(％)（利率）で表す。この利率と，元本，金利計算期間の日数から実際の利息額が算出される。しかし，同じ利率 (％) でも，**計算日数ベース** (Day Count Fraction) が違えば利息額は異なる。取引において金利を表示する場合には，計算日数ベースと，1 年当たりの支払い回数，単利・複利の別，期中クーポンの有無などの条件が提示される。

　計算日数ベースは，実日数／360 日，実日数／365 日というように，利息額計算に使う日数計算の方式を指定するものである。元本 1 億円を年利 5 ％で 1 年間 (＝365 日間) 運用した場合の利息額を計算して比べてみよう。

　　実日数／365 日の場合：1 億円×5％×365 日／365 日＝5,000,000 円

　　実日数／360 日の場合：1 億円×5％×365 日／360 日＝5,069,444 円

　同じ 5 ％でも，利息額は実日数／360 日ベースの金利のほうが大

きいことがわかる。

では，1年＝365日ベースの金利5％を1年＝360日ベースの金利で表示すると，いくらになるであろうか。1年＝360日ベースの金利をr％，日数をn日とすると，利息額は

元本×5％×n日／365日＝元本r％×n日／360日

であるから，

r％＝5％×360日／365日＝4.9315％

である。

これに対しても，1年＝360日ベースの金利5％を1年＝365日ベースの金利で表示した場合には，1年＝365日ベースの金利をR％，日数をn日とすると，利息額は

元本×5％×n日／360日＝元本×R％×n日／365日

であるから，

R％＝5％×365日／360日＝5.0694％

となる。

また，細かいバリエーションとして，1年＝365日を分母とする場合に，うるう年については1年を366日とする実日数／実日数と，うるう年にかかわらず1年＝365日を使う実日数／365日（固定）があり，通常は後者が使われている。なお，英文スワップ契約書では実日数を"Actual"と表現するため，実日数／365日（固定）は，Actual/365 (Fixed) または Act/365 (Fixed)，A/365 F と表示される。

実日数を使う計算方法以外では，特に債券のクーポンに使われる手法として，1年間を均等の12ヵ月に割り，1ヵ月を30日と擬制する考え方がある。ボンド・ベースと呼ばれる方法で，30/360と表示される。ボンド・ベースの考え方の原則は，実日数にかかわらず1年間の利息額は元本×利率，半年間の利息は元本×利率×6/12（すなわち1年のちょうど半分）となるが，31日ある月や日数の少ない2

月を考慮する 30/360 方式と，月にかかわらず 1 ヵ月を 1 年の 12 分の 1 と考える 30 E/360（ユーロボンド方式）がある。

利息の計算方法は，国，通貨，商品によって異なる。同じ短期金利でも各国で慣行があり，わが国や英国では 1 年＝365 日ベース，アメリカでは 1 年＝360 日ベースとなっている。

長期金利はさらに様々で，債券ではボンド・ベースの 30/360（アメリカのエージェンシー債など），30 E/360（主要欧州発行体の債券），実日数／実日数の変形（米国債：半年の実日数を 2 倍したものを 1 年の日数とする）などがあり，また，わが国の国内金利は実日数／365 日が普通であるが，貸付では初回利払いは両端入れ（通常の日数計算より日数が 1 日増える）計算となるなど，商品によって取扱いが異なることもある。

スワップの定形取引における固定金利の計算ベースは，実日数／365 日か実日数／360 日のいずれか，または米ドルであれば米国債計算ベースの実日数／実日数の変形も選択肢に入るが，債券発行に組み合わせたりアセット・スワップとして取引する場合には，対象となる債券などの計算ベースに合わせることが多い。

 ## 2　支払い回数

過去問題
2022年
問41
2021年
問41
2020年
問36

金利の考え方には，単利と複利がある。**単利**とは，当初の元本のみから利息が得られるという考え方で金利を計算するもので，具体的には 1 年当たりの利息額を元本で割ることによって計算される。これに対して**複利**は，当初の元本だけなく，受け取った利息からも利息が得られるという考え方で金利を計算するものである。

たとえば，1 億円を金利 2 ％で 2 年間運用した場合の元利合計額は，単利で 2 ％と表示される場合には，

1 億円×（1 ＋ 2 ％× 2 年）＝104,000,000 円

であるが，年1回複利で2％と表示される場合には，

　　1億円×（1＋2％）×（1＋2％）＝104,040,000円

になるのである。世界の金融市場では複利を使うことが圧倒的に多いが，日本国債の利回り表示や投資商品の単純比較などでは，単利が用いられることもある。

　複利は，受け取った利息を再運用する考え方で金利を計算することから，1年に何回利息の支払いがあるかによって，年1回複利に換算した実質的な金利が異なってくる。まず，支払回数が年1回，年2回(半年ごと)，年4回(3ヵ月ごと)の各場合について，1億円を複利で運用した場合の1年間の元利合計額を比較してみよう。

　　年1回複利：1億円×（1＋2％）＝102,000,000円

　　年2回複利：1億円×（1＋2％÷2）×（1＋2％÷2）

　　　　　　　　＝102,010,000円

　　年4回複利：1億円×$(1＋2％÷4)^4$＝102,015,050円

　年2回複利は，最初の半年の元利合計「1億円×（1＋2％÷2）＝101,000,000円」を残りの半年の再運用に回すという計算である。1年当たりの利息の支払回数が多いほど，年1回複利に換算した実質的な利回りは上昇する。上記の元利合計額からすぐわかるように，年2回複利の2％は年1回複利の2.010％に相当し，年4回複利の2％は年1回複利の2.01505％に相当する。

　一般的に，年n回払いの複利r％を年1回払いの複利R％に換算する計算式は，1年間の元利合計額が

　　元本×$(1＋r％÷n)^n$＝元本×（1＋R％）

となることを利用して，

　　R％＝$(1＋r％÷n)^n－1$

で示される。したがって，年4回複利の2％は，

　　R％＝$(1＋2％÷4)^4－1$＝2.01505％

より，年1回複利払いの2.01505％に相当することがわかる。

　複利計算を実感することができる商品がゼロ・クーポン債である。国債等の通常の債券は「利付債」であり，期中に何回か利息が支払われる。これに対して，ゼロ・クーポン債は，期中の利息の支払いはなく，満期時にまとめて利息相当額を受け取るものである。利息相当額は，期中利息を再運用する方式で計算されるが，通常は割引債方式で発行され，償還金が額面金額となる。年1回複利ベースで利回り2％の2年物ゼロ・クーポン債，額面1億円に投資した場合には，96,116,878円を投資すると期間中のクーポンはゼロで，満期時に

$$96,116,878 \text{円} \times (1 + 2\%)^2 = 1\text{億円}$$

の償還金を受け取ることができる。

　最後に，計算日数ベースと支払い回数を考慮に入れて，金利を計算してみよう。

●**実日数／360日ベースへの金利の換算**

〔設問〕

　金利スワップの固定金利2％(年率，半年ごと利払い，30日/360日ベース) を1年ごと利払い，実日数/360日ベースの金利条件に換算した場合の金利（年利）はいくらになるか。

〔解答〕

　投資元本を1，年1回複利（1年複利）の金利をR，年2回複利（半年複利）の金利をrとして，1年後の元利合計が等しい場合を考えると，

$$1 + R = (1+r/2) \times (1+r/2)$$

となるから，

$$R = (1+r/2) \times (1+r/2) - 1 \quad \cdots\cdots ①$$

が得られる。

　また，投資元本を1，年1回複利の30日/360日ベースの金利をER，実日数/360日ベースの金利をMRとして，1年後の元利合計が等しい場合を考えると，

$$1 + ER \times 360/360 = 1 + MR \times 365/360$$

となるから，

$$MR = ER \times 360/365 \quad \cdots\cdots ②$$

である。
　よって，①より，年2回複利を年1回複利に換算すると，
　　$ER = (1 + 0.02/2) \times (1 + 0.02/2) - 1 = 1.0201 - 1 = 0.0201$
となり，これを②より実日数/360日ベースに換算すると，
　　$MR = 0.0201 \times 360/365 = 0.019825$
となることから，1.9825%である。

現在価値の計算

〈学習上のポイント〉 金利がプラスの世界では，今日の 100 円は 1 年後の 100 円よりも価値が高い。これが現在価値の考え方で，金利デリバティブを含む，すべての期間のある金融商品では，この概念が欠かせない。簡単な現在価値の計算手法を学んでおこう。

 　　　1　現在価値と将来価値　　

過去問題

2023年
問36
2022年
問36

(1)　現在価値と将来価値

　今日の 100 万円と 1 年後の 100 万円は，経済的な価値が異なると考えられる。今日から 1 年間，銀行預金や債券投資をすれば，1 年後には利息収入を得て元本を増やすことができるからである（ここではゼロ金利やマイナス金利は考えないことにする）。したがって，今日の 100 万円のほうが，1 年後の 100 万円よりも価値が高いといえる。

　本日の 100 万円を**現在価値**（Present Value；**PV**）という。これを運用して得られるであろう 1 年後の元利合計は，本日の 100 万円の**将来価値**（Future Value；**FV**）である。1 年物の金利が 0.10 ％（実日数／365 日ベース，年 1 回払い）であれば，本日の 100 万円の 1 年（365 日）後の将来価値は，

　　　100 万円×（1＋0.10 ％×365/365）＝1,001,000 円

となる。逆に，1年後の100万円の現在価値は，

$$100万円÷(1＋0.10％×365/365)＝999,001円$$

である。現在価値で比較すると，今日の100万円のほうが1年後の100万円よりも999円価値が高いことがわかる。

現在価値と将来価値の比率を**ディスカウント・ファクター**（Discount Factor，**DF**；現在価値割引率）という。すなわち，

ディスカウント・ファクター（DF）＝現在価値（PV）÷将来価値（FV）
現在価値（PV）＝将来価値（FV）×ディスカウント・ファクター（DF）

である。上の例でいえば，ディスカウント・ファクター（DF）は，金利0.10％を用いて

$$DF＝ 1÷(1 ＋0.10 ％×365/365)＝0.999001$$

と計算され，1年後の100万円の現在価値（PV）は，ディスカウント・ファクター（DF）を用いて

$$PV＝100万円×0.999001＝999,001円$$

と計算される。

金利デリバティブの価格の算出にあたっては，この現在価値の概念が非常に重要である。金利商品には必ず計算期間があって，それぞれの支払期日に金利等の受払いがなされるが，その価格は，将来発生する受払額（キャッシュ・フロー）をすべて現在価値に引き直し，それを合計する方法で算出されるからである。

(2) 金利スワップの現在価値

金利スワップの現在価値を計算してみよう。

●金利スワップの例

想定元本：	10億円
残存期間：	3年
固定金利：	2.00％（年2回払い）
変動金利：	TONA複利（年2回払い）
金利の受払い：	固定金利受取り・変動金利支払い

　金利スワップの現在価値（時価評価額）は，将来発生する受払額（キャッシュ・フロー）をそれぞれ現在価値に引き直し，合計した値となる。

　この例の場合，固定金利は2％であるので，まず日数計算をして各支払期日の受払額を算出することになるが，煩雑になるので，ここでは半年を0.5年として計算することにする。したがって，各期の固定金利の受取額は，

　　10億円×2.00％×0.5年＝1,000万円

である。変動金利のTONA複利については支払額を確定できないが，各期のTONA複利の現在価値合計は，期初に想定元本を受け取り，満期に同額を支払う2つのキャッシュ・フローの現在価値と等しくなる[1]ので，変動金利の現在価値については，このテクニックを使うことにする。

　期間3年の市場のスワップ・レートが0.25％であるとすると，2％の固定金利を受け取るスワップ取引は，市場レートでのスワップ取引と比べてかなり有利であるといえる。つまり，この金利スワップの現在価値はプラスになるはずであり，概算で毎年1.75％（＝2％－0.25％）相当の評価益となるので，3年分で

　　10億円×1.75％×3年＝5,250万円

程度の評価益となりそうであると推測することができる。ただし，この金額は将来価値を基準にしているので，ディスカウント・ファクターを使って現在価値に引き直せば，評価益はこの金額より幾分少ないであろうことも想定できるわけである。

---

[1] これは，変動利付債の現在価値は100％であるというのと同義である。固定金利の受取りを固定利付債への投資，変動金利の支払いを変動利付債による資金調達と考えると，本例の場合，金利の低下によって固定利付債の現在価値は100％を超えているので，そこから変動利付債の現在価値100％を控除した金額が，固定金利受取り・変動金利支払いという金利スワップの現在価値（評価益）になるのである。

図表 7-1　金利スワップ現在価値の算出

	スワップ 固定金利	スワップ 変動金利	ディスカウント・ ファクター	現在価値
0.0 年		−1,000,000,000	1.0000000	−1,000,000,000
0.5 年	10,000,000		0.9995002	9,995,002
1.0 年	10,000,000		0.9985017	9,985,017
1.5 年	10,000,000		0.9973790	9,973,790
2.0 年	10,000,000		0.9960086	9,960,086
2.5 年	10,000,000		0.9943910	9,943,910
3.0 年	10,000,000	+1,000,000,000	0.9925271	1,002,452,371

合計値　52,310,176

実際，図表 7-1 では，現在価値は 52,310,176 円と算出され，将来価値を単純に合計した 5,250 万円よりも小さくなっている。このように，各期間に対応するディスカウント・ファクターが計算できれば，異なる期日のキャッシュ・フローを現在価値という共通の"土俵"で計ることができるのである。

なお，図表 7-1 で示した計算は簡易法であり，実際にスワップの現在価値を算出する場合には銀行休業日調整後の利払日をもとに日数計算をしたうえで，キャッシュ・フローとディスカウント・ファクターの算出が必要となる。

 ## 2　ディスカウント・
　　ファクター

(1)　ディスカウント・ファクターの算出方法

ディスカウント・ファクターの算出について，本項では基本的な考え方にふれるにとどめておく。ディスカウント・ファクターは，金利スワップ・レートや TIBOR などの市場金利を使って計算するが，市場で提示されている金利は，期中に利息を支払うベースの金利であるので，そのままでは使えない。ディスカウント・ファクタ

ーの算出に使える金利は，期中に利息支払いのないゼロ・クーポン・レートである。したがって，ディスカウント・ファクターの算出にあたっては，市場で提示されている金利を，ゼロ・クーポン・レートに変換することが必要である。

●ディスカウント・ファクターの計算

以下の金利が得られているとき，各期のディスカウント・ファクターを計算してみよう。なお，半年は 0.5 年として計算することとし，円金利スワップの金利は年 1 回払いで，1 年以下のスワップは満期に，1.5 年のスワップは 1 年後と満期に行うものとする。

> 円金利スワップ（6ヵ月）レート：0.05％
> 円金利スワップ（1年）レート：　0.10％
> 円金利スワップ（1.5年）レート：0.20％（年1回払い）

6ヵ月と 1 年のスワップは計算期間の最後にのみ金利が支払われるため，スワップ・レートをそのままディスカウント・ファクターの算出に使うことができる。したがって，0.5 年目のディスカウント・ファクター $DF_{0.5}$ は，

$$DF_{0.5} = 1 \div (1 + 0.05\% \times 0.5\text{年}) = 0.9997501$$

となり，1 年目のディスカウント・ファクター DF_1 は，

$$DF_1 = 1 \div (1 + 0.10\% \times 1\text{年}) = 0.9990010$$

となる。

1.5 年目のディスカウント・ファクター $DF_{1.5}$ は，1.5 年の円金利スワップ・レートが 0.2％であり，その金利スワップの現在価値がゼロとなる（市場金利で締結する取引は，締結の時点で損益は発生しない）ことを利用して，逆算によって求める。つまり，1.5 年の金利スワップの現在価値は，

$$0.2\% \times 1\text{年} \times DF_1 + (0.2\% \times 0.5\text{年} + 1) \times DF_{1.5} - 1 = 0$$

となるので，1.5 年目のディスカウント・ファクター $DF_{1.5}$ は，

図表 7-2　ディスカウント・ファクターの算出

	固定金利	変動金利	合計	DF		現在価値
0.0年		−100%	−100.00%	1.0000000	$DF_0 = 1$	−1.0000000
0.5年				0.9997501	$DF_{0.5} = 1/(1+0.05\%/2)$	0.0000000
1.0年	0.20%		0.20%	0.9990010	$DF_1 = 1/(1+0.10\%)$	0.0019980
1.5年	0.10%	100%	100.10%	**0.9970050**	$DF_{1.5}$	0.9980020

現在価値合計が 0 となるような　　　　　　　現在価値合計　　　　0
$DF_{1.5}$ を計算する

$$DF_{1.5} = (1 - 0.2\% \times 1 年 \times DF_1) \div (0.2\% \times 0.5 年 + 1)$$
$$= 0.9970050$$

と計算できるのである。

　図表 7-2 は，これをまとめたものであるが，この例は簡易計算であり，実際の作業では各利払日の正確な日付を使い，金利およびディスカウント・ファクターにも日数計算を反映させる。また，スワップ・レートは，中長期については半年刻みではなく 1 年刻みで提示されているため，市場情報のない 0.5 年単位の金利を推定する必要がある。これは，イールドカーブの精緻化の作業であり，最も単純な方法は，前後の金利を直線補完する方法(例：2.5 年金利＝2 年と 3 年金利の単純平均をとる方法) であるが，より実情に合わせるために，補完を三次関数としたり，補完の対象をスワップ金利ではなくディスカウント・ファクターとする方法などが実務では採用されている。

(2)　金利スワップ取引の損益

　以上を利用して，金利スワップ取引の損益を計算してみよう。

●金利スワップ取引の損益の計算

〔設問〕
　2 年の円金利スワップ・レートが 2 ％（年 1 回，後払い）のとき，想定元本 100 億円，期間 2 年の固定金利支払い・変動金利受取りの円金利スワップを約定した。約定時と 6 ヵ月後の円金利ス

第 7 章

スワップ取引の価格計算

ワップの金利がそれぞれ下表の水準であった場合，6ヵ月後に反
対取引を行ってこの金利スワップを終了させると，当該取引の損
益は合計でいくらになるか。なお，半年は 0.5 年として計算する
こととし，円金利スワップの金利は年 1 回払いで，1 年以下のスワ
ップは満期に，1.5 年のスワップは 1 年後と満期に行うものとす
る。また，約定時から 6ヵ月間の変動金利（後決め）は 0.4％で
あったとする。

	約定時	6ヵ月後
円金利スワップ（6ヵ月）レート	0.5％	0.6％
円金利スワップ（1 年）レート	1.0％	1.2％
円金利スワップ（1.5 年）レート	1.5％	1.8％
円金利スワップ（2 年）レート	2.0％	2.4％

〔解答〕

　スワップ取引の損益は，①金利の受払いによる損益と②反対取
引による損益を合計したものである。

①金利の受払いによる損益

　設問の円金利スワップは年 1 回払いなので，6ヵ月間に金利の
受払いはなく，損益はゼロである。

②反対取引による損益

　6ヵ月後になると，設問の円金利スワップは，残存期間 1.5 年に
なり，その 6ヵ月後と 1.5 年後に 1 年分の固定金利（2.0％）支払
い・変動金利受取りを行うことになる。これに対して，反対売買
の円金利スワップは，その 1 年後に 1 年分の固定金利（1.8％）受
取り・変動金利支払いを行い，1.5 年後に半年分の固定金利（1.8
％）受取り・変動金利支払いを行うことになる。

　したがって，変動金利は，約定時から反対売買時までの金利を
受取ることになり，受取額は

　　100 億円×0.4％×0.5 年＝2,000 万円

である。固定金利は，反対売買時から 1.5 年後に

　　100 億円×（1.8％×0.5 年－2.0％×1 年）

　　＝－1 億 1,000 万円

の受取り，1 年後に

　　100 億円×1.8％×1 年＝1 億 8,000 万円

の受取り，6ヵ月後に

　　100億円×（−2％）×1年＝−2億円

の受取りとなり，合わせて−1億3,000万円の受取り（1億3,000万円の支払い）となる。

　ディスカウント・ファクター（DF）を考慮しなければ，反対売買による利益は

　　2,000万円−1億3,000万円＝−1億1,000万円

より，1億1,000万円の損失であることがわかる。

　反対売買時のディスカウント・ファクター（DF）を計算すると，6ヵ月と1年はスワップ金利0.6％と1.2％から

$$DF_{0.5}=1\div(1+0.6\%\times0.5年)=0.997009$$
$$DF_1=1\div(1+1.2\%\times1年)=0.988142$$

となり，1.5年はスワップ金利が1.8％なので，

$$1.8\%\times1年\times DF_1+(1.8\%\times0.5年+1)\times DF_{1.5}-1=0$$
$$DF_{1.5}=(1-1.8\%\times1年\times DF_1)\div(1.8\%\times0.5年+1)$$
$$=0.973452$$

である。よって，反対売買の利益は，

　　2,000万円−1億1,000万円×$DF_{1.5}$＋1億8,000万円×DF_1

　　−2億円×$DF_{0.5}$＝−108,615,942円

である。金利の受払いによる損益はないので，取引全体でも108,615,942円の損失である。

(3) フォワード・スタートの金利スワップ

　同様の考え方を使って，フォワード・スタートの金利スワップのキャッシュ・フローの現在価値を計算してみよう。

● フォワード・スタートの金利スワップのキャッシュ・フローの現在価値

〔設問〕

　変動金利と固定金利を交換する金利スワップ（年1回払い）をもとにしたディスカウント・ファクターが，1年0.99，2年0.98，3年0.96であったとき，想定元本100億円，1年後スタートで期間2年の金利スワップの，変動金利側のキャッシュ・フローの現在価値（絶対値）はいくらか。

〔解答〕

2年後の変動金利をV_2とすると，2年のディスカウント・ファクター（DF_2）は，

$$DF_2 = 1 \div (1 + V_2) \times DF_1$$

なので，V_2は

$$V_2 = DF_1 \div DF_2 - 1 = 0.99 \div 0.98 - 1 = 1.0204\% \qquad \text{ⓐ}$$

であり，同様にして，3年後の変動金利V_3は

$$V_3 = DF_2 \div DF_3 - 1 = 0.98 \div 0.96 - 1 = 2.0833\% \qquad \text{ⓑ}$$

である。したがって，変動金利側のキャッシュ・フローの現在価値（絶対値）は，

$$100\,\text{億円} \times (V_2 \times DF_2 + V_3 \times DF_3) = 3\,\text{億円}$$

より，3億円である。

なお，上記ⓐ，ⓑの式を利用すると，

$$100\,\text{億円} \times (V_2 \times DF_2 + V_3 \times DF_3)$$
$$= 100\,\text{億円} \times \{(DF_1 \div DF_2 - 1) \times DF_2 + (DF_2 \div DF_3 - 1) \times DF_3\}$$
$$= 100\,\text{億円} \times \{(DF_1 - DF_2) + (DF_2 - DF_3)\}$$
$$= 100\,\text{億円} \times (DF_1 - DF_3)$$
$$= 100\,\text{億円} \times (0.99 - 0.96) = 3\,\text{億円}$$

となるので，実は変動金利を計算しなくても，3億円が算出できるのである。

3 先物金利の計算

〈学習上のポイント〉

先日付スタートの先物金利は，アービトラージ・フリーの考え方により，2つの直物金利を用いて算出できることを理解しよう。

過去問題
2023年
問37
2022年
問37
2021年
問37
2020年
問37

市場で提示されている3ヵ月物，5年物という金利は，現時点からスタートするそれぞれの期間に適用される金利である。これらの金利から，3ヵ月後に始まる6ヵ月間の金利，というような先日付スタートの先物金利（フォワード・レート）を計算してみよう（図表7-3）。

●先物金利の計算

〔設問〕

3ヵ月のターム物金利が0.05％，9ヵ月のターム物金利が0.08％のとき，3ヵ月先日付スタートの6ヵ月のターム物金利はいくらか。3ヵ月，6ヵ月，9ヵ月はそれぞれ0.25年，0.5年，0.75年として計算するものとする。

〔解答〕

仮に元本を1億円とした場合，①1億円を9ヵ月間0.08％で運用した結果と，②1億円を3ヵ月間0.05％で運用し，3ヵ月後の元利合計をさらに6ヵ月間x％で運用した結果は，アービトラージ・フリー（無裁定）の状態であれば，同じになるはずである。すなわち，

1億円×（1＋0.08％×0.75年）＝1億円×（1＋0.05％×

　　　0.25年)×（1+x％×0.5年)
となるので，これを解いて，
　　x％＝{(1+0.08％×0.75年)÷(1+0.05％×0.25年)
　　　　−1}÷0.5年＝0.095％
より，0.095％である。

図表7-3　先物（フォワード）金利の計算

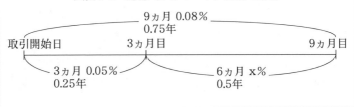

金利オプション

Derivatives

Derivatives

Derivatives

スワップション（Swaption）

〈学習上のポイント〉

　スワップションは，金利スワップを原資産とするオプションである。スワップションの買い手は，権利を行使すると，固定金利の受取り（または支払い）をする金利スワップを締結できる。スワップションは，金利リスクのヘッジのほか，コーラブル債の組成などに利用されており，その基本的な仕組みをしっかり理解しておこう。

　　1　スワップションの 基本形　

(1)　スワップションとは

過去問題
2023年
問30
2022年
問30
2021年
問30
2020年
問30

　スワップション (Swaption) は，金利スワップを原資産とするオプションで，「予め定められた条件の金利スワップを取引できる権利」をいう。オプションといえば，通常は売買取引を行う権利のコール（買う権利），プット（売る権利）を考えるが，スワップションでは金利スワップにおける固定金利を「受け取る」権利または「支払う」権利をいうのである。

　金利スワップの固定金利を受け取る取引ができる権利を**レシーバーズ** (Receivers)，固定金利を支払う取引ができる権利を**ペイヤーズ** (Payers) と呼ぶ。原資産であるスワップの固定金利が**行使レート**（ストライク・レート）となる。

　レシーバーズとペイヤーズは，オプション行使の結果発生する取引を買い手の立場から見た表現である。レシーバーズ（固定金利の

図表 8-1　レシーバーズ・スワップションとペイヤーズ・スワップション

	レシーバーズ	ペイヤーズ
買い手	固定金利を受け取る権利	固定金利を支払う権利
売り手	固定金利を支払う義務	固定金利を受け取る義務
行使 （イン・ザ・マネー）	行使レート＞市場金利	行使レート＜市場金利

受取り）は，オプションの買い手が固定金利を受け取るスワップを取引する権利であるが，売り手から見れば，このスワップは固定金利の支払いである。レシーバーズの買い手は，行使日の市場金利が行使レートより低い場合，このスワップションを行使して，高い行使レートで固定金利を受け取るスワップ取引をする。逆に，ペイヤーズの買い手は，行使日の市場金利が行使レートより高い場合に，スワップションを行使して，低い行使レートで固定金利を支払うスワップ取引をするのである（図表 8-1）。

　第 5 章第 3 節で若干触れたように，金利動向に着目したトレーディングにおいては，「国債の買い＝金利スワップの固定金利受取り」，「国債の売り＝金利スワップの固定金利支払い」という関係がある。この関係をオプションに置き換えると，「国債のコール・オプションの買い＝レシーバーズ・スワップションの買い」，「国債のプット・オプションの買い＝ペイヤーズ・スワップションの買い」ということになる。国債オプションとスワップションの違いは，行使価格が価格で示されるか金利で示されるかという点であり，国債価格の上昇は金利の低下，国債価格の下落は金利の上昇を意味するので，国債価格と金利は逆の関係にある。したがって，オプションの行使という観点で見ると，

　① 「国債のコールの行使は，行使価格＜市場価格のとき」
　　＝「レシーバーズの行使は，行使レート＞市場金利のとき」

②　「国債のプットの行使は，行使価格＞市場価格のとき」

　　＝「ペイヤーズの行使は，行使レート＜市場金利のとき」

という関係になるわけである。

(2)　権利行使の決済方法

　国債オプションでは，権利行使をすると国債の売買取引が行われるが，スワップションの場合は，スワップ取引が行われるか，または当該スワップの時価の現金決済がなされる。すなわち，スワップションの権利行使の決済方法には，スワップ取引を実際に行う**スワップ・セトルメント**方式と，当該スワップの行使時点での時価を現金決済する**キャッシュ・セトルメント**方式の2種類があるのである。まず，スワップ・セトルメントの取引例を見てみよう。

　●ペイヤーズ・スワップション（スワップ・セトルメント）の取引例

オプションの買い手：	事業法人A
オプションの売り手：	銀行B
タイプ：	ペイヤーズ　ヨーロピアン
決済：	スワップ・セトルメント
想定元本：	10億円
契約締結日：	xxx1年8月22日
権利行使日：	xxx2年2月22日（契約締結日より6ヵ月後）
プレミアム：	2,600,000円
プレミアム支払日：	xxx1年8月24日（契約締結日の2営業日後）
権利行使の場合に締結されるスワップ取引：	
固定金利支払い	事業法人A
変動金利支払い	銀行B
固定金利	0.45％（年2回払い，実日数／365日）
変動金利	円6カ月ターム物金利（実日数／365日）
開始日	xxx2年2月24日
終了日	xxx7年2月24日（期間5年のスワップ）

※現状の5年スワップ金利は0.325％，6ヵ月後5年間のフォワード・スワップ

図表 8-2　スワップション取引の流れ

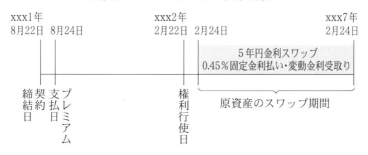

金利を 0.45％とする。

　上記のスワップションは，オプション期間（契約締結日から権利行使日までの期間）が 6 ヵ月，原資産のスワップ期間は 5 年間の取引である[1]。このスワップションの行使レートは 0.45％であり，行使日である 6 ヵ月後に，市場の 5 年物円金利スワップレートが行使レート 0.45％より高ければ，オプションの買い手である事業法人 A はこのスワップションを行使する。行使の結果，事業法人 A は 5 年間固定金利 0.45％を支払う金利スワップ取引を銀行 B との間で行うことになる（図表 8-2）。

　キャッシュ・セトルメントは，実際にスワップ取引を行わずに，行使レートを固定金利とするスワップの行使日における時価相当額を売り手が買い手に支払う方式である。前記スワップション（オプション期間 6 ヵ月，5 年物スワップ対象，ペイヤーズ，行使レート0.45％）の場合，行使日における 5 年物スワップレートが 0.80％であったとすると，5 年スワップで固定金利 0.45％（行使レート相当金利）を払うというスワップの時価は，概算で 17,121,080 円となる[2]

第 8 章

金利オプション

---

[1] これを「6 ヵ月×（かける）5 年」,「6 months into 5 years」などと呼んだりする。

ので，オプションの買い手がスワップションを行使すれば，この金額を受け取ることになる。

(3) スワップションの利用法

ペイヤーズ・スワップションの買いは，将来の金利上昇リスクをヘッジする取引として使うことができる。事業法人Ａが6ヵ月後に固定金利ベースでの借入れを行う予定になっているが，今後6ヵ月の間に金利上昇が見込まれるというような場合には，ペイヤーズ・スワップションを買えばよい。逆に，レシーバーズ・スワップション買いは，将来の金利低下リスクのヘッジ取引に利用できる。

スワップションは，金利のボラティリティ（変動度合い）をトレーディングするディーラーの取引手段として使われたり，債券やローンに組み込むことで，投資家にオプション・プレミアムを利用した高い利回りを提供する仕組みの一部として取引されることも多い（コーラブル債）。

2 コーラブル債（早期償還条項付債券）

スワップションを利用した仕組債として，固定利付の**コーラブル債**（早期償還条項付固定利付債：Callable）がある。早期償還条項は，固定利付債のみではなく，変動利付債や外貨建てクーポンの債券（リバース・デュアル債）にも組み込まれることがあるが，いずれも早期償還というリスクと引換えにクーポンは高くなっている。

固定利付債に早期償還条項を付けるコーラブル債では，スワップ

---

[2] 実際には，金利支払日に合わせて日数計算をした時価算出となるが，概算では以下のとおりとなる。

10億円×{(0.80％−0.45％)/2×$DF_{0.5}$+(0.80％−0.45％)/2×DF_1+
…+ (0.80％−0.45％)/2×DF_5}＝17,121,080円

DF はディスカウント・ファクター（現在価値割引率）を意味する。
$DF_n=1/(1+0.80\%\div2)^{2n}$

ションが使われている。第6章で解説したように，債券発行体の資金調達ニーズと，投資家の選好するリスク・リターンにミスマッチがある場合には，これをつなぐために債券発行体がデリバティブ取引を行う。コーラブル債も，スワップとスワップションというデリバティブ取引によって可能になるスキームである。

　発行体の資金ニーズが円建てで，調達コストが円6ヵ月ターム物金利である場合に，円建固定利付債を発行するために必要なデリバティブ取引は以下のとおりである。

●円建固定利付債の発行

```
発行債券
　発行体：　　　　　事業法人A
　クーポン：　　　　0.36％（年2回払い，実日数/365日）
　発行価格：　　　　100円
　発行額：　　　　　10億円
　期間：　　　　　　5年
金利スワップ
　固定金利支払い：　銀行B
　固定金利：　　　　円固定金利0.36％（年2回，実日数/365
　　　　　　　　　　日ベース）
　変動金利支払い：　事業法人A
　変動金利：　　　　円6ヵ月ターム物金利
　　　　　　　　　　（年2回，実日数/365日ベース）
　想定元本：　　　　10億円
　期間：　　　　　　5年
```

　事業法人Aは，円建ての固定利付債を発行し，固定金利クーポンを投資家に支払う。クーポンと同額の固定金利を金利スワップで受け取り，円6ヵ月ターム物金利を支払うため，経済効果としては円6ヵ月ターム物金利ちょうどの調達コストで円資金を得たことになる（図表8-3）。

　この債券発行スキームに早期償還条項を組み込むためには，締結

図表 8-3　債券発行と金利スワップ

図表 8-4　キャンセラブル・スワップの組成

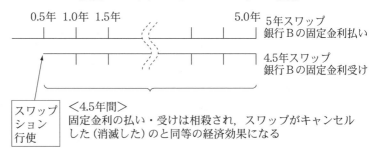

する金利スワップに早期償還条件を付ければよい。これは，**キャンセラブル・スワップ**と呼ばれるスワップ取引で，スワップとスワップションの組合せで作ることができる（図表 8-4）。

●**キャンセラブル・スワップの条件**

固定金利支払い：	銀行 B
固定金利：	円固定金利 0.36 ％（年 2 回，実日数/365 日ベース）
変動金利支払い：	事業法人 A
変動金利：	円 6 ヵ月ターム物金利

	（年2回，実日数/365日ベース）
想定元本：	10億円
期間：	5年
早期償還条項：	開始日より6ヵ月目に，銀行Bはこのスワップを早期終了させる権利をもつ

　銀行Bが固定金利を支払い，6ヵ月目にスワップを早期終了させる権利をもつ最終満期5年のキャンセラブル・スワップは，5年の金利スワップ（銀行Bの固定金利0.36％払い）に，銀行Bのレシーバーズ・スワップション（オプション期間6ヵ月，行使レートは金利スワップと同じ0.36％，スワップ期間4.5年)の買いを組み合わせたものである[3]。

　6ヵ月目に，市場金利が0.36％より低ければ，オプションの買い手である銀行Bはレシーバーズ・スワップションを行使し，期間4.5年，固定金利0.36％受取りの金利スワップ取引を締結する。この新しいスワップは，既存の5年スワップの残存部分とちょうど反対取引となるため，4.5年分につきスワップがキャンセルされたのと同じ経済効果になるのである。

　コーラブル債の組成では，通常の金利スワップの代わりにキャンセラブル・スワップを使う。

●固定利付のコーラブル債の組成

発行債券	
発行体：	事業法人A
クーポン：	0.36％（年2回払い，実日数/365日）
発行価格：	100円
発行額：	10億円
期間：	5年

---

[3] 銀行Bの6ヵ月間固定金利払いの金利スワップと，6ヵ月×4.5年のペイヤーズ・スワップションの買い，という組合せでも同じ経済効果となる。

早期償還：	発行日より6ヵ月目に，発行体は額面の100%にて本債券を早期償還する権利をもつ（10営業日前通知）

キャンセラブル・スワップ

固定金利支払い：	銀行B
固定金利：	円固定金利0.36％ （年2回，実日数/365日ベース）
変動金利支払い：	事業法人A
変動金利：	円6ヵ月ターム物金利 （年2回，実日数/365日ベース）
想定元本：	10億円
期間：	5年
早期償還条項：	開始日より6ヵ月目に，銀行Bはこのスワップを早期終了させる権利をもつ（15営業日前通知）

　早期償還日である6ヵ月目が近づくと，まずキャンセラブル・スワップについて銀行Bが早期終了か否かの判断をする。オプションの行使日は，6ヵ月前の15営業日前（この日数はスキームによって異なるが，債券早期償還通知日より早く到来することが事務手続上望ましい）で，該当期間の市場スワップ金利が行使レート（0.36％）より低ければ，キャンセル権が行使される。スワップがキャンセルされると，発行体は原則として債券を早期償還する[4]。

　コーラブル債は，行使時点での市場金利が低い場合（レシーバーズ・スワップションの行使レートより市場金利が低い場合）に早期償還となるため，投資家は低金利状況での再投資リスクを負うこと

---

[4] 例外的に，発行体の信用リスクが増大し(格下げなど)，この債券を早期償還してしまうと新たな資金調達が不可能であったり,調達コストが高くつくというような場合には,スワップがキャンセルされても債券を早期償還しないケースもある。その場合,発行体はキャンセルされたスワップの代わりに新しい金利スワップ取引を締結するのが普通である。

になる。その代わりに，オプション・プレミアムの分だけ早期償還のない債券に比べてクーポンが向上するのである[5]。

　なお，投資側に早期償還する権利がある**プッタブル債**（Puttable）も，海外では珍しくない。通常，プッタブル債の投資家は，市場金利が上昇した場合や発行体の信用力が悪化した場合に早期償還を請求することになる。ただし，クーポンは早期償還のない債券と比べて低い。

第8章

金利オプション

---

[5] 厳密には，早期償還条件のない資金調達と早期償還可能性のある資金調達では，発行体の調達コストが異なる（当然，後者のほうが安いコストをめざす）ことが多いため，プレミアム分が全額クーポン向上に反映されることは少ない。オプション・プレミアムと調達コストの差のネット分が利回り向上に貢献する。

② キャップ(Cap)と フロア(Floor)

〈学習上のポイント〉

キャップやフロアは，変動金利を原資産とするオプションである。キャップは変動金利が上昇したときに支払いがなされ，フロアは変動金利の低下で支払いがなされる。これらが金利の上昇・低下のリスクをヘッジする手段となることや，カラー・コリドーと呼ばれる組合せ商品のあることも理解しよう。

1 キャップ取引とフロア取引

過去問題
2023年
問29
2022年
問29
2021年
問29
2020年
問29

キャップ（Cap）取引，**フロア**（Floor）取引とは，変動金利を原資産（参照指標）とするオプション取引である。キャップは，変動金利が行使レート（上限金利）を超えて上昇したときに，オプションの買い手が変動金利と行使レートの差額相当額を受け取ることができる取引であり，フロアは，変動金利が行使レート（下限金利）を下回って下落したときに買い手が差額相当額を受け取ることができる取引である。

キャップやフロア取引では，買い手は権利行使を申告する必要がなく，権利行使日（変動金利設定日）の変動金利と行使レートの関係によって自動的に決済の有無が決まり，売り手から買い手に差額相当額が支払われる。また，権利行使の決済は，原資産の変動金利の取引を実際に行う現物決済方式ではなく，変動金利と行使レートの差額を決済する差金決済方式で行われる。

キャップやフロアの原資産（参照指標）となる変動金利は，3ヵ月や6ヵ月のTIBORやOISレートのようなターム物金利だけでなく，TONA複利のような後決め金利でもよい。中長期のスワップ金利や国債利回り（例：5年CMS，10年CMTなど）を用い，半年ごとの利払日にオプション支払いがなされるスキームや，単一の変動金利ではなく2つの金利の差を原資産（参照指標）とするスキームもある。

デリバティブにおいてキャップやフロアといえば金利オプションであることが多いが，金利以外でも，上限レートや価格が決まっている金融取引条件をキャップ，下限レートや価格が決まっている条件をフロアと呼ぶこともある。本項では，ターム物金利を参照指標としたキャップとフロアおよびそのバリエーションを取り上げる。

キャップは，デリバティブ単体として取引されるほか，キャップ付変動利付債と呼ばれる仕組債に組み込まれ，そのプレミアム分クーポンを高めるという利用法もなされている。

 ## 2 キャップ取引の基本形

(1) キャップ取引の仕組み

キャップ取引の基本形は，各権利行使日（変動金利設定日）に参照指標の変動金利が予め決められた行使レート（上限金利）を上回る場合に，その上回った分が決済日に売り手から買い手に支払われるというものである。

●キャップ取引の例

オプションの買い：	事業法人A
オプションの売り：	銀行B
想定元本：	10億円
行使レート（上限金利）：	1.00％

過去問題
2023年
問29
2022年
問29
2021年
問29
2020年
問29

第8章

金利オプション

契約締結日：	xxx 1 年 8 月 22 日
開始日：	xxx 2 年 2 月 22 日
終了日：	xxx 6 年 8 月 24 日
決済日：	xxx 2 年 8 月 24 日を初回とする半年ごと，2 月 24 日と 8 月 24 日
参照変動金利：	円 6 ヵ月ターム物金利
プレミアム：	5,600,000 円
プレミアム支払日：	xxx 1 年 8 月 24 日[6]

　このキャップ取引は，xxx 1 年の 8 月に契約を締結し，xxx 6 年 8 月に終了となる 5 年物のキャップである。6 ヵ月ごとに権利行使日（変動金利設定日）があって，その日に設定された次の 6 ヵ月の計算期間に適用される変動金利が行使レートを上回っていた場合，6 ヵ月後の決済日（計算期間の終了日）に差額の支払いがなされるというものである。

　キャップは，取引日から各権利行使日（変動金利設定日）までを期間とする期間の異なったオプションの集合体と考えることができる。この 1 つひとつのオプションを**キャップレット**（Caplet）と呼んでいる。この例のキャップは，期間 6 ヵ月から 4 年半までの 9 本のキャップレットで構成されていることになる（図表 8-5）。

　キャップの決済日は借入れ等の利払日に合わせて設定するのが普通であり，借入れ等の金利を決定するために設定される変動金利が，そのままキャップレットの権利行使を判定する清算指標となる。なお，計算期間ごとに変動金利を設定し直すことを**リセット**（Reset）と呼んでいる。

　権利行使日（変動金利設定日）に参照変動金利が行使レートである 1.00 ％より低く設定されれば，キャップの売り手から買い手への支払いはなく，1.00 ％より高く設定されれば，変動金利が実日数／

---

[6] 延払いで，各利払日に年利（％）という形で支払うスキームもある。

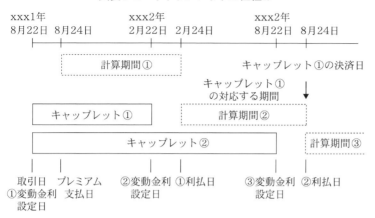

図表 8-5　キャップレットの仕組み

365 日ベースであれば，次の金額が決済日（計算期間の終了日）にキャップの売り手から買い手に支払われる。

キャップ支払額＝10 億円（想定元本）×（変動金利－行使レート）×計算期間の日数÷365 日

変動金利が 1.20 ％に設定され，計算期間の日数が 182 日間である場合には，支払金額は 997,260 円となる。

10 億円×（1.20 ％－1.00 ％）×182 日÷365 日＝997,260 円

キャップ取引全体を見ると，5 年物のキャップといいながら，キャップが適用となる計算期間は取引日（xxx 1 年 8 月）の約半年後（xxx 2 年 2 月）からとなっている。これは，取引日直後の計算期間については，すでに適用となる変動金利が設定されているからである。したがって，ターム物金利を参照指標とする 5 年物のキャップといえば，通常は半年後から始まる計算期間に適用される実質的に 4 年半のキャップを意味する。

キャップのプレミアムは，通常のオプションと同様，取引日の 2 営業日後に買い手から売り手に支払われる。キャップ取引の流れは図表 8-6 のようになる。

第8章

金利オプション

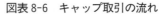

図表 8-6 キャップ取引の流れ

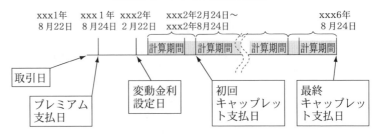

図表 8-7 変動金利借入れをキャップでヘッジする取引

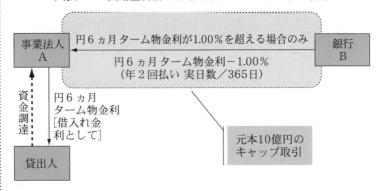

(2) キャップ取引の利用法

　キャップ取引に取り組む動機は，買い手の立場からは金利上昇リスクのヘッジである（図表 8-7）。変動金利ベースで借入れを行っており，今後金利が上昇するかもしれないと考える場合には，スワップで固定金利を払うか，ペイヤーズ・スワップションを買うか，キャップを買うかのいずれでもヘッジができる。それぞれの取引は一長一短あり，たとえば，スワップ取引はスワップションやキャップのようにプレミアムの支払いが発生しない代わりに，金利が予想に反して低下した場合でも，決められた固定金利を支払わなくてはならない。スワップションも，通常の場合，一度権利行使または放棄をしたら，後はスワップ取引と同じ扱いである。これに対してキャ

ップは，変動金利が設定されるつど，権利行使・放棄が決まるので，期間中に金利が低下したときのメリットも享受可能である。ただし，同じ行使レートであれば，スワップションよりキャップのほうがプレミアムが高くなる[7]ことが多い。

　図表 8-7 の例の場合，参照変動金利が 1.00％を超えると，事業法人 A は，キャップ取引から「変動金利－1.00％」を受け取ることができ，これと資金調達で支払う変動金利を相殺すると 1.00％の支払いが残る。つまり，変動金利がどんなに上昇しても事業法人 A の借入れコストは 1.00％が上限となるのである（ただし，ここではプレミアムのコストを考慮していない）。

 ## 3　キャップ取引の損益図

　キャップは，キャップレットの集合体である。1つひとつのキャップレットは単独のオプションで，それぞれにつき損益図を描くことができる。行使レート 1.00％のキャップレット（図表 8-8）は，変動金利が 1.00％に達するまで支払いがなく，1.00％を超えると買い手の受取りが発生するオプションである。したがって，キャップレットは，変動金利を原資産とするコール・オプションで，権利行使（買い手の申告は不要）の決済は変動金利と行使レートの差金決済で行われるタイプである，といえる。

　キャップレットがコール・オプションであれば，キャップレットの価格は，ブラック・ショールズ・モデルを使って計算できる。そ

過去問題
2023年
問29
2022年
問29
2021年
問29
2020年
問29

第8章

金利オプション

---

[7] 通常，中長期金利ボラティリティ（スワップション・ボラティリティ）は短期金利のボラティリティ（キャップ・ボラティリティ）より低く，また，順イールドカーブ下では，キャップの原資産である先物変動金利は大きく先高になるため，キャップ価格のほうが高くなることが多いが，理論的に必ずキャップ価格が高くなるというわけではない。

図表 8-8　キャップレットの買い手の受取金利（年率）

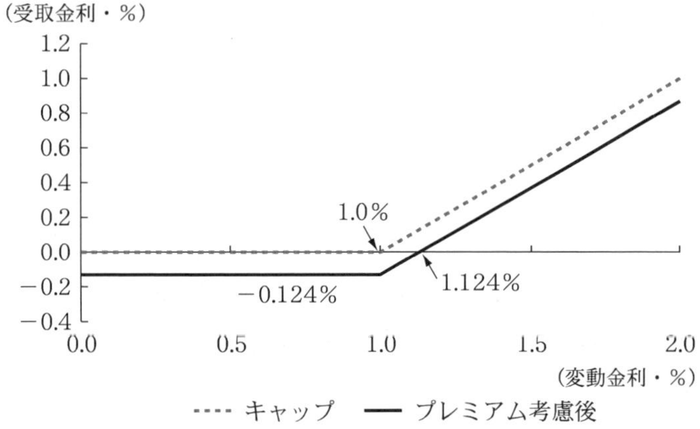

---- キャップ　── プレミアム考慮後

図表 8-9　キャップ価格算出の例

計算開始日	計算終了日	行使レート	先物レート	キャップレット価格
2/24/xxx 2	8/24/xxx 2	1.0%	0.10801 %	0.0000
8/24/xxx 2	2/24/xxx 3	1.0%	0.10955 %	0.0002
2/24/xxx 3	8/24/xxx 3	1.0%	0.11974 %	0.0015
8/24/xxx 3	2/24/xxx 4	1.0%	0.24131 %	0.0169
2/24/xxx 4	8/24/xxx 4	1.0%	0.29541 %	0.0341
8/24/xxx 4	2/24/xxx 5	1.0%	0.39588 %	0.0681
2/24/xxx 5	8/24/xxx 5	1.0%	0.46253 %	0.0980
8/24/xxx 5	2/24/xxx 6	1.0%	0.58953 %	0.1522
2/24/xxx 6	8/24/xxx 6	1.0%	0.66845 %	0.1907
合計キャップ取引価値（四捨五入）				0.56

※各キャップレットの合計額を，通常 bp 単位で四捨五入してキャップ価格とする。

して各キャップレットの価格を合計したものがキャップの価格となる。キャップ期間を通じて行使レートが均一な場合には，各キャップレットの行使レートは同一になるが，オプション期間（取引日から各変動金利設定日までの期間），原資産の市場価格(変動金利の先物レート)，期間対応のボラティリティなどは異なるため，各キャッ

プレットの価格は異なる（図表8-9）。

● キャップレットの価格計算式

$$Call = \{F \times N(d1) - K \times N(d2)\} \times (days/365)\, e^{-rt*}$$

$$d1 = \frac{\ln(F/K) + \dfrac{1}{2}\sigma^2 t}{\sigma\sqrt{t}}$$

$$d2 = d1 - \sigma\sqrt{t}$$

F：先物レート	：期間対応の先物変動金利レート
K：行使レート	：1.00%
r：オプション期間分の金利	：決済日までの円金利
	（ゼロクーポン連続複利計算ベース）
t：オプション期間（年数）	：変動金利設定日までを年数表示
t*：オプション決済までの期間	：決済日までの年数
days/365	：決済日までの日数÷365日
σ：ボラティリティ（年率）	：期間対応ボラティリティ

 ## 4　フロア取引の計算例

　フロアは，キャップとは逆に参照指標の変動金利が行使レート（下限金利）を下回った場合に，その下回った分だけ売り手から買い手に支払いがなされるものである。キャップが参照指標のコール・オプションであるのに対し，フロアはプット・オプションである。キャップ同様に期間の異なるオプション（**フロアレット**；Floorlet）の集合体である。

● フロア取引の例

オプションの買い手：	事業法人C
オプションの売り手：	銀行B
想定元本：	10億円
行使レート（下限金利）：	0.10%
契約締結日：	xxx1年8月22日

第8章

金利オプション

終了日：　　　　　　　xxx 6 年 8 月 24 日

決済日：　　　　　　　xxx 2 年 8 月 24 日を初回とする半年
　　　　　　　　　　　ごと，2 月 24 日と 8 月 24 日

参照変動金利：　　　　円 6 ヵ月ターム物金利

プレミアム：　　　　　1,300,000 円

プレミアム支払日：　　xxx 1 年 8 月 24 日

　xxx 2 年 2 月 24 日から xxx 2 年 8 月 24 日までの計算期間（181
日間）に対応する参照変動金利が 0.05 ％と設定された場合には，変
動金利が実日数／365 日ベースであれば，以下の金額が売り手から
買い手に支払われる。

　　フロア支払額 ＝ 10 億円（想定元本）×（行使レート－変動金利）

　　　　　　　　　　　×フロアレット日数÷365 日

　　　　　　　　＝ 10 億×（0.10 ％－0.05 ％）×181 日÷365 日

　　　　　　　　＝ 247,945 円

　買い手から見た各フロアレットの損益図は，参照変動金利が行使
レートを下回る場合に利益が発生するプット・オプションの買いの
グラフになる（図表 8-10）。

図表 8-10　フロアレットの買い手の受取金利（年率）

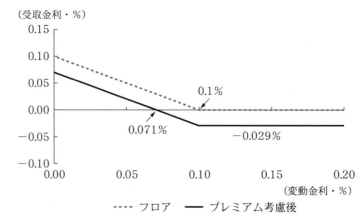

フロアは，金利低下リスクをヘッジする手段であり，運用資産が変動金利であるときにこれを購入して，運用資産利回りの低下をヘッジするという利用法もある[8]。また，フロアは，キャップと組み合わせて取引されることも多い。

5 キャップ・フロアの組合せ取引（カラー）

オプションの組合せ取引は，ヘッジのためにオプションを購入するニーズのある者がプレミアム削減のために行うか，トレーダーなどが効率的にボラティリティを取引するのに使われることが多い。キャップ・フロアの組合せ取引のなかにも，支払プレミアムの削減のためのスキームがある。

過去問題
2023年
問29
2022年
問29
2021年
問29
2020年
問29

金利上昇リスクヘッジのためにキャップを購入する場合に，このプレミアムコストを削減するためにフロアの売りを組み合わせる「キャップ買い＋フロア売り」，または「キャップ売り＋フロア買い」はカラー (Collar) と呼ばれる組合せである。組み合わせるキャップとフロアは，同期間・同額元本が原則で，行使レートはキャップのほうがフロアより高い。カラー取引は，買い手（キャップ買い＋フロア売り）から見ると，参照変動金利がキャップの行使レート（上限金利）を超えて上昇した場合には受取り，参照変動金利がフロアの行使レート（下限金利）を下回るレベルまで下落した場合には支払いが発生する。

買い手の立場から見たカラー取引の損益は，キャップの買いとフロアの売りを合算したものになり，参照変動金利がキャップの行使レートを超えて上昇したときには受取りが発生するが，フロアの行

---

[8] 金利水準がある程度高く，金利低下がリスクである場合に有効な手法であるが，近年のような超低金利状況ではあまりこの利用法は見られない。

図表 8-11　カラーの買い手の受取金利（年率）

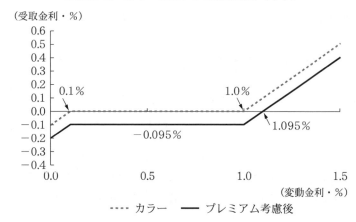

（受取金利・%）

〔凡例〕
┄┄ カラー　━━ プレミアム考慮後

● カラー取引の例

カラーの買い： （キャップ買い・フロア売り）	事業法人 A
カラーの売り： （キャップ売り・フロア買い）	銀行 B
想定元本：	10 億円
キャップの行使レート（上限金利）：	1.0 %
フロアの行使レート（下限金利）：	0.10 %
契約締結日：	xxx 1 年 8 月 22 日
終了日：	xxx 6 年 8 月 24 日
決済日：	xxx 2 年 8 月 24 日を 初回とする半年ごとの 2 月 24 日と 8 月 24 日
参照変動金利：	円 6 ヵ月ターム物金利
プレミアム：	4,300,000 円 （キャップとフロアのプレ ミアムの差に相当）
プレミアム支払日：	xxx 1 年 8 月 24 日

図表8-12　カラー取引を変動金利借入れヘッジに使うスキーム

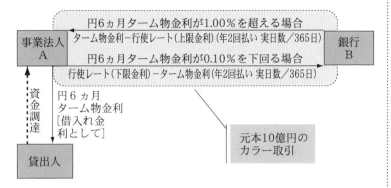

図表 8-13　カラーの買いによる変動金利借入れのヘッジ

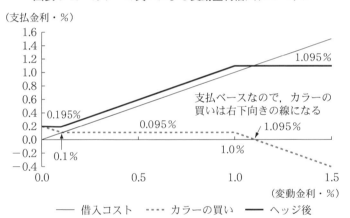

使レートを下回って下落したときには支払いとなる（図表8-11）。つまり，この取引は，変動金利上昇のリスクをヘッジしたいが，変動金利が0.10％以下に設定される可能性は少ないと見て，低い変動金利で支払いが発生するフロアを売却し，その分のプレミアムを稼ぐという仕組みである。

　カラー（Collar）とは，"衿"を意味するが，原資産取引と組み合わせた場合に，上限と下限を，衿元を止めるように締めることから

この名称が付いたと思われる。変動金利借入れにカラーを組み合わせて，金利上昇リスクをヘッジする場合には，支払金利はキャップの行使レートが上限，フロアの行使レートで下限（フロア・ストライク以下に変動金利が低下した場合でも金利低下のメリットを受けることはできない）となる（図表8-12，図表8-13）。

カラー取引という名称は，金利キャップ・フロアの組合せ以外にも，異なる行使価格のコール・オプションとプット・オプションの組合せに使われることもある。たとえば，株式オプションでカラーとは，現物株式の保有と，高い行使価格（アウト・オブ・ザ・マネー）コールの売り，低い行使価格（アウト・オブ・ザ・マネー）プットの買いを組み合わせて，株式価格下落リスクを限定し，上昇メリットの一部を放棄するスキームを指す（ウィンドーと呼ぶこともある）。カラー取引は，オプションの組合せそのもので利益を得ようとするものではなく，原資産取引（金利カラーでは変動金利借入れ，株式カラーでは株式の保有）と組み合せて，コスト，リスク，メリットの上限・下限を設定する仕組みである。

いろいろなデリバティブ

Derivatives

Derivatives

Derivatives

クレジット・デリバティブ

〈学習上のポイント〉

クレジット・デリバティブは，信用リスクを対象とする比較的新しいデリバティブである。ローンの保証のように，信用リスクをヘッジする側とリスクをとる側が当事者となって行う取引であるが，ここでは基本概念とともに，近年のシステミック・リスクへの対応の動きも確認しておこう。

 ## 1 信用リスクとは

　クレジット・デリバティブは，信用リスクを原資産とするデリバティブである。為替オプションに対する為替スポット取引，国債先物に対する現物国債のような具体的な商品の対応はない。強いて対応する現物を挙げるとすれば，対象となる信用リスクの主体（企業や国）が発行する債券や，借り入れるローンということになるが，必ずしもこれに限られるものではない。

　お金を貸したのに相手が返済してくれないという状態は，最もわかりやすい信用リスクの具現化である。資金貸借に限る必要はなく，デリバティブ取引の支払いや，商品代金の支払い，商品の受渡しなどの決済にかかるリスクも信用リスクである。また，ローンの返済期限が来る前に，債務者が倒産してしまって支払いができない状態になることも，信用リスクが損失となって現れる例である。

　支払不履行や破綻に至ってしまえば，信用リスクが実際の損失に

結び付くわけであるが，そこまでいかなくとも，お金を返してくれ
ない確率がA社よりB社のほうが高い，すなわちB社の信用リスク
がA社より高いという判断の仕方もある。ムーディーズ社やS&P
（スタンダード・アンド・プアーズ）社のような格付会社による格付
や，債権者である銀行が審査によって債務者にランクを付ける内部
格付は，この信用リスクの度合いを記号で表現したものである。

　一般的には，一国の中で最も信用度が高いのは国そのものである。
国が債務者となる借入金の代表格は国債であるが，この国債の金利，
すなわち国の借入コストを無リスク金利（リスク・フリー金利）と
考えると，国債の金利と民間企業の借入金利の差は，債務者となる
民間企業の信用リスクの度合いを反映したものとなるはずである。
A社がB社より信用状況がよく，お金を返してくれる確率が高いと
なれば，当然A社の借入金利はB社の借入金利より低く，無リスク
金利との差は小さいはずである。社債の利回りが，しばしば「同年
限の国債利回り（Treasury Yieldの頭文字をとってTと表記され
ることが多い）＋スプレッド（○％または△bps）」として表記される
のは，無リスク金利に対する信用リスク・スプレッド[1]を意味するも
のである。

　クレジット・デリバティブの代表的な商品であるクレジット・デ
フォルト・スワップは，信用リスクに対応するフィー（年間○％）
を価格として提示する取引である。このフィーの概念は，社債の信
用リスク・スプレッドに近い。

---

[1] スプレッドは，すべて信用リスクのみで説明がつくものではない。流動
　性リスクはスプレッドに大きく寄与する要因であるが，流動性の低い社
　債では一般的に流動性プレミアムという形で超過スプレッドが付く。

過去問題
2023年
問4
2022年
問4
2021年
問4

2　クレジット・デフォルト・スワップ

(1)　クレジット・デフォルト・スワップとは

クレジット・デフォルト・スワップ[2] (Credit Default Swap，以下 CDS という)（図表 9-1）は，クレジット・デリバティブの代表的商品であり，信用リスクをヘッジしたい「プロテクションの買い手」と信用リスクに投資して利益を得たい「プロテクションの売り手」の間で取引される。プロテクションの対象となる企業や国などの主体のことを，**参照組織**（レファレンス・エンティティ）という。

● CDS の取引例

> プロテクション買い手：　　銀行 A（リスク・ヘッジ）
> プロテクション売り手：　　銀行 B（リスク投資）
> フィー：　　　　　　　　　1.0 ％（年2回後払い）
> 期間：　　　　　　　　　　5 年
> 参照組織：　　　　　　　　事業法人 C
> クレジット・イベントが発生した場合には，A は B に参照組織が債務者である引渡可能債務（ローンや債券など）を引き渡し，B は A に想定元本相当金額を支払う。

　プロテクションの買い手は**フィー**（**プレミアム**ともいう。手数料や保証料のようなものであり，契約書上は**固定クーポン**と呼ばれる）をプロテクションの売り手に支払い，参照組織やそのイベント対象債務に**クレジット・イベント**（**信用事由**）が発生した場合には，予め定められた決済方法に従ってプロテクションの売り手から支払いがなされる。スワップ終了日までにクレジット・イベントが発生しなかった場合には，プロテクションの売り手からの支払いはない。

---

[2] デフォルト・スワップ，クレジット・スワップ，デフォルト・オプション，CDS などと呼ばれることもある。

図表 9-1　CDS の仕組み

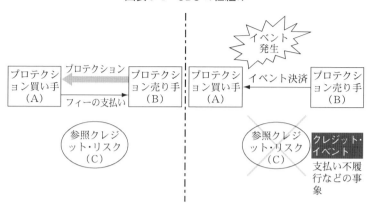

　CDS は，経済効果においては債務保証や金融保険と類似している
が，契約の法的な性質や，法務および会計上の取扱いが異なる[3]。信
用リスクをとるという観点からは，参照組織を発行体とする債券の
購入と同じであるともいえるが，CDS はオフバランス取引であり，
元本資金の移動はない。

　CDS の取引当事者は，あくまでプロテクションの買い手と売り手
の２人であり，参照組織がいずれかの当事者と債権債務その他の取
引関係をもっている必要はない。保証の場合は，原債務が必ず存在
し，保証を受ける側（CDS のプロテクションの買い手に相当）は，
参照組織に対して何らかの債権をもっているが，CDS ではプロテク

---

[3] 保証契約との違い；
　① 　参照組織に対するリコース（弁済を請求する権利など）は，現物決
　　済の終了までは存在せず，CDS 取引を原因とするリコースはない。現
　　金決済では，リコースは発生しない。
　② 　信用事由の際の支払額は，実際の損失額ではなく，客観的に決まる。
　③ 　参照資産と１対１の関係である必要はなく，期間，通貨などのミス
　　マッチも可能である。参照資産を特定しない取引もある。
　④ 　契約書は ISDA スワップ契約雛型を基本とし，スワップとしての
　　契約となる。契約当事者破綻などの処理は，カウンターパーティ間に
　　存在するマスター・アグリーメントに準拠する。

ションの買い手が必ずしも参照組織に貸付をしていたり，参照組織が発行した債券を保有していたりする必要はない。

　CDSの取引条件としては，プロテクションの買い手，プロテクションの売り手，固定クーポン（フィー，プレミアム）の支払条件，想定元本，終了日等のほかに，以下の項目を定める。

　① クレジット・イベント（CE）

　参照組織（企業または国など）に関して，一定の額を超える支払不履行およびデフォルト条項への抵触，破産，会社更生などの企業破綻（国の場合はモラトリアム）を規定する。ほかに，債務者の信用悪化に伴う条件更改（リストラクチャリング）を挙げることも多い。支払不履行と企業破綻をクレジット・イベントとするものを2CE，リストラクチャリングまで含めるものを3CEと呼んでいる。

　参照組織の**イベント対象債務**は別途定める。通常は，具体的に社債の銘柄を特定するようなことはせずに，社債や借入債務といった債務の種類と，通貨や支払優先順位といった債務の性質を指定する。わが国では借入債務を指定することが多いが，この場合には債権やローンのほか，預金や信用状に基づく貸付などもイベント対象債務に含まれる。

　クレジット・イベントの認定は，従来はCDSの各当事者間で個別に行われており，クレジット・イベントに該当すると思われる事由が発生した場合，プロテクションの買い手または売り手が相手にその事実と情報源を通知し，相手方が異を唱えないかぎり，その時点でクレジット・イベントが認定されたことになっていた。しかし，2009年以降は，クレジット・イベントの該当性を市場参加者で構成される決定委員会において議論・決定し，この決定をすべての標準的取引に統一的に適用するという制度が導入され，市場の標準的なCDSやインデックスCDSにおいては，この制度を採用することが一般的になっている。

② クレジット・イベント発生時の決済方法

参照組織やそのイベント対象債務にクレジット・イベントが発生し，それが認定された場合になされる決済方法としては，以下の3つがある。

a．現物決済 (Physical Settlement)

現物決済は，プロテクションの買い手がプロテクションの売り手に引渡可能債務の引渡しを行う代わりに，プロテクションの売り手がプロテクションの買い手に引渡可能債務の額面金額を交付する決済方法である。

引渡可能債務とは，現物決済においてプロテクションの買い手が売り手に引き渡すことになりうる債権（参照組織の債務）のことで，イベント対象債務と同様に，債務の種類と債務の性質を指定する方式をとるのが普通である。たとえば，「債券またはローン，期間30年以内，G7通貨建て，弁済順位はシニア無担保以上」などの条件のみを予め設定しておき，クレジット・イベントが発生したら，これに当てはまる債権をプロテクションの買い手が選定して，売り手に額面分引き渡すわけである。

b．現金決済 (Cash Settlement)

現金決済は，プロテクションの買い手が売り手に債権（参照組織の債務）を引き渡すことをせずに，プロテクションの売り手が買い手に当該債権の額面価格と市場価格の差額を現金で支払う決済方式である。市場価格は，通常の取引では，予め定められた計算代理人などが，参照資産の値付けをする複数のディーラーから市場価格を聴取し，この平均値を取るという算出方法が一般的であるが，クレジット・リンク債などでは債券アレンジャー単独で価格を決めるという条件のものもある。

c．オークション決済 (Auction Settlement)

オークション決済は，主要ディーラーが参加する入札 (Auction)

によってプロテクションの買い手の債権（参照組織の債務）の評価額を決定し，この価格に基づいてプロテクションの売り手が買い手に当該債権の額面価格と市場価格の差額を現金で支払う決済方式であるが，当該債権の引渡しを希望する当事者は，ディーラーを相手に当該債権を評価額で売買することもできるものである。

　プロテクションの売り手が買い手に現金を支払う場合には，評価法の違いを除いて現金決済と同様の結果になるが，プロテクションの売り手が当該債権の引渡しを希望する場合には，主要ディーラーからオークションでの評価価格で当該債権を購入できるので，プロテクションの売り手は，買い手に当該債権の額面価格と市場価格の差額を支払い，ディーラーに当該債権の市場価格を支払って当該債権の引渡しを受けることになり，実質的に現物決済と同様の結果が得られるわけである。

　これまでの市場慣行では現物決済が主流であったが，現物決済には，①決済額が小さい場合やインデックス取引の場合，現物決済の事務の手続が煩雑である，②プロテクションの買い手は必ずしも引渡可能債務の保有者であるとは限らず，現物決済のためにその債務を市場から調達しようとすると，その市場価格が急騰する可能性がある，などの問題点もあり，2009年以降はオークション決済が市場の標準になっている。

(2)　インデックス CDS

　CDS には，単一の企業や国家の信用リスクを取引するシングルネーム CDS のほか，複数の企業や国家の信用リスクを参照するマルチネーム CDS があるが，マルチネーム CDS の大半は**インデックスCDS（クレジット・インデックス取引）**である。

　わが国のクレジット・インデックスとして代表的なものは，S&P Global 社（旧 HIS Markit 社を合併）の iTraxx Japan である。これは，流動性の高い投資適格の日本企業 50 銘柄の CDS スプレッド

を単純平均したもの（ベーシスポイント表示）で，毎年3月20日と9月20日に新シリーズがリリースされ，銘柄の更新が行われる。各シリーズには固定クーポン（フィー，プレミアム）と満期が設定されている（たとえば，シリーズ40なら，固定クーポン1％，期間5年，満期2028年12月20日）ので，インデックス価格（取引時点のスプレッドや固定クーポン，取引日からシリーズ終了までの期間等を考慮して計算される100％を額面とした価格）をもとに，取引が可能である。インデックスCDSはこのようなクレジット・インデックスを対象とした取引で，iTraxx Japanを対象とするインデックス取引は取引量が多く，流動性が高い。クレジット・インデックスの価値は，理論上，インデックスを構成する個別銘柄のCDSの単純平均と等しくなるべきものであるが，市場価格が理論値と乖離することは珍しくない。

　クレジット・インデックス取引は，スワップ取引であるが，インデックス価格をもとに取引するので，債券取引と類似している（プロテクションの売り手が債券の投資家に相当する）。取引は，①取引が成立すると，取引決済日にプロテクションの買い手は売り手に対して，アップフロント（インデックス開始日のインデックス価格（額面100％）－取引時点のインデックス価格）と経過利子の差額を支払う（債券の投資家は債券価格と経過利子を支払い，債券を購入する），②プロテクションの買い手は売り手に対して，固定クーポンを四半期毎に支払う（債券の投資家は，毎期クーポンを受け取る），③反対売買により取引を終結した場合には，取引決済日にプロテクションの買い手は売り手から，反対売買による差額分（インデックス開始日のインデックス価格（額面100％）－取引終了時点のインデックス価格）と経過利子の差額を受け取る（債券の投資家は債券を売却し，債券価格と経過利子を支払う），という流れになる。

　インデックスを構成する銘柄にクレジット・イベントが発生した

図表 9-2　CDS 残高推移（想定元本）

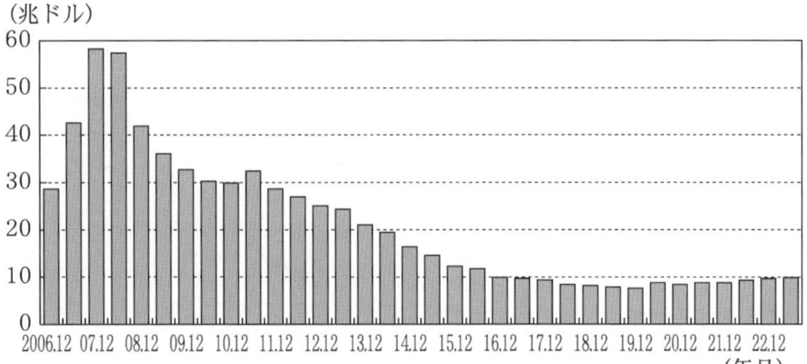

（兆ドル）

```
60
50
40
30
20
10
 0
   2006.12 07.12 08.12 09.12 10.12 11.12 12.12 13.12 14.12 15.12 16.12 17.12 18.12 19.12 20.12 21.12 22.12
```

（出所）BIS　　　　　　　　　　　　　　　　　　　　　　　　　（年月）

場合は，プロテクションの売り手が当該銘柄から発生した損失に相当する分を，買い手に支払うこととなる。その後，インデックス構成銘柄からクレジット・イベントが発生した銘柄が除外され，クレジット・イベント発生銘柄に相当する元本が減額されてインデックスは継続される。

　なお，CDS の世界全体の市場規模は図表 9-2 のとおりである。

3　クレジット・リンク投資商品

　クレジット・デリバティブには，クレジット・デフォルト・スワップ以外にも，トータルリターン・スワップや，クレジット・スプレッド・オプションといったオフバランスの商品がある。**トータル・リターン・スワップ**（TRS）は，契約期間中に参照資産（債券など）が生み出す全損益（クーポンと評価損益など）と市場金利を交換する取引で，プロテクションの買い手は，トータル・リターンを支払うことにより当該債券の信用リスクをヘッジすることができる。**クレジット・スプレッド・オプション**（CSO）は，参照資産と国債などの間の信用リスク・スプレッドを対象としたオプションで，プロ

テクションの買い手は，売り手にプレミアムを支払うことにより，当該スプレッドが所定の水準より拡大した場合に，参照資産を所定の水準で売却，または差額相当金額を受け取ることができるというものである。

これらのクレジット・デリバティブは，クレジット・リンク債やクレジット・リンク・ローン，投資信託という形で投資商品に組み込まれて販売されることも多い。また，最近では，シンセティック（擬似）CDO と呼ばれる商品のように，証券化の分野でもクレジット・デリバティブが使われることも増えてきている。

クレジット・リンク債（Credit Linked Note）には，シングルネームのクレジットを参照するもの，マルチネームのクレジットを参照するもの，証券化案件としてポートフォリオを参照するものなど様々なバリエーションがあり，また，発行体には SPC（特別目的会社）のほか，実体ある銀行なども使われる。クレジット・リンク債は，企業が発行する社債だけでは対応しきれない投資家のニーズに応えるために設計される商品であるが，社債投資家と社債以外のクレジット市場を結ぶツールとしての役割は大きい。従来も，ローンを SPC 発行債券の担保とするリパッケージ債という仕組みを通じて，社債以外の信用リスク商品を債券化するスキームは存在した。また，不動産担保ローンや売掛債権の証券化も，様々な金融債権を証券の形にして投資家に販売する手法である。ここに，クレジット・デリバティブという新たな技術が加味されて，従来以上に多様な商品の設計が可能となったのである。代表的な仕組みをいくつか取り上げよう。

まず，SPC が発行するシングルネームのクレジット参照のリンク債の例である。参照組織は日本の事業法人 X である。SPC は債券発行のために作られた特別目的会社であるため，債券購入者が払い込んだ代金で何か資産を買わなくてはならない。CDS を使うクレジ

第9章

いろいろなデリバティブ

ット・リンク債では，国債等の高格付資産を購入することが多く，これに加えて事業法人 X を参照組織とする CDS 取引を行う。

担保となっている国債のクーポン収入[4]と，CDS 取引で受け取るフィーの合計額から，SPC 組成管理コストを引いたものがクレジット・リンク債のクーポンとなる。参照組織にクレジット・イベントが発生した場合には，CDS でクレジット・イベント決済が起こり，クレジット・リンク債は早期償還となる。ここに挙げた例では，早期償還額は参照組織の債務時価に連動しているが，クレジット・リンク債のなかには，時価を参照することなく予め定めた定額（例：元本の 30%）で償還するという条件の発行もある。

●クレジット・リンク債の例 (1)

発行体：	ABC　Limited（ケイマン諸島設立の SPC）
額面：	10 億円
担保：	日本国債　額面 10 億円および金利リスクをヘッジする金利スワップ
	銀行 Y と締結する参照組織事業法人 X の CDS 取引
参照組織：	日本の事業法人 X
クーポン：	円 6 ヵ月ターム物金利＋0.80%（年 2 回払い，実日数／365 日ベース）
期間：	3 年

X にクレジット・イベントが発生した場合，本クレジット・リンク債は早期償還となる。担保である日本国債を売却し，その売却代金から CDS の支払額（100%－参照法人債務の時価）を差し引いた額を早期償還額として支払う。

参考：X 社発行の 3 年社債利回りはターム物金利＋0.50% 相当

クレジット・リンク債のなかには，マルチネームのクレジットを

---

[4] 正確には，金利スワップで金利リスクヘッジ後の変動金利ベースのクーポン収入である。

参照する仕組みもある。参照銘柄が5銘柄で，発行体がSPCではなく銀行（債券アレンジャーの関連会社）である例を取り上げてみよう（クレジット・リンク債の例(2)）。

　この例のように，発行体に実体がある場合には，SPCとは異なり発行代金で何か担保を買うという手続は必要ない。バスケット債と呼ばれるマルチネーム参照のクレジット・リンク債には，2つの種類がある。**プロラタ**型と**ファースト・トゥ・デフォルト**（First To Default，以下**FTD**という）型で，前者は複数銘柄のうち1つにクレジット・イベントが起きた場合には，債券の一部が償還となり，後者では，1つでもクレジット・イベントが発生すれば債券が全額償還となる。ここでは，後者の例を見てみよう。

●**クレジット・リンク債の例** (2)

発行体：	Y銀行
額面：	10億円
参照法人：	日本の事業法人A，B，C，D，Eの5社
クーポン：	円6ヵ月ターム物金利＋1.80％ （年2回払い，実日数／365日ベース）
期間：	3年

A〜Eのいずれかにクレジット・イベントが発生した場合，本クレジット・リンク債は早期償還となる。償還額は，額面×［クレジット・イベント発生法人の債務の時価］である。

　クレジット・リンク債は，社債発行やローンによる借入れを超えて，広く信用リスクを取り扱うクレジット・デリバティブを投資家の手が届く商品として提供することで，信用リスク市場全体の流動性を高めている。近年，わが国でも銀行のローンポートフォリオの証券化手法としても，クレジット・デリバティブが使われ始めている。ローンや債券などの金融債務を証券化するCDO(Collateralized Debt Obligation；債務担保証券化）で，クレジット・デリバティブを使うスキームを，**シンセティックCDO**と呼ぶ。通常の証券化で

は，原資産保有者(オリジネーター)が保有する債権のプールをSPC(信託)に移転し，これを担保(信託)資産として債券(信託受益権)を発行する。シンセティックCDOでは，債権プールを物理的に移転する代わりに，クレジット・デリバティブを使ってリスクのみを移転するのである。

　クレジット・リンク債は，現物の社債や証券化商品では得ることができないリスク・リターンを提供できる反面，条件が複雑であることも多い。クレジット・リンク債であろうとシンセティックCDOであろうと，主たるリスクは参照組織の信用リスクであり，これは普通の社債のリスクが発行体の信用リスクであるのと変わりはない。追加的なリスクとしては，クレジット・イベントの条件によっては現物社債の破綻とは異なる場面での早期償還もありうるし，SPC発行であれば担保資産のリスクがある。クレジット・リンク債やシンセティックCDOは，内在するリスクを認識したうえで上手に利用すれば，現物にはないリスク・リターンを得ることができる商品であるといえる。

 # 4　システミック・リスクへの対応

(1)　世界の対応

過去問題
2023年
問1
2022年
問2
問47
2021年
問1
2020年
問1

　2008(平成20)年9月のリーマン・ショックを契機とする世界的な金融危機のもとで，米国の大手生命保険会社がプロテクションの売り手として大量のCDS取引を行っていたことが判明し，**システミック・リスク**(個別の金融機関の経営破綻や特定市場の機能不全などが，他の金融機関や他の市場または金融システム全体に波及するリスク)が表面化した。すなわち，参照組織にクレジット・イベントが発生しても，プロテクションの売り手が経営破綻してCDSの債務を履行しなければ，プロテクションの買い手は額面相当の現

図表 9-3　中央清算機関を利用した CDS の決済

〔取引相手との決済〕

〔中央清算機関の利用〕

買い手 A と売り手 B は中央清算機関の清算参加者となり，中央清算機関に各種証拠金・清算基金を預託する。

金を受け取ることができないことから，プロテクションの買い手の金融機関の破綻につながりかねないという問題が生じたのである。

　これを受けて，欧米の規制当局は CDS の情報共有と集中決済を目的とした**中央清算機関** (Central Counerparty, **CCP**) の設立を検討し，これを推進することとした。中央清算機関の利用とは，取引者が中央清算機関の清算参加者となり，債務履行の担保として各種証拠金・清算基金を預託する代わりに，中央清算機関に CDS の債務を引き受けてもらうことをいう。これによって，取引相手との間で行っている CDS の決済は清算機関相手の決済に置き換えられるので，取引相手の決済リスクが軽減できるのである（図表 9-3）。

　欧米では，合わせて 5 つのグループが CDS 清算機関設立に名乗りを上げ，そのうち NYSE Euronext グループの NYSE Liffe は，2008 年 12 月に欧州のインデックス CDS を対象に清算業務を開始

し，米国系の ICE Trust も 2009（平成 21）年 3 月から清算業務を開始した。わが国でも，東京証券取引所グループ（**日本証券クリアリング機構**）と東京金融取引所が CDS の清算業務を検討するに至った。

　また，2009（平成 21）年 4 月の G 20 ロンドン・サミットでは，金融危機が再発した際の影響を最小限に抑えるため，金融の監督と規制を抜本的に改革する方向性も打ち出された。

　さらに，2009（平成 21）年 9 月の G 20 ピッツバーグ・サミットの首脳声明においては，「**店頭デリバティブ市場の改善**」として，遅くとも 2012（平成 24）年末までに①標準化された店頭デリバティブ契約の取引所または電子情報処理組織（電子取引システム）を通じた取引，②標準化された店頭デリバティブ契約の中央清算機関を通じた決済，③店頭デリバティブ契約の取引情報蓄積機関への報告，④中央清算されない店頭デリバティブ契約に対するより高い所要自己資本賦課を行うことが求められた。

　2010（平成 22）年 9 月には，バーゼル銀行監督委員会（BCBS）が，国際的に業務を展開している銀行に対する**新たな自己資本比率規制（バーゼルIII）**を発表し，2012（平成 24）年末から段階的に導入されることとなった。バーゼルIIIでは，資本を狭義の中核的自己資本（コア Tier 1），中核的自己資本（Tier 1），純資本の 3 段階に区分し，それぞれ最低所要水準を引き上げるとともに，資本保全バッファー，カウンターシクリカル資本バッファーの積み上げも求めている。また，新たなリスク指標としてレバレッジ比率（Base III's Leverage Ratio＝Tier 1 ／エクスポージャー額）3 ％以上，流動性カバレッジ比率（LCR：Liquidity Coverage Ratio＝適格流動資産／30 日間のストレス期間に必要となる流動性）100 ％以上，安定調達比率（NSFR：Net Stable Funding Ratio＝利用可能な安定調達額／所要安定調達額）100 ％以上が導入された。

　2017（平成 29）年 12 月になされた最終合意では，①信用リスクの

標準的手法の見直し（株式のリスク・ウェイトの引上げ（100％→250％）等），②信用リスクの内部モデル手法の見直し（適用対象の制限等），③オペレーショナル・リスクの計測手法の見直し（内部モデル手法を廃止し，新しい標準的手法を導入），④資本フロアの導入（内部モデル手法により算出したリスク・アセットは，標準的手法により算出したリスク・アセットの72.5％を下限とする），⑤レバレッジ比率の見直し（グローバルなシステム上重要な銀行（G-SIBs）[5]に対するバッファーの上乗せ，デリバティブ・エクスポージャーはカウンター・パーティ信用リスクの計測に係る標準的手法（SA-CCR：Standardized approach for counterparty credit risk）で計

---

[5] 先般の金融危機では，too-big-to-fail(大き過ぎて潰せない)，すなわち大規模で複雑な金融機関は金融システムの安定のために破綻させられない状態にあり，その救済目的の公的資金の使用および金融機関のモラル・ハザードが問題となったことから，金融安定理事会（FSB）は，①大規模で複雑な金融機関の破綻可能性の低減，②破綻時の金融システム不安定化と納税者負担の回避に向けた施策を推進した。

その1つが，破綻した場合に金融システムの安定性に与える影響が大きい金融機関の選定で，グローバルなシステム上重要な銀行（G-SIBs）とグローバルなシステム上重要な保険会社（G-SIIs）の選定手法を策定し，定期的に選定作業を行い，選定結果を公表している。また，国内のシステム上重要な銀行(D-SIBs)については，バーゼル銀行監督委員会が策定した枠組みに沿って，各国において選定することとなった。

G-SIBs のリストは，2011年11月以降，FSB から毎年公表されている。選定は，規模，相互連関性，代替可能性，複雑性，国際的活動の5つのカテゴリーに対応した12の指標（新基準では13の指標）をスコア化して行われ，金融システムに対する重要性の低い順に1〜5のバケットに入る。G-SIB には，該当バケットに対応したサーチャージ（バッファーの上乗せ）が求められ，自己資本比率については1％〜3.5％が上乗せされる。G-SIB は，毎年11月に公表される該当バケットに対応したサーチャージの水準を翌年に満たす必要がある。新基準は，2020年末データに基づく2021年のデータ徴求から実施される。新基準に基づくG-SIBs のリストは2021年11月に公表され，2023年1月から適用される予定であったが，その後，2024年1月からに延期されている。レバレッジ比率についても，自己資本比率の半分のバッファーが上乗せされる予定である。

測する等），がなされ，2022 年 1 月より段階的に実施（2027 年に完全実施）されることとなった。なお，その後，新型コロナウイルスの影響等もあり，2024 年 1 月から（わが国の国際統一基準行は 2024年 3 月末から，国内基準行は 2025 年 3 月末から）に延期されている。

(2)　わが国の対応

こうした動きを受けて，わが国でも 2010（平成 22）年 5 月に金融商品取引法が改正され，特定の金融機関が行う①店頭デリバティブ取引等のうち一定の取引（過年度の各月末の店頭デリバティブ取引の平均残高が 3,000 億円以上の金融商品取引業者等同士の行う一定の円金利スワップ取引）については，国内清算機関，国内清算機関と外国清算機関の連携（リンク方式），外国清算機関に清算を集中し，また，②その特性にかんがみ，わが国において清算する必要がある店頭デリバティブ取引（一定の CDS 取引）については，国内清算機関に清算を集中することが義務付けられた。これに対応すべく，日本証券クリアリング機構（JSCC）は 2011（平成 23）年 7 月 19 日から CDS の清算業務を開始し，2012（平成 24）年 10 月 9 日からは円金利スワップの清算業務も開始している（図表 9-4）。

また，金融商品取引業者等[6]や清算機関による取引情報の保存・報告も義務付けられ，2012（平成 24）年 11 月 1 日から施行されている。報告方法は，①清算集中の対象となる取引は清算機関が報告，その他の取引は②自らが直接報告，または③取引情報蓄積機関を利用して報告，の 3 種類であるが，2020（令和 2）年 6 月の金融商品取引法改正により，③取引情報蓄積機関を利用しての報告に一本化されることとなった。集計結果は金融庁より公表されている（図表 9-5）。

JSCC の清算参加者となるための要件は，金利スワップ取引の場

---

[6]　具体的には，第一種金融商品取引業を行う金融商品取引業者，登録金融機関である銀行，商工組合中央金庫，日本政策投資銀行，信金中央金庫，農林中央金庫，保険会社である。

図表 9-4　JSCC の店頭デリバティブ取引債務負担残高（想定元本）

（単位：兆円）

年	金利スワップ	固定対LIBOR	固定対TIBOR	OIS	変動対変動	CDS	インデックス
2014	1,087.6	952.6	21.5	0.4	113.0	1.2	1.2
2015	1,082.2	907.2	27.8	3.7	143.5	1.4	1.3
2016	1,262.6	1,025.5	39.9	9.0	188.1	1.0	0.9
2017	1,282.0	978.3	42.4	10.8	250.5	1.0	0.6
2018	1,291.9	988.1	42.8	15.4	245.6	1.6	0.8
2019	1,303.3	978.1	47.5	19.0	258.6	2.7	1.6
2020	1,240.8	878.1	57.1	33.1	272.5	4.2	2.9
2021	993.6	70.4	112.9	589.4	221.0	5.1	3.7
2022	1,280.8	0.0	137.9	953.5	189.5	6.0	4.6
2023	1,935.0	0.0	142.2	1,624.0	168.8	6.8	5.4

（出所）日本証券クリアリング機構（JSCC）

図表 9-5　店頭デリバティブ取引残高（想定元本）
（2022 年 3 月現在）

（単位：兆円）

		金利（クロスカレンシー取引を除く）	金利（クロスカレンシー取引分）	信用	為替	株式	総計
非清算	銀　行　等	204	156	6	49	22	436
	うち大手行等	177	127	3	32	1	340
	第一種金融商品取引業者	207	79	18	30	6	340
	保　険　会　社	5	11	0	3	1	20
清　算　機　関		3,658	0	11	—	—	3,669
上　記　計		4,075	246	35	82	28	4,465

（出所）金融庁
　1 つの取引が取引者双方から報告され，二重に計上されている場合も含む。

合，①金融商品取引業者（店頭デリバティブ取引等にかかる業務の登録を受けた者に限る）または登録金融機関であること，②財務状況について JSCC が定める基準（自己資本額が 5,000 万米ドルまたは 50 億円以上，相当の信用力を有すること等）を満たし，かつ，安

定した収益力が見込まれること，③適切な経営体制および業務執行体制を有していること等であり，CDS 取引の場合には，自己資本額が 1,000 億円以上などの要件が設けられている。

JSCC が清算対象とする金利スワップ取引は，① ISDA の定義集に基づく取引である，② JSCC の清算参加者同士の取引であり，かつ JSCC に債務負担の申込みの手続をしている，③固定金利と変動金利の交換または変動金利と変動金利の交換を行う取引である，④変動金利は，日本銀行が公表する無担保コール・オーバーナイト物レート（半均），全銀協 TIBOR 運営機関が公表するユーロ円 TIBOR，日本円 TIBOR である，⑤円建ての取引である，⑥契約期間（開始日から終了日までの日数）は，変動金利が無担保コール翌日物（平均）の場合は 7 日以上，それ以外は 28 日以上である，⑦契約の残存期間が JSCC が定める期間内にある，等の JSCC の取扱要件に合致するものである。

また，**JSCC が清算対象とする CDS 取引**は，① ISDA の基本契約書およびクレジットデリバティブ定義集に基づく取引である，② JSCC の清算参加者同士の取引であり，かつ JSCC に債務負担の申込みの手続をしている，③ JSCC の公示するインデックス CDS 取引または流動性のあるシングルネーム CDS 取引である，④円建ての取引である，⑤想定元本が 1,000 億円以下である，等の JSCC の取扱要件に合致するものとされている。

JSCC に預託する証拠金には，当初証拠金（取引を再構築するまでに生じる損失等の合理的な見積額）と変動証拠金（時価変動相当額）がある。

なお，2012（平成 24）年 9 月にも金融商品取引法が改正され，金融商品取引業者等が一定の店頭デリバティブ取引（過年度の各月末の店頭デリバティブ取引の平均残高が 6 兆円以上の金融商品取引業者等同士の行う一定の金利スワップ取引）を行うにあたっては，取

引の公正性・透明性の確保のため，金融商品取引業者等の提供する
電子情報処理組織（電子取引システム）を使用することが義務付け
られ，2015（平成 27）年 9 月 1 日から実施されている。

　また，2011（平成 23）年の G 20 においては，中央清算されない
(非清算)店頭デリバティブ取引にかかる証拠金規制が改革プログラ
ムに加えられ，2013（平成 25）年 9 月にはバーゼル銀行監督委員会
(BCBS）と証券監督者国際機構（IOSCO）から 2015（平成 27）年
12 月 1 日実施の最終報告書が出された。これを受け，2016(平成 28)
年 3 月に，わが国でも金融商品取引業等に関する内閣府令が改正さ
れ，特定の金融商品取引業者等は，中央清算されない一定の店頭デ
リバティブ取引について証拠金（当初証拠金および変動証拠金）の
預託を受けることが義務付けられ，2016（平成 28）年 9 月 1 日から
実施されている。

第 9 章 いろいろなデリバティブ

コモディティ・デリバティブ

〈学習上のポイント〉

コモディティ・デリバティブは，商品を原資産とするデリバティブである。商品の世界には，商品先物という長い歴史をもつ取引形態があるが，ここで取り上げるコモディティ・デリバティブは，どちらかといえばリスクヘッジなどの実需に徹した比較的期間の長い取引である。伝統的な商品先物とともに，コモディティ・スワップとコモディティ・オプションの概要をまとめておこう。

 ## 1　コモディティ・デリバティブとは

　コモディティ（商品）を原資産とするコモディティ・デリバティブを広く捉えれば，商品先物も含まれる。穀物や原油，金などの商品先物は世界各地で取引されており，それぞれの歴史も長い。わが国でも，農産物やエネルギー，貴金属関連など取引所取引の商品先物は数多いが，商品先物取引は参加者や取引の背景が，一般的な金融取引とは異なっている。

　しかし，近年，金利や株式のデリバティブと同様に，スワップやオプションといったデリバティブ商品がコモディティについても組成されるようになり，金融機関もコモディティ・デリバティブの分野に算入している。また，伝統的な商品先物取引を利用して商品ファンドが組成されるなど，一般的な金融市場およびその参加者がコモディティに触れる機会が増えている。

コモディティ取引の対象となる商品は幅広く，大まかには３つの
カテゴリーに分類される。エネルギー（原油，ガスなど），金属(ア
ルミ，金など)，ソフト・コモディティ（穀物，精肉など）である。

 # 2 　商品先物

先物取引は世界各地で行われているが，主要取引所としてはシカ
ゴの２つの取引所(Chicago Mercantile Exchange および Chicago
Board of Trade)，先物原油の代表指標となる WTI 原油の
NYMEX (NY Mercantile Exchange)，金属が有名なロンドン金
属取引所 (London Metal Exchange) などが挙げられる。

わが国では，2019（令和元)年 10 月に日本取引所グループ(JPX)
が東京商品取引所を子会社化し，商品先物と証券先物などを一体で
扱う総合取引所になったことから，2020（令和 2）年 7 月 27 日に貴
金属やゴム，とうもろこしなどの市場が東京商品取引所から大阪取
引所へ移管された。ただし，原油などエネルギー関連の先物は東京
商品取引所に残されている。また，堂島取引所でも，貴金属，とう
もろこしなどの先物が取引されている。

大阪取引所の代表的な商品先物は金の先物で，金標準先物，金ミ
ニ先物，金限日先物の３種類がある（図表 9-6，図表 9-7）。このう
ち，金標準先物は金標準品（純度 99.99％以上の金地金）を対象と
した先物取引で，最終決済は現物または倉荷証券の受渡決済で行わ
れる。取引単位は１kg，呼値の単位は１g につき１円である。限月
取引は 2 月，4 月，6 月，8 月，10 月，12 月のうちの直近 6 限月であ
るが，利用者の多くは現物の受渡しを目的としていないため，取引
の中心限月は最も期間の長い 6 番限月となっている。受渡単位は１
kg，受渡値段は取引最終日の日中立会における VWAP（ブイワッ
プ；出来高加重平均価格）である。受渡しを行う場合には消費税が

図表 9-6　金先物の取引条件（2023 年 12 月現在）

	金標準先物	金ミニ先物	金限日先物 （金証拠金取引）
取引対象	金標準品 （純度 99.99 ％以上の金地金）	金標準先物の価格	金標準品 （純度 99.99 ％以上の金地金）
限月取引/ 限日取引	2 月，4 月，6 月，8 月，10 月，12 月のうち直近 6 限月		1 限日 （実質的に無期限）
取引単位	1 kg	100 g	
呼値の単位	1 g につき 1 円 （1 単位当たり 1,000 円）	1 g につき 1 円 （1 単位当たり 100 円）	
取引最終日	受渡日の 3 営業日前（日中立会まで）	同一限月の金標準先物の取引最終日の前営業日（日中立会まで）	名目上は前営業日の夜間立会開始時から当日日中立会終了時までの取引であるが，日中立会終了時までに反対売買がなされなかった建玉は，翌営業日の限日先物の建玉としてロールオーバーされるので，実質的に無期限の取引である。
受渡日時/ 最終決済日	毎偶数月末日の正午まで（12 月の受渡日は 28 日の正午まで。受渡日が休業日または大納会に当たるときは順次繰上げ）	取引最終日の翌々営業日	
最終決済方法	現物または倉荷証券と受渡代金を授受する受渡決済	最終清算値段との差金決済	
受渡値段/ 最終清算値段	取引最終日の日中立会における VWAP	最終清算値段は，金標準先物の当月限取引最終日における日中立会の始値	
取引時間	午前 8 時 45 分〜午後 3 時 15 分（日中立会） 午後 4 時半〜翌日の午前 6 時（夜間立会：翌営業日付け）		
市場開設日*	1982 年 3 月 23 日	2007 年 7 月 17 日	2015 年 5 月 7 日

＊ 2020 年 7 月 27 日，東京商品取引所から大阪取引所へ移管された。

課される。受渡供用品は，標準品と同等であって，取引所が指定する商標等の刻印のあるもの（受渡品の供用量目の増減はなし），受渡場所は取引所の指定倉庫（東京都所在の営業倉庫），受渡しは，渡方は指定倉庫発行の倉荷証券を日本証券クリアリング機構 (JSCC) に提出し，受方は受渡値段による受渡代金を JSCC へ支払う方法などにより行うとされている。

　金ミニ先物は，取引単位を金標準先物の 10 分の 1 にした取引で，

図表9-7　金先物の取引金額

（単位：兆円）

年	金標準先物	金ミニ先物	金限日先物
2014	37.7	0.1	
2015	35.8	0.6	
2016	37.1	0.5	1.7
2017	29.0	0.3	1.6
2018	36.1	0.4	1.3
2019	41.2	0.4	0.7
2020	51.7	1.0	0.9
2021	38.5	1.1	0.4
2022	55.8	1.5	0.9
2023	69.4	1.1	1.9

（出所）日本取引所グループ

最終決済は最終清算値段（金標準先物の当月限取引最終日における日中立会の始値）による差金決済で行われる。

　金限日先物は，金の証拠金取引に相当する取引で，名目上は前営業日の夜間立会開始時から当日日中立会終了時までの取引であるが，日中立会終了時までに反対売買がなされなかった建玉は，翌営業日の限日先物の建玉としてロールオーバーされるので，実質的に無期限の取引である。このため決済は原則として反対売買でなされるが，特例として理論現物価格（金標準先物の2番限月価格をフォワード・レートで堤在価値に割引いたもの）にもとづく受渡決済も可能である。取引単位は金ミニ先物と同様，金標準先物の10分の1である。

　なお，2023年3月27日から，堂島取引所では，取引単位が10ｇ(呼値の単位は1ｇにつき0.1円)の金限日現金決済先物取引が開始（試験上場）している。

　大阪取引所には金先物オプションも上場している。これは金標準先物を原資産とするヨーロピアン・タイプのオプションで，取引限

月は2月，4月，6月，8月，10月，12月のうち直近6限月，同一限月の金標準先物価格が取引対象となる。取引単位は100gと小口化されている。取引最終日は対象先物の取引終日の前営業日（日中立会まで），権利行使日はその翌営業日で，権利行使による決済は同一限月の金標準先物の日中立会の始値（約定値段がない銘柄については，取引所が定める値段）との差金決済となる。イン・ザ・マネーのオプションについては，買い手の権利行使申告がなくても自動的に権利行使されるが，買い手が権利放棄する場合は申告が必要になる。取引量は少ない（2023年の取引高はゼロ）。

 3　コモディティ・スワップ

　コモディティ・スワップは，参照指標となるコモディティ価格につき固定価格と変動価格を交換する取引である。例として，NYMEX上場の原油先物であるWTIを指標とした原油スワップを取り上げる。

　航空機燃料購入の価格変動リスク（価格上昇リスク）をヘッジするニーズのある航空会社Aが，固定価格1バレル当たり\$50.00を支払い，これに対してWTIの毎日の終値の平均価格を受け取るスワップを締結する。スワップの決済は，固定価格と変動価格のネットとなるため，変動価格が高ければA社の受取り，安ければA社の支払いとなる。この取引によって，A社は，原油価格の上昇の場合にはスワップから受取りが発生し，原油価格上昇のリスクをヘッジすることができる。

●原油スワップの例

固定価格支払：	航空会社A
変動価格支払：	銀行B
取引期間：	1年間

想定取引量：　　　100,000 バレル
変動価格：　　　　WTI 先物価格 3 ヵ月平均
固定価格：　　　　50.00 ドル／バレル
決済：　　　　　　変動価格＞固定価格のとき，B は A に（変動
　　　　　　　　　価格−固定価格）×100,000 バレルを支払う
　　　　　　　　　変動価格＜固定価格のとき，A は B に（変動
　　　　　　　　　価格−固定価格）×100,000 バレルを支払う

　実際には，スワップの対象となっている WTI 価格（原油価格）と，実需である航空機燃料の価格には価格変動率や価格変動タイミングの不一致がある。ヘッジ取引であるコモディティ・スワップの指標を，実需のあるコモディティと一致させればこのような問題はなくなるが，ヘッジ取引の流動性は落ちる可能性が高い。WTI や北海ブレントは，取引所における先物取引高も大きく，これを指標としたデリバティブも全世界で取引されているため流動性が高いが，東京に輸入されるジェット燃料というように商品が限定されれば，それだけ取引参加者は減るため，流動性が低下する。現在では，シンガポール市場上場のドバイ原油，ケロシン，ジェット燃料などを参照とするスワップも提供されている。

4　コモディティ・オプション

　金利キャップと同じコンセプトを用いたコモディティ・オプションも取引されている。行使価格（上限価格）を定め，これを変動価格が上回る場合には，オプションの購入者は行使価格との差額を受け取ることができるという取引である。

●原油キャップの例

オプションの買い手：　　航空会社 A
オプションの売り手：　　銀行 B

想定取引量：	100,000 バレル
取引日：	xxx 1 年 8 月 22 日
計算開始日：	xxx 2 年 2 月 24 日
終了日：	xxx 2 年 8 月 24 日
変 動 価 格：	WTI 先物価格 3 ヵ月平均
行使価格（上限価格）：	60.00 ドル／バレル
決済：	変動価格＞行使価格のとき，B は A に（変動価格－行使価格）×100,000 バレルを支払う
	変動価格＜行使価格のとき，支払いは起きない
プレミアム：	50 セント／バレルを，A が B に支払う

ウェザー・デリバティブ

〈学習上のポイント〉

ウェザー・デリバティブは，天気や気温などの天候を対象とするデリバティブである。デリバティブ商品のなかでは一番の新顔の部類に属するが，わが国では事業法人への販売が進み，近年取引量が増えている。代表的な取引事例を学んでおこう。

第9章

1　ウェザー・デリバティブとは

　気温，天候を対象とするウェザー・デリバティブは，新しいデリバティブ商品である。気温を対象とする先物がシカゴ先物取引所で上場されたのは，1999（平成11）年である。取引所外でのスワップなどのOTC取引は，それ以前から始まっているが，市場での認知は90年代後半以降である。わが国では，2000年代になって取引規模が拡大し，損害保険会社や銀行が取引を行っている。

　ウェザー・デリバティブの対象は，気温または天候である。金利，為替，株式などのデリバティブと異なり，対象となる事象は自然現象で，原資産に相当する取引は存在しない。このため，通常の場合には，観測された気象データをもとに何らかの指標を作り，それを参照指標とする方法で取引を行っている。金融商品を対象とするデリバティブ取引とは異なるリスクを取り扱っているため，リスク管理などは別個に行うことになるが，商品の形態や理論価格の算出に

過去問題
2022年
問1

いろいろなデリバティブ

ついては，金融商品のデリバティブ取引と共通事項も多い。

　ウェザー・デリバティブは，火災や地震などによる損害を補塡する損害保険に性質が近い取引であるとも言える。大手の損害保険会社は，これを新種保険の一種と位置づけて積極的に取り組んでいる。ただし，支払額は予め定められた算式に基づいて機械的に決定され，保険のように損害査定が行われることはない。

　ウェザー・デリバティブの価格算出は，大雑把に言えば予測支払額，支払事象の発生確率などを統計的な手法を用いて計算するものである。

 ## 2　気温デリバティブ

　気温デリバティブの代表的なものは，HDD（Heating Degree Days）または CDD（Cooling Degree Days）を参照指標とし，これが行使レートを上回った場合または下回った場合に，その差額について基準支払額を掛けて実際の支払額とするというものである。HDD とは，暖房度指数のことで，1 日の最高気温と最低気温の平均値が基準温度を下回った場合に，その下回った温度を一定期間累計したものである。HDD は，厳冬では高く，暖冬では低くなる。一方，CDD とは冷房度指数のことで，1 日の最高気温と最低気温の平均値が基準温度を上回った場合に，その上回った温度を一定期間累計したものである。CDD は，猛暑では高く，冷夏では低くなる。

　観察する気温については，「指定都市○○について気象庁が発表するデータ」というように，観察場所および観察期間が特定される。支払額は，HDD（CDD）が行使レートを上回った場合（CDD では下回った場合）に，その差 1 度につき定額が定められており，総額に対する上限金額が設定されていることも多い。

　また，最終顧客向けの販売では，必ずしも HDD や CDD という

概念を使わずに，基準気温（行使レート）を決め，これを観察期間の平均気温が上回る（または下回る）場合に支払額を計算する取引条件となることが多い。

　以下に，夏向け商品を販売する事業会社が冷夏リスクをヘッジする取引の例を挙げる。

●冷夏ヘッジ取引の例

受取人：	事業会社A
支払者：	銀行B
支払額：	100万円×［基準気温−算術平均気温］ ただし，最大支払額を超えないものとする
算術平均気温：	観察期間中の日々の平均気温の算術平均
基準気温：	25度
最大支払額：	2,000万円
取引日：	xxx1年7月30日
観察期間開始日：	xxx1年8月1日
観察期間終了日：	xxx1年8月31日
プレミアム：	3,500,000円を事業法人Aが銀行Bに支払う
気温観察地：	東京（国際地点番号：47662）

　本例では，事業法人Aが一方的に支払いを受けるオプションの形になっているが，双方向からの支払いとするスワップ形式の取引もある。また，気温を対象とするデリバティブでは，気温差の累計や平均気温との差をとるタイプ以外に，一定の温度以上（または以下）の日数に応じた支払いとなる取引もある。

第9章

いろいろなデリバティブ

3　降雨（降雪）デリバティブ

　降雨，降雪，風速などの自然現象を取り扱うウェザー・デリバティブでは，その現象が起きる日数（例：1ミリ以上の降雨日の日数）または，自然現象の数量そのもの（例：降雨量が何ミリか）を取り扱う。代表的な降雨日数デリバティブの典型例は，雨に降られると損失となるレジャー施設などをもつ事業会社が，行楽シーズンを含む観察期間内の降雨日数が免責日数（行使レート）を超えた場合に，1日につき定額の支払いを受けることができる取引である。

●降雨日数コール・オプション

受取人：	事業会社C
支払者：	銀行D
支払額：	100万円×［降雨日数－免責日数］ ただし，最大支払額を超えないものとする
降雨日数：	観察期間中，1mm以上の雨が降った日数
免責日数：	5日間
最大支払額：	1,200万円
取引日：	xxx1年4月10日
観察期間開始日：	xxx1年4月20日
観察期間終了日：	xxx1年5月10日
プレミアム：	1,500,000円を事業法人Aが銀行Bに支払う
気温観察地：	東京（国際地点番号：47662）

　雨ではなく雪や強風の日を数える取引もある。また，スキー場向けに降雪のない日につき支払いがある取引や，降雨条件を変更することによって豪雨・豪雪のヘッジとなる取引を設計することもある。

　ウェザー・デリバティブは，今まで金融取引の直接の対象として

は認知されていなかった天候に関するリスクを，取引・ヘッジする
ツールとして注目を集めている。天候による売上などの変動を金銭
的にヘッジすることができる商品であり，中小規模の事業法人にも
ニーズがある。わが国では，主として顧客がリスクヘッジのために
プレミアムを払ってオプションを購入するという取引形態で利用さ
れている。

第9章

いろいろなデリバティブ

第10章

デリバティブのリスク管理

Derivatives

Derivatives

Derivatives

デリバティブ取引のリスク

〈学習上のポイント〉
デリバティブは，リスクが高いとよく言われる。確かに現物商品に比べて，オフ・バランスシート取引であることからリスクが「見えにくい」ことも事実であるが，デリバティブが市場に導入されてから既にかなりの年月がたっており，リスク管理の手法はほぼ確立されていると言ってもよいであろう。何がリスクとなるのかをまとめておこう。

過去問題
2022年
問48
2020年
問50

　デリバティブ取引も金融取引の1つであり，一般的に金融商品について管理しなくてはならないリスクはすべて負っているものと考えられる。金利スワップを例にとって考えてみよう。

　まず，市場スワップ金利が動いて取引時価が変動する。これは，**市場性リスク**（Market Risk）による時価変動のマネジメントという問題である。為替，株価，金利，商品価格などはすべて市場性リスクに含まれ，取引の種類によって管理すべきリスクも異なる。

　また，取引目的がトレーディングである場合や，ヘッジであっても，その対象商品を中途売却するなどの理由でスワップを満期前に解消する可能性があれば，金利スワップ市場の**流動性リスク**（Liquidty Risk）を考える必要がある。取り組んでいる市場の流動性が低ければ，反対取引を行う場合のオファー・ビッドや，執行不能の可能性をリスクとして認識しなくてはならない。

　金利スワップのような期間の長い取引で特に意識するリスクとして，取引相手の破綻可能性（**信用リスク**）がある。取引相手の信用

リスクは二面的に捉える必要があり，１つは取引相手信用リスクまたは**カウンターパーティ・リスク** (Counterparty Risk) と呼ばれるもので，相手方の信用状況が金利スワップの時価評価を悪化させるリスクである。もう１つは**決済リスク** (Settlement Risk) で，金利スワップでは期中金利の支払いが行われるかどうかというリスクである。債券・株式の売買では代金と引換えに物を渡してもらえるかどうか，為替では先に円を支払って，時差の関係で後になるドルの支払いを受けることができるかどうかなどは，決済リスクの代表例である。

　デリバティブ取引により生じる正味の債権および債務は，時価をもって貸借対照表価額とし，評価差額は，原則として，当期の損益として処理する(時価会計)。ただし，デリバティブ取引をヘッジ手段として用いた取引（ヘッジ取引）のうち一定の要件を充たすものについては，ヘッジ対象に係る損益とヘッジ手段に係る損益を同一の会計期間に認識し，ヘッジの効果を会計に反映させるための特殊な会計処理（ヘッジ会計）が可能である。また，金利スワップが資産または負債に係る金利の受払条件を変換することを目的として利用されている場合には，一定の要件を充たしていれば，金利スワップを時価評価せず，その金銭の受払いの純額等を当該資産または負債に係る利息に加減して処理することもできる。

　金利スワップをはじめとするデリバティブ商品の多くは，欧米で開発されわが国に持ち込まれており，取引契約の基本は英文による。わが国で商品が浸透し，取引規模が拡大するにつれて和文契約が使われる商品も出てきたが，英文契約原書の理解は商品を取り扱ううえで欠くことができない。デリバティブ取引の契約分野では，ISDA と呼ばれる国際的なデリバティブ取引者による任意団体が大きな影響力をもち，当初は金利スワップ，通貨スワップ，金利オプションのみをカバーしているものであったが，次第に為替，株式の

第10章

デリバティブのリスク管理

デリバティブや近年の新商品を取り込むようになるなど，対象商品が増えている。ISDA による契約雛型を直接利用しなくても，個別契約の文言や用語，マスター契約と呼ばれる主契約の考え方やネッティングによる信用リスク軽減手法などが援用されることは多い。契約書の理解とともに，**法務リスク**（リーガル・リスク；Legal Risk）として重要なのは，新商品であることが多いデリバティブ取引を行うことが法律・規則に適合しているかどうかや，販売に際してリスク説明が十分であるかどうかなどのチェックである。

　古くて新しい論点ともいえるのが**事務リスク**で，わが国でもメガバンク合併に際してシステム障害が発生したが，デリバティブ商品の取扱いには，既存の金融商品とは異なるフレームワークでのシステムや事務管理が必要となることが多い。そのうえで，既存の商品と共通のリスクを統合管理する体制を構築するのである。

　常に新商品が生まれているといっても過言ではないデリバティブの世界では，様々なリスクを認識する**新商品認可のプロセス**が必要となる。新商品を導入する場合に，内在するリスクとそれに対応する事務・管理体制を整え，不測の事態をバックアップするプランを立てるという一連の作業の流れを予め策定しておくことで，新商品を機動的に導入することができるようになる。

市場性リスクの管理

〈学習上のポイント〉 デリバティブの時価は，原資産価格の変動によって変動する。金利スワップを例にとって，スワップ・レートの変動がポートフォリオ時価にどのような影響を与えるのかを計算してみよう。また，リスク量の把握手法として代表的なBPV法，VaR，期待ショートフォールをまとめておこう。

 ## 1　市場性リスクの把握

第10章

デリバティブのリスク管理

　デリバティブは，オフバランス取引であるため，ローン，株式，債券，不動産のような元本資金を必要とするオン・バランスシート取引と比べてリスクがわかりにくいという印象がある。デリバティブにも，金利や支払額の計算ベースとなる「想定元本」という概念はあるが，その元本以上の損失の可能性のあるスキームもあれば，逆に元本に比べて極めてリスク額が小さい取引もある。

　金利，為替，株価などの変動によるデリバティブの時価変化という市場性リスクの管理は，個別取引の取引時価にとどまらず，すべてのデリバティブ取引をひとまとめにしてポートフォリオ・ベースでリスクを管理し，そのうえで同種の市場性リスクをもつ他の現物商品と統合的にリスクを把握するものである。

　デリバティブの時価は，現存するデリバティブ取引を，評価時点での原資産価格，ボラティリティなどを使って現在価値に引き直し，

市場為替レートで企業の会計通貨（わが国企業の場合には円）に換算して算出する。

　残存期間5年の円金利スワップが時価9,000,000円である場合，リスク管理上問題となるのは，この時価が今後市場パラメータの変動により「どれだけ変動するか」ということである。通常の5年金利スワップであれば，最も時価に影響するのは市場5年金利スワップ・レートであり，これが上昇すれば「固定金利受取り・変動金利支払いの取引」の時価はマイナス方向に振れ，「固定金利支払い・変動金利受取りの取引」の時価はプラス方向に振れる。現存するデリバティブ取引の時価変動が，市場のどのパラメータの変化によってどのくらい変動するのかを把握することが，市場性リスク管理の第一歩である。

　時価の算出，時価がどう変動するか（市場性リスク）の把握は，実際に取引を担当するフロント部門だけではなく，独立したミドル・オフィス（管理部門）においても必要である。

　市場性リスク管理の手法として代表的なものは，**BPV**（ベーシス・ポイント・バリュー；Basis Point Value）法と**VaR**（バリュー・アット・リスク；Value at Risk）法である。近年ではVaRに代えて，**期待ショートフォール**を用いることも多い。

2　BPV(ベーシス・ポイント・バリュー)法

　BPV法は，金利，為替レート，株価などの市場性リスクのパラメータが1単位変動したときの時価変動額をリスクとして把握する方法である。金利の最小単位をベーシス・ポイント（Basis Point＝0.01%）と呼ぶことから，この名前がある。同様の発想で，為替や株価が1単位(1銭, 10銭, 1円などリスク量によって単位は異なる)変動したときのリスク変動額も算出される。

　為替や株式では直物取引価格は1種類しかなく，先物価格であっても直物との連動性が高いためリスク額の把握は比較的容易である。これに対して，リスク要素が金利である場合には，イールドカーブの存在を考慮に入れなくてはならず，管理手法はやや複雑になる。

　2つの金利スワップからなるポートフォリオの例を考えてみよう。複数の金利からなるイールドカーブのすべての期間について同時に1bp（0.01％）金利が上昇する場合（一括BPV法）と，各期間の金利が年限別に1bp上昇した場合（年限別BPV法）の現在価値変動を計測して，比較する[1]。

　2年金利スワップ元本50億円＜固定金利受取り：金利0.25％＞と，5年金利スワップ元本20億円＜固定金利払支払い：金利0.50％＞の2つの金利スワップからなるポートフォリオの市場リスクを2つのBPV法で測ってみよう。まず，現在の金利状況でこのポートフォリオの現在価値を求めると，2,916,634円のマイナスとなる（図表10-1）。

　次に，今後の金利変動によって，このポートフォリオ時価がどのように変動するかを計算する。

①　一括BPV法の場合（図表10-2）

　金利がすべての期間で0.01％上昇した場合には，現在価値は2,918,173円の損失となる（②）。元の現在価値2,916,634円（①）との差額マイナス1,539円が，金利がすべての年限につき同時に0.01％上昇することによって新たに発生する損失金額である。

　つまり，一括BPV法によれば，金利変動についてこのポートフォ

---

[1] 一括BPV法，年限別BPV法は一般的な用語ではない。英語では，前者をイールドカーブのパラレルシフト（Pararell Shift）すなわち平行移動と呼ぶが，両者を対比させる適当な日本語が見当たらなかったため，筆者が便宜的に命名した。

図表 10-1　ポートフォリオの時価算出

評価に使った市場金利（年 2 回払い，実日数／365 日）

0.5 年	1.0 年	2.0 年	3.0 年	4.0 年	5.0 年
0.08％	0.10％	0.10％	0.15％	0.23％	0.32％

現在価値の計算

	5 年スワップ		2 年スワップ		ディスカウント・ファクター	現在価値
	変動金利	固定金利	変動金利	固定金利		
0.0年	2,000,000,000		−5,000,000,000		1.0000	−3,000,000,000
0.5年		−5,000,000		6,250,000	0.9996	1,249,493
1.0年		−5,000,000		6,250,000	0.9990	1,248,734
1.5年		−5,000,000		6,250,000	0.9985	1,248,127
2.0年		−5,000,000	5,000,000,000	6,250,000	0.9980	4,991,259,789
2.5年		−5,000,000			0.9969	−4,984,400
3.0年		−5,000,000			0.9955	−4,977,547
3.5年		−5,000,000			0.9934	−4,966,841
4.0年		−5,000,000			0.9908	−4,954,163
4.5年		−5,000,000			0.9877	−4,938,404
5.0年	−2,000,000,000	−5,000,000			0.9841	−1,973,101,421

現在価値合計　＞＞　−2,916,634

(注)　実務では，利払日から日数計算をしたキャッシュ・フロー，および各日対応のディスカウント・ファクターを使うべきであるが，ここでは 0.5 年刻みの簡易法で計算している。表中には，ディスカウント・ファクターを四捨五入表示している。

リオは追加損益がほとんど発生しないものであるといえる。では，本当に金利変動のリスクはないのであろうか。次に，各年限の金利をばらばらに変動させる年限別 BPV 法を試してみよう。

②　**年限別 BPV 法の場合**（図表 10-3）

時価算定に使う金利を，各年限ごとに独立に 0.01 ％ずつ上昇させてポートフォリオ時価の変動を見ると，このポートフォリオに内在する金利リスクの所在がわかる。

図表 10-2　一括 BPV 法による現在価値変動リスク算出

	合計 CF	DF	現在価値	DF(+0.01%)	現在価値
0.0年	-3,000,000,000	1.0000	-3,000,000,000	1.0000	-3,000,000,000
0.5年	1,250,000	0.9996	1,249,493	0.9995	1,249,430
1.0年	1,250,000	0.9990	1,248,734	0.9989	1,248,607
1.5年	1,250,000	0.9985	1,248,127	0.9984	1,247,940
2.0年	5,001,250,000	0.9980	4,991,259,789	0.9978	4,990,262,146
2.5年	-5,000,000	0.9969	-4,984,400	0.9966	-4,983,155
3.0年	-5,000,000	0.9955	-4,977,547	0.9952	-4,976,054
3.5年	-5,000,000	0.9934	-4,966,841	0.9930	-4,965,103
4.0年	-5,000,000	0.9908	-4,954,163	0.9904	-4,952,181
4.5年	-5,000,000	0.9877	-4,938,404	0.9872	-4,936,181
5.0年	-2,005,000,000	0.9841	-1,973,101,421	0.9836	-1,972,113,623

現在価値合計　＞＞　① -2,916,634　　② -2,918,173

②-① -1,539

図表 10-3　年限別 BPV 法によるリスク計算

年限	時価変動額
0.5年	-99
1.0年	-198
2.0年	-999,113	←2年スワップ上昇による損失
3.0年	536
4.0年	714
5.0年	995,189	←5年スワップ上昇による益

　計算結果より，このポートフォリオについては，2 年金利が 0.01 ％上昇すると 999,113 円の新たな損失，5 年金利が 0.01 ％上昇すると 995,189 円の益が発生することがわかる。この 2 年と 5 年の損益はほぼ相殺し合う額であるため，金利が全体的に 0.01 ％変動するときにはポートフォリオの現在価値はほとんど変化がなく，一括 BPV 法によれば金利変動によるリスクはほぼゼロになってしまうのである。

第10章 デリバティブのリスク管理

図表 10-4　カーブ形状の変化

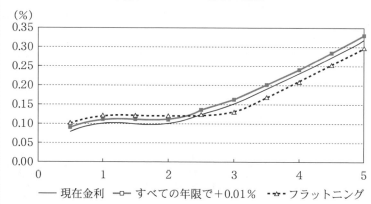

金利変動が，実際にすべての年限で等しく起こるのであれば一括
BPV 法でリスクを計量すればよいが，イールドカーブ形状の変化は
よくあることである（図表 10-4）。本例のポートフォリオにとって最
悪の金利変動シナリオは，2 年スワップが上昇し，5 年スワップが下
落するカーブのフラットニング（平坦化）である。2 年が 0.01％上
昇し，5 年が 0.01％下落すれば，ポートフォリオ全体では 200 万円
近い損失となる。

　年限別 BPV 法は，多くの金利デリバティブ・ディーラーによっ
て，トレーディング・リスクのポジション管理に用いられている。
この方法の利点は，ポートフォリオのどの年限にどれだけリスクが
存在するかが一目瞭然で，金利の変動が予測されるときにはどの年
限でいくらの反対取引を行えばリスクが減少するのかが常に明らか
になるというものである。金利全体が同じ方向に同時に変動すると
いうシナリオに基づく一括 BPV 法は，変数が少なくて済むため作
業量が軽く，大雑把な金利変動リスクを把握するためには役に立つ
が，イールドカーブの形状変化というリスクを過小評価するおそれ
がある。

トレーディング・デスクでは，金利以外の市場変数（オプションのボラティリティ，為替，株価など）についても BPV 法と同じ考え方で，市場価格変動に対する損益の把握を行っている。トレーダーのポジション枠設定に，この BPV 法を用いることも多い。

3　VaR（バリュー・アット・リスク）

(1)　VaR とは

過去問題
2020年
問48

バリュー・アット・リスク（VaR）とは，過去のデータに基づいて，将来の一定期間のうちに被る可能性のある最大損失額を一定の確率を設けて統計的に推定したもので，リスク把握の代表的な手法としてわが国でも広く採用されている。為替レートの変動にかかる VaR を考えてみよう。

日本の企業が 100 万ドルの外貨を保有している場合，今後為替がドル安の方向に動けば，手持ちのドルの円ベースでの価値が下がるため損失が発生する。今後 5 日間で，どの程度の損失が発生するかというリスク額の計算では，5 日間で為替レートがいくらになるのかの予測をたてなくてはならない。

極端なシナリオを想定すれば，現在の為替レート $1＝120.00 円が，$1＝1 円という極端な円高になり，今保有している 100 万ドルの価値が 1 億 2,000 万円からわずか 100 万円になってしまうことも考えられる。しかし，歴史的な経緯や今後予想される為替変動率から考えても，今後 5 日間で $1＝1 円という為替レートになることは，ほぼ確実に「あり得ないこと」であると言える。とすれば，どのくらいのドル安なら「あり得る」シナリオなのだろうか。

統計的に，かなりの確率をもって最悪と考えられるドル安のレートを算出し，そのレートで発生する損失額を見ておけば，100 万ドル保有についての損失予測ができる，とするのが VaR の基本的な考

え方である。金融工学では，市場パラメータを正規分布（または対数正規分布）に従って変動するという仮定をよく使うが，VaR でもこの仮定が使われる。

(2) 確率分布

VaR では，本日より5日間で，$1=120.00 円を基点として上下にレートが変動する可能性があるが，その変動は正規分布と呼ばれる確率分布に従うと仮定し，為替レートの変動率から，今後5日間に「99%の確率[2]」（信頼区間 99 %）で為替レートがどこまでドル安に動くかという計算をし，このかなり高い確率で発生する損失をリスク額と考える。正規分布の基本的な考え方については統計学の教科書などに譲るが，大雑把に言えば，中心値に納まる確率が最も高く，それより高いまたは低い値になる可能性はどんどん小さくなっていき，極端に高い（低い）値になる確率はほぼゼロであるという現象を，確率分布で表現するものである。グラフを書いてみると，中心から標準偏差(σ シグマと表記することが多い)の何倍の距離が

図表 10-5　正規分布における信頼区間 98 %

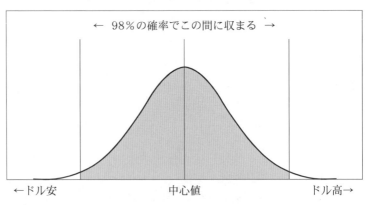

← 98%の確率でこの間に収まる　→

←ドル安　　　　　　　　中心値　　　　　　　ドル高→

---

[2] 信頼区間は 99%とすることが多いが，これ以外の設定とすることもある。

図表 10-6　為替リスクの VaR

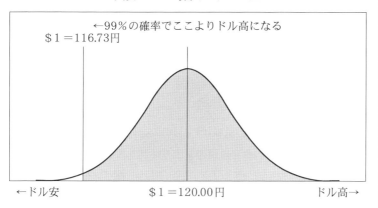

←99％の確率でここよりドル高になる
$1＝116.73円

←ドル安　　　　　　　$1＝120.00円　　　　　　ドル高→

あるかによって，対応する発生確率が決まる。為替変動の中心値を$1＝120.00円とすると，中心から 2.3262 σ 離れた為替レートの上下の範囲内に収まる確率は 98％であると考える（図表 10-5：グラフ中の影をつけた部分の面積が 98％に相当する）。

　リスク管理の観点からは，「損失」が発生する状況だけを管理すればよいため，ドル高方向は関係なく，ドル安になった場合に関心がある。つまり，中心から 2.3262 σ ドル安の為替レートよりドル高で終わる可能性が 99％あり，それ以上のドル安（さらに大きな損失が発生する条件）となる可能性は 1％しかないと考えるのである（図表 10-6）。

⑶　VaR の計算

　具体的に数値を入れて計算してみよう。

・現在の為替レート　　　　　　　　　　　　$1＝120.00円

・ボラティリティ（為替レートの変動の度合い）　10％（年率）

・保有期間　　　　　　　　　　　　　　　　5日間

　計算式の内容についての統計学的知識も含めての説明は，数ある専門書をご参照いただきたいが，計算式に変数を代入し，99％の確

率で発生しうる最大のドル安の変動幅を求めると，以下のようになる。

$$VaR＝中心レート×ボラティリティ（年率）$$
$$×信頼区間相当掛け目×\sqrt{期間（年数）}$$
$$＝120 円×10 ％×2.3262×\sqrt{5/365}$$
$$＝3.27 円$$

　したがって，「120 円－3.27 円＝116.73 円」というドル安レートが99 ％の確率で起こりうる最悪のシナリオであり，このときには保有している 100 万ドルにつき 3,270,000 円の損失が発生することになる。為替レートの変動確率が正規分布に従うという仮定が正しければ，損失がこれ以上になる（すなわち，為替レートが＄1＝116.73 円を下回るドル安になる）可能性は 1 ％しかないことになる。

　VaR を採用している各企業では，確率（信頼区間と呼ぶ）を 99 ％，保有期間を数日間と設定することが多いようである。VaR は，BIS をはじめとする金融機関の監督機関や官庁に承認されている手法でもあり，また比較的考え方がわかりやすいことから，わが国でもリスク管理ツールとして浸透している。

　VaR は，単独の資産カテゴリーごとに計算するだけではなく，資産全体をポートフォリオと捉えて，各リスクパラメータの相関関係をも考慮に入れて計算し，ポートフォリオ全体のリスクを把握するための便利な分析ツールとしても使われることがある。

　なお，ポートフォリオAとポートフォリオBの相関係数は，AとBの前日比変動率のデータをもとに，以下の算式で計算することができる。

$$相関係数＝\frac{AとBの共分散}{Aの標準偏差×Bの標準偏差}$$

　相関係数は－1 から 1 の間の値をとり，1 に近いときは「正の相関」があり，－1 に近いときは「負の相関」があるという。0 に近い

ときは「相関は弱い」という。

⑷　VaR の限界

　一方，VaR には限界もある。VaR は，為替，金利，株価などの価格の変動率は正規分布に従うという前提で計算をしている。この変動率は，過去の市場動向などを参考にすることが多いが，この過去の価格変動率はどれほどあてになるのであろうか？　また，金融商品の価格変動は本当に正規分布の枠内に収まるのであろうか？　実は，株価や為替レートなどの市場価格の変動は，正規分布に従わず，理論的にはほとんどあり得ないような高値，安値をとる確率が高いという実証研究が，いろいろな分野の学問から提示されているのである。

　実際に経営に危機を及ぼすようなリスクの発生は，近年のリーマンショックやユーロ危機をはじめとして，ヘッジ・ファンドの破綻，ロシア危機，アジア危機，戦争，日本経済システム危機など，統計的に言えばむしろ異常値の範囲で起きるものであり，平常時を前提とする VaR のみに頼ってリスク管理をすることには危険があると言わざるを得ないのである。

　このため，金融機関に採用されているリスク計量化モデルの妥当性を定期的に検証することが求められている。**バック・テスティング**は，構築した内部モデルと実際に計測された市場価格ベースでのポートフォリオの変化（前日比の損益変化）と比較してみて，モデルの妥当性を検証するものである。また，**ストレス・テスト**も求められる。これは，VaR では把握できないものの例外的に起こりうる最悪のシナリオを想定し，その時に被るであろう重大な損失を検証するものである。ストレス・テストのシナリオには，数多くのリスク・ファクター（たとえば，株価，為替レート，金利）が一斉に動いた状況が含まれる。

第10章

デリバティブのリスク管理

4　期待ショートフォール

過去問題
2023年
問48

　VaR は一定の確率（信頼区間）のもとで発生しうる最大損失額を示すが，VaR を超える損失額がどの程度になるかは分からない。この欠点を補うために近年では**期待ショートフォール**（ES：Expected Shortfall）という指標を用いることが増えている。ES は VaR を超える損失額の期待値で，確率は低いものの発生すると巨大な損失が発生するようなリスク（テイル・リスク：tail risk）も捕捉することが可能である。このため，バーゼル銀行監督委員会(BCBS)では，マーケット・リスクの計測手法を VaR から ES に移行することを決定しており，わが国では 2024（令和 6）年 3 月末から適用される予定である。

　日本証券クリアリング機構(JSCC)では，CDS 取引や金利スワップ取引の証拠金所要額については，すでに**ヒストリカル・シミュレーション方式**（HS：Historical Simulation）による ES を用いているが，2023（令和 5）年 11 月 6 日からは，株価指数先物・オプションや国債先物・オプション，短期金利先物の証拠金所要額についても HS 方式による ES を採用するようになった。

　HS 方式による ES の計算は，当日のポジションについて，過去の一定期間における日々のマーケットデータの変動シナリオを用いて正味現在価値の変動額を算出し，変動額の合計額が負の数となるものについてその絶対値が大きい順に並べ，信頼水準を超える上位の値の平均値を ES とするというフローで行う。

●**期待ショートフォールの計算**

　株価 1,000 円の株式を 10 万株保有するポートフォリオにおいて，過去 700 日の日々のリターンのデータの下位 10 位までの数値が以下のとおりであったとき，保有期間 1 日，信頼水準 99

%におけるポートフォリオの期待ショートフォール（ES）はいくらか。

◇リターンのデータ（下位10位（降順））

-5.20%　-5.34%　-5.56%　-5.61%　-5.88%

-6.10%　-6.66%　-6.70%　-7.22%　-8.12%

損失額の絶対値が信頼水準99％を超えるのは上位1％の7位までなので，

$$ES = 1,000円 \times 10万株 \times (8.12\% + 7.22\% + 6.70\% +$$
$$6.66\% + 6.10\% + 5.88\% + 5.61\%) \div 7$$
$$= 6,612,857円$$

より 6,612,857 円である。

なお，JSCC の ES の計算では，CDS 取引については，データの参照期間750日，信頼水準99％を超える上位1％の平均値，保有期間5日間とし，参照期間におけるデータのほか，過去最大の価格変動について保有期間を通常の2倍（10日間）としたストレス・シナリオも加味している。また，金利スワップ取引については，データの参照期間1,250日，信頼水準99％を超える上位1％の平均値，保有期間5日間（顧客取引の場合には7日間）とし，参照期間におけるデータのほか，過去のストレス日におけるデータも考慮している。指数先物や国債先物・短期金利先物については，データの参照期間1,250日，信頼水準97.5％を超える上位2.5％の平均値，保有期間2日間とし，参照期間におけるデータのほか，過去のストレス日におけるデータも考慮している。

VaR にせよ ES にせよ，リスクをいったん数値化してしまうと，もっともらしい数字のみが一人歩きしがちである。どのようなリスク管理手法であろうとも，計算結果の数値の意味や，その手法にどのような欠点があるのかをリスク管理部門とマネジメントが理解しなければ，真の意味でのリスク管理は達成できない。

第10章

デリバティブのリスク管理

法務リスクの管理

〈学習上のポイント〉 デリバティブ取引は，ISDAの発行する雛型に則った契約書式を使うことが多い。ISDA書式の構成は，取引当事者間で主契約書を取り交わし，個別取引の確認書はこの主契約書を前提に作成されるというものである。ISDA書式の特徴をつかんでおこう。また，モデル・リスク管理の原則についても確認しておこう。

 ## 1　取引契約書の構成

　デリバティブ取引の契約書は，主契約書（マスター・アグリーメント）と個別取引の約定書（コンファメーション）の組合せからなるISDA雛型準拠の形式で取り交わされることが多い。わが国では，必ずしも英文であるISDA雛型を使わず，既存の銀行取引約定書や，独自の金融取引主契約書と個別取引約定書の組合せを用いるケースもある。また，主契約書を使わずに，個別契約につき単独の契約書のみを作成することもある。本項では，デリバティブ取引契約書として最も広く使われているISDA雛型準拠方式を取り上げる。

　ISDA とは，International Swaps and Derivatives Association の頭文字をとって，「イスダ」と呼ぶ国際的なデリバティブ取引に関する業界任意団体で，構成員数は数百社にのぼり，金融機関など主要なデリバティブ取引当事者はほぼすべてメンバーになっている。

当初は，金利・通貨スワップを中心とする金利デリバティブおよびオプションの契約書雛型に限定されていたが，次第に取扱対象商品を広げ，現在では，為替オプションや，新商品であるクレジット・デリバティブ，株式デリバティブなどの雛型をも策定している。

　また，有力な金融機関が国境を越えて参加する規模の大きな協会であるという立場から，デリバティブについての BIS などによる規制案に対して業界としての意見を取りまとめたり，市場規模調査を行ったりと，契約書策定以外の活動も多い。東京を拠点とする ISDA の活動も活発で，特に新商品については，わが国独自の事情を取り込んだ議論がなされている。

　ISDA 方式は，主契約書（**マスター・アグリーメント**；Master Agreement）と個別約定書（**コンファメーション**；Confirmation）の二段構えとなっており，原則としてすべての取引はマスター・アグリーメントの存在が前提である。マスター・アグリーメントには，当事者間で行われるすべての取引の共通項となる契約条件が定められている。当事者が倒産した場合にどうするか，倒産とはどのような事態を指すのか，倒産以外に早期終了とする事由は何かなどが記載事項の例である。これらは，マスター・アグリーメント中の印刷された定型部分（原則として原文のまま適用）で規定されており，これに加えて**スケジュール**と呼ばれる任意取決め事項が合意される。スケジュールでは，契約早期解約の前提条件となる債務不履行限度額や，早期解約の際の取引現在価値の策定方法などを定める。

　マスター・アグリーメントは，英文であり，わが国の金融取引契約では馴染みのない概念も含まれていることから，わが国では交渉に時間がかかることも多く，これを締結する前に個別取引を優先させる場合もある。しかし，取引当事者に不払い，破産などの事由が起きた場合や，担保供与の方法，ネッティング（相殺）などを包括的に決めないまま取引を先行させることは，信用・法務リスク管理

の面からは好ましくない。

　個別取引のコンファメーションは，主要なデリバティブ取引類型については ISDA が公表する約定書雛型に準拠して作成される。ISDA は約定書雛型（実際のコンファメーションの原型となるもの）に加えて，各契約書に使われる用語をまとめた用語定義集（Definitions）を出版していることも多い。また，商品によっては，これに加えてユーザーズガイド（解説書）が存在するものもあり，ISDA 東京支部がこれを邦訳したり，独自の解説書を日本語で作成している場合もある。

 ## 2　マスター・アグリーメント による取引の早期終了

　マスター・アグリーメントには，マスター・アグリーメントに従属するすべての取引を，一定の事由が発生した場合に早期終了して一括清算する**ネッティング**条項が含まれている。法的破綻による処理を待つことなく，予め定める事由を契機に取引を早期終了させ清算するという発想は，本邦の金融取引でも見られるが，マスター・アグリーメントではこれに加えて，すべての取引の終了価値を相殺して一括清算（クローズアウト・ネッティング）するという仕組みを取り入れている。

　以下は，ISDA マスター・アグリーメントの主な早期終了事由である。

> 支払いなどの不履行（Failure to Pay）
> 契約違反（Breach of Agreement）
> 保証債務不履行（Credit Support Default）
> 虚偽表明（Misrepresentation）
> 特定取引における債務不履行(Default under Specified Transaction)

クロス・デフォルト（Cross Default）
破産（Bankruptcy）
債務承継のない合併（Merger without assumption）

　早期終了事由のいずれかが発生すると，マスター・アグリーメントの支配下にある取引相手との間に存在するすべての契約が一括終了し，終了時点での現在価値を基準として清算が行われる。

　早期終了の受払清算金額については，市場参加者による価格算出（Market Quotation），実損害額（Loss）などの算出方法を，予めスケジュールで選択しておく。市場参加者による価格算出方式では，複数の市場参加者に早期終了価値を算出してもらい，最高値と最低値を除いた残りの平均値を清算金額とする。実損額方式では，損害賠償を請求する側（または予め定める取引当事者）が損害額を算定する。一見，市場参加者による価格算出が公平なように見えるが，契約の数が膨大な場合には，市場参加者が本当に価格を出してくれるかどうか見極めがつかない。代替取引価値方式（Replacement Value）によって，客観的な時価の算出方法を予め合意しておき，これを用いて清算価値を求めるという方法が選択されることもある。

　清算金額の支払いについては，Full Two Way（当事者双方から支払いが発生しうる）と，Limited Two Way（早期終了事由を起こした側の当事者には損害請求権がない）という選択肢がある。マスター・アグリーメント 1987 年版では Limited が原則であったが，1992 年版ではスケジュールによる選択制となっており，市場慣行は Full の選択となっている。

　清算金額の算出については，存在するすべての取引の清算金額の受払いを通算した結果の差額のみの決済でよいというネッティングの考え方が採用されている。わが国では，1998 年に施行されたネッティング法によりその有効性が承認された。概念は民法上の相殺に

似ており，清算時点での取引時価の正負を通算して，差額を支払い（または受取り）とする方式である。

　ネッティングがなければ，個別取引の早期終了時価を，それぞれの取引について清算することになる。つまり，支払う取引については全額支払ったうえで，受け取る取引については倒産会社の清算配当などの手続による。つまり，支払うほうは確実に100%支払わなくてはならないが，受け取るほうは100%受け取ることができるとは限らない（多くの場合100%未満であろう）。これに対して，ネッティングがあれば，受取相当額が支払相当額を上回る部分だけが清算配当などの対象となる。つまり，支払額が受取額の一部または全部を担保しており，その結果信用リスク額は小さくなるのである。

　マスター・アグリーメントでは，契約を一括して担保を付する補遺(Credit Support Annex, CSA)を設定することもできる。また，早期終了条項(Mutual Put)あるいは期限前終了特約(Early Termination Options, ETOs)を設けて，オプションの行使により契約を中途解約できるようにすることも可能である。デリバティブ取引残高が急増する一方で，取引相手の信用リスク管理の重要性は高まっており，ネッティング，一括担保，早期終了条項などは取引相手の信用リスクの軽減を図る重要な役割を果たしている。

　　## 3　モデル・リスクの管理　

過去問題
2023年
問49

　デリバティブを組み込んだ複雑な金融商品はその評価やヘッジ，リスク計測といったリスク管理に高度なファイナンス工学の知識が求められ，商品の多様化やそれに伴う新しい市場の形成とともに，管理ツールであるプライシング・モデルやリスク計測モデルも複雑なものとなってきた。モデルの誤りや不適切な使用は，誤った情報に基づく意思決定につながり，結果として金融機関の収益，財務状

況，レピュテーションなどに重大な損害を与えかねないことから，2021（令和3）年に金融庁は，わが国の金融業界におけるモデル・リスク管理実務のさらなる発展を促す目的として「モデル・リスク管理に関する原則」を発表した。

　当該原則においては，「**モデル**」とは，定量的な手法であって，理論や仮定に基づきインプットデータを処理し，アウトプット（推定値，予測値，スコア，分類等）を出力するものとし，「**モデル・リスク**」とは，モデルの誤りまたは不適切な使用に基づく意思決定によって悪影響が生じるリスクと定義している。そして，モデルに内在する不確実性として，①モデルの構築においては，様々な選択肢から手法や仮定等を選択するが，この選択次第でモデルのアウトプットは大きく異なり得ること(モデリングによる不確実性)，②モデルのアウトプットは推定値や予測値など直接的な観測が困難なものの推計等であり，その性質に伴う不確実性が存在すること（アウトプットの性質による不確実性）を挙げ，これらがモデルに基づく意思決定を誤らせる可能性をもたらし，モデル・リスクを生じさせる本質的な要因となっていると指摘している。そして，金融機関がモデル・リスク管理態勢を構築し，管理を行っていく際に考慮すべき以下の原則を示している。

　原則1－ガバナンス：取締役会等および上級管理職は，モデル・リスクを包括的に管理するための態勢を構築すべきである。

　原則2－モデルの特定，インベントリー管理およびリスク格付：金融機関は，管理すべきモデルを特定し，モデル・インベントリーに記録した上で，各モデルに対してリスク格付を付与するべきである。

　原則3－モデル開発：金融機関は，適切なモデル開発プロセスを整備すべきである。モデル開発においては，モデル記述書を適切に作成し，モデル・テストを実施すべきである。

第10章　デリバティブのリスク管理

　原則4－モデル承認：金融機関は，モデル・ライフサイクルのステージ（モデルの使用開始時，重要な変更の発生時，再検証時等）に応じたモデルの内部承認プロセスを有するべきである。

　原則5－継続モニタリング：モデルの使用開始後は，モデルが意図したとおりに機能していることを確認するために，第1線によって継続的にモニタリングされるべきである。

　原則6－モデル検証：第2線が担う重要な牽制機能として，金融機関はモデルの独立検証を実施すべきである。独立検証には，モデルの正式な使用開始前の検証，重要な変更時の検証およびモデル使用開始後の再検証が含まれる。

　原則7－ベンダー・モデルおよび外部リソースの活用：金融機関がベンダー・モデル等や外部リソースを活用する場合，それらのモデル等や外部リソースの活用に対して適切な統制を行うべきである。

デリバティブの信用リスク管理

〈学習上のポイント〉

デリバティブの取引相手に関する信用リスクの管理は，取引当事者にとっては避けて通れない命題である。資金貸借などの金銭取引と異なり，デリバティブでは想定元本よりはるかに小さなリスク量や，投下資金よりはるかに大きなリスクが発生することもあり，時価変動のリスク把握だけではなく，取引相手の信用リスク管理という側面からもこれを計量化する手法の整備が必要である。

 ## 1　信用リスクとは

　デリバティブ取引の相手方が倒産したり，債務不履行を起こしたりすれば，金融取引から損失が発生する可能性がある。取引相手に関する信用リスクの問題である。デリバティブの信用リスクを論じる前に，一般的に金融取引から発生する信用リスクとは何かをまず検討してみよう。

　最も簡単な例は，お金を貸した相手が倒産してしまい，債務者が価値のある資産を全くもっていなかったために，貸付金の元本が全額返ってこなかったというケースである。この例では，信用リスクが顕在化したことによる損失額は元本額の100％となる。投資家が社債を保有しており，その発行体がデフォルトし，償還金がゼロとなるケースも同様の信用リスクである。同じデフォルトでも，発行

体は倒産したものの，その会社には資産が残っていたために債券保有者に支払配当が 70％あった，というケースも考えられる。

　つまり，信用リスクにはいくつかの要素があることがわかる。まず，「**リスク額**はいくらか」である。貸付や社債では，元本（または元本と利息の合計額）が信用リスク額である。これは，取引相手倒産の場合に，損をするかもしれない最大値である。次に，「倒産[3]する可能性がどのくらいあるか（**倒産確率**）」を考える。取引相手の格付がとても高く，倒産する可能性が皆無に近い場合には信用リスクは小さいであろう。倒産確率が低い債務者に対する貸出では，損失の準備ともいえる引当金を計上する必要はほとんどないであろう。最後に，「倒産した場合の回収見込額はどのくらいか（**回収率**）」である。貸付と社債の例で述べたように，会社の倒産では，資産が残っているかどうかで債権者の回収額は異なる。担保をとっていたり，他の債権者に優先する（または劣後する）ような債権であれば，同じ倒産会社からでも回収できる金額は変わってくるであろう。

　倒産確率は，格付機関や内部システムによる格付をもとに，一定の期間のうちにどのくらい倒産する可能性があるかを経験則的に考える。回収見込額については，債権の条件（弁済順位など）によっても異なるが，一般的には対象会社の財務内容，事業内容，信用リスク劣化に至る経緯などから，経験則的に算出する。回収率は，データ集めに困難が予測される。アメリカでは，格付機関が債券，ローンなどの商品ごとにかなり詳細な市場データを公表しており，これを使うことができるが，わが国の市場ではこういったデータは未整備である。仮に，元本 10 億円のローンについて対象信用リスクの

---

[3] 「倒産」という法律用語はなく，会社のいわゆる倒産という状態の定義は様々である。ここでは，ISDA マスター・アグリーメントに定める早期終了事由，すなわち破産や会社更生法の適用のみではなく，債務不払いやクロス・デフォルトも含む広義の事象を「倒産」として話を進める。

倒産確率を 5％，回収率を 50％とすると，このローンの期待損失額[4]は

期待損失額＝信用リスク額×倒産確率×（ 1 －回収率）

＝10 億円×5％×50％＝ 2,500 万円

より，2,500 万円となる。2,500 万円以上儲かるのであれば，このローンを行い，儲けがこれより少なければ行わない，という判断基準となる[5]。

 **2　デリバティブ取引の
信用リスク**

(1)　デリバティブ取引の含み益

では，デリバティブではどのように信用リスクを考えればよいのであろうか。3 つの要素のうち，倒産確率と回収率については，貸付

過去問題

2023年
問35
問47
2022年
問35
2021年
問35
問48
2020年
問35
問47
問49

第10章

デリバティブのリスク管理

---

[4] 予想される損失額（＝元本×（ 1 －回収率））に，その損失が発生する確率（＝倒産可能性）を掛けた額を期待損失額と呼んでいる。これは，統計用語の期待値からきている。期待値の計算例：10％の可能性で 1,000 円儲かり，90％の可能性で 100 円損する賭けの期待値は，「10％×1,000－90％×100＝10 円」である。

[5] 米国投資会社アルケゴス（少数の米国および中国のテクノロジー企業やメディア企業に投資する，ファミリーオフィスと呼ばれる法人）が 2021 年 3 月に債務不履行となったことにより，日系金融機関を含む複数の大規模金融機関において総額 1 兆円を超える損失が発生したことを受け，2022 年 4 月に金融庁は「米国投資会社の破綻事案を踏まえた監督上の留意点と対応」を公表した。金融庁は，損失の主な要因となった取引は株式を参照するデリバティブ取引（トータル・リターン・スワップ）であったとし，国際的に証券ビジネスを展開する金融機関については，①事業戦略に見合ったガバナンスやリスク管理の態勢整備（事業全般における留意点）および②取引相手方の信用リスク管理（デリバティブ取引における留意点）を踏まえつつ，実効的なガバナンスやリスク管理態勢の構築，改善，高度化等の状況について，注視していくとした。

[6] 回収率については，取引の種類によって異なる場合もある。各国の倒産処理慣行，法制などにより異なるもので，500 万円以下の少額債権は優先弁済するという取決めや，債権者の数が少なく，同意を得られやすい貸付債権について社債より不利な弁済率を合意するなどの事例がこれに当たる。

と同じに考えればよいであろう[6]。しかし，信用リスク額は貸付のように元本 100％というわけにはいかない。デリバティブ取引では，貸付とは異なり，元本の一方的な払込みや受取りが存在しない。したがって多くの場合，契約期間途中で相手方が倒産しても，元本全額が信用リスクにさらされるわけではないのである。

　では，どのように信用リスク額を計上すればよいのであろうか。例として，固定金利受取りのスワップを考えてみよう。

> 固定金利：　0.50％（年 2 回払い，実日数/365 日）受取り
> 変動金利：　TONA 複利（年 2 回払い，実日数/365 日）支払い
> 想定元本：　10 億円
> 残存期間：　5 年間

　現在，市場の 5 年スワップ金利が 0.39％であるとすると，0.50％の固定金利を受け取る残存 5 年の既存のスワップの取引相手が倒産した場合には，代替取引として固定金利受取りの 5 年間スワップを，新レート 0.39％で行うことになる（図表 10-8）。

　今まであった 0.50％より低い 0.39％で固定金利を受ける羽目になるのであるから，損をすることになる。その損失相当額（再構築コスト）は，このスワップ取引の時価[7]（含み益）にほかならない。取引相手が倒産すれば，含み益は実現されなくなってしまうため，これが損失額となるのである。含み益のあるデリバティブ取引の相手が倒産した場合には，デリバティブ取引を早期に終了させ，含み益相当額（デリバティブ時価）を取引相手に請求する。

　逆に，含み損のデリバティブ取引の相手方が倒産した場合には，含み損相当額を相手に支払う場合と，支払わない場合がある[8]。時価

---

[7] デリバティブ時価の算出については，第 7 章第 2 節参照。
[8] マスター・アグリーメントの契約条項による。Full Two Way か Limited Two Way の差である（前節参照）。

図表 10-8　デリバティブ取引相手の倒産

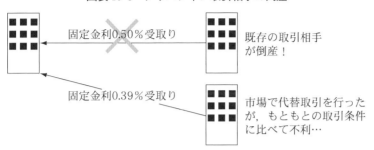

| 固定金利0.50%受取り | 既存の取引相手が倒産！ |
| 固定金利0.39%受取り | 市場で代替取引を行ったが，もともとの取引条件に比べて不利… |

をマイナスで計上していた分を支払うか，あるいは時価はマイナスであったにもかかわらず支払いが発生しないかということであり，前者は損益ゼロ，後者では相手が倒産した場合に益が出ることになろう。いずれにせよ，信用リスク管理上はリスク額は最大ゼロ[9]である。

　さて，倒産時のデリバティブ取引の時価がリスク額であることはわかったが，このリスク額は実際に倒産が発生し，そのときの市場金利などが判明しないと決まらない。しかし，決まらないからといってリスク額がゼロというわけにはいかない。したがって，この額を何らかの方法で予測して，リスク管理の対象とすることが必要になる。まず，手がかりとなるのは本日時点での取引時価である。図表 10-8 の例のスワップ取引の本日付時価を 5,465,705 円（含み益）とすると，この額が本日付での A 社に対するリスク額である。ただし，この取引はこれから 5 年間続くため，この残存期間分の市場金利変動によって追加で発生するかもしれないリスクを，さらに計量化する必要がある。

(2)　将来発生しうる信用リスク額の推定

　「将来発生するかもしれないリスク額」の算定手法の 1 つが，本

---

[9]　ネッティングや相殺が働くときには，他に含み益取引があればこれを通算することができるため，リスク額がマイナスであるという考え方もできる。

章 2 節 3 項で説明した VaR の考え方である。VaR は，統計の確率の考え方を使って，「一定以上の確率で到達しうる最悪シナリオの市場価格」を算出し，これに基づいて予測損失額を計算する手法である。市場性リスクの VaR では，取引の含み損が拡大する方向への市場価格変動を予測して，リスク額を算出した。これに対して，信用リスク管理では，含み益である場合が問題となるため，市場性リスク管理とは逆方向に市場価格変動シナリオを設定して，リスク額を算出する。

　「固定金利受けの金利スワップ」の例（図表 10-8）では，市場金利が上昇すれば時価が損失方向に振れ，市場金利が下落すれば時価は益の方向に振れる。したがって，金利リスク管理 VaR では金利上昇をリスクシナリオを考えるが，信用リスクの管理では金利下落をリスクシナリオとして計算するのである。VaR のところで解説したように，変動率（ボラティリティ）から信頼区間（例：99%の確率）に対応する変動幅を求め，統計的にほぼ最悪と考えられるシナリオの予測金利を求める。その金利で，金利スワップの時価を算出し，これを信用リスク額と考えるのである。

　取引相手とのデリバティブ取引が 1 件しかない場合には，取引相手倒産の場合には，その 1 件だけの取引を早期に終了させ，含み益であれば時価分の支払いを請求し，含み損であれば時価相当額を払う（または全く払わない[10]）。取引が複数存在し，その現在価値に含み損益が入り混じっている場合には，ネッティング条項が有効であるかどうか[11]により，リスク額は異なる。ネッティングが有効であれ

---

[10] Full Two Way か Limited Two Way の差である。
[11] ISDA マスター・アグリーメントでネッティングを適用としているか，類似の契約書によって一括清算を指定している場合を指す。また，主要 OECD 諸国（日本を含む）では，ネッティングは法律によっても認められ，有効であるが，国によってはネッティングの効果が認められないこともある。

ば，リスク額はすべての時価をプラスマイナス通算して算出される。
したがって，信用リスク額の管理においても，現在価値および将来
の予測リスク額をプラスマイナス通算する。ネッティング条項が有
効でない場合には，リスク額のうちプラス（含み益）のものだけを
合計して管理することになる。

(3)　信用リスクを考慮したデリバティブ取引の時価評価

　取引相手の信用リスクには，取引相手がデフォルトすることによっ
て含み益が回収できなくなるリスクのほかに，その信用力の低下によ
ってデリバティブ取引の時価が毀損するリスクも含まれる。CVA
(Credit Valuation Adjustment；信用評価調整) は取引相手の信用力
の低下による時価の毀損部分を表すもので，取引相手がデフォルトす
る可能性がないという仮定のもとで評価されるデリバティブの時価
と，取引相手のデフォルトする可能性を考慮した時価との差額として
定義される。当然のことながら，CVA は取引相手の信用力が低下する
ほど増加するので，当該取引の時価は下落することになる。

　また，取引相手の信用リスクのみではなく，自己の信用リスクも
同様に勘案して CVA を計算する方法もあり，これを双方向 CVA
(Bilateral CVA) という。DVA (Debt Valuation Adjustment；債
務評価調整) とは，双方向 CVA において自己の信用リスクに応じて
計算される CVA をいう。CVA による評価手法はこれまで欧米の
会計基準上で行われていたが，バーゼルIIIで規制の対象となり，日
本でも 2013 (平成 25) 年 3 月 31 日より国際統一基準行に適用され
ている。

　ここで問題となるのが，デリバティブ取引のもつ価格変動リスク
と取引相手のデフォルト・リスクの相関関係である。特に，デリバ
ティブ取引で潜在的な含み益（エクスポージャー）が高まる時に取
引相手方の信用リスクが高まるような状況は，この含み益が実現し
ない確率が高くなることを意味し，問題となる。このようなリスク

は**誤方向リスク**（wrong-way risk）と呼ばれ，取引によっては評価が必要となる。実際，2007〜08 年の金融危機時には，モノライン（米国金融保証会社）や AIG といった CDS の売り手が信用不安に陥り，これら金融機関から CDS を購入した金融機関にとっては，取引相手方の信用リスクとその取引のエクスポージャーが同時にしかも急激に高まることにより CVA が増大し，市場全体で巨額の時価評価損失が生じた。

誤方向リスクは，個別誤方向リスクと一般誤方向リスクに分類できる。個別誤方向リスクは，個々の取引に固有なものであり，取引のエクスポージャーと取引相手方の信用水準の間にもっともらしい負の相互依存関係が存在する場合に生じるものである。一方，一般誤方向リスクは，取引のエクスポージャーと取引相手方の信用水準が，金利・株価・為替レートなどの一般的な市場要因の影響を受けて負の相互依存関係を形成する場合に生じるものである。個別誤方向リスクは，当該リスクを含む取引を極力行わないことで制御できるので，リスク管理上で問題となるのは一般誤方向リスクであるといえる。

(4) **ポートフォリオ・コンプレッション**

信用リスクの軽減法の1つに**ポートフォリオ・コンプレッション**（Portforio Compression）がある。これは，相手方あるいは複数の取引者の間で相殺可能な店頭デリバティブ契約を同時に解約し，デリバティブ取引のポジションを圧縮するものである。

日本証券クリアリング機構（JSCC）では，下記のコンプレッション制度が利用可能である。

① **取引毎コンプレッション**

取引毎コンプレッションは，清算参加者からの申請により，日次で実施され，所定のマッチング条件を満たす複数の取引について，コンプレッションにより解約し，必要に応じて想定元本をネッティ

ングした新規の取引に置き換えるものである。固定金利も含めて同一条件（想定元本以外）の取引が対象になる。

② 　クーポン・ブレンディング

クーポン・ブレンディングは，所定の条件を満たしている固定金利の異なる取引についても，圧縮可能とするものである。

③ 　JSCC 提案型コンプレッション

JSCC 提案型コンプレッションは，複数の利用者が同時に参加して行うコンプレッションで，利用者が解約を希望する取引群を基にJSCC 自身が解約取引などの提案を行うものである。

④ 　一括コンプレッション

一括コンプレッションは，複数の利用者が同時に参加して行うコンプレッションで，その事務処理においては，バイラテラル取引や海外 CCP 取引の圧縮処理で実績のある TriOptima 社のサービスが利用される。

⑤ 　参加者提案型コンプレッション

参加者提案型コンプレッションは，一または複数の清算参加者が自ら解約および成立する取引について作成した提案を基に圧縮を実現する機能で，具体的なオペレーション・フローは，TriOptima 社の一括コンプレッションに係るフローを基本として構築される。これにより，ベーシス・スワップのスプレッド・ブレンディング，各参加者の任意のロジックによるクーポン・ブレンディング，複数参加者を跨いだクーポン・ブレンディングなどの実施が可能となる。

第10章

デリバティブのリスク管理

5 デリバティブの会計(概論)

〈学習上のポイント〉

デリバティブは，原則として時価会計を要求される金融商品であるが，一定の要件を満たせばヘッジ会計などの取扱いも認められている。デリバティブの会計は，企業やその利用目的によっても異なり，一概に説明できるものではないが，本節では基本的な概念を学んでおこう。

　デリバティブ取引の会計上の取扱いは，企業収益開示への影響という意味では取引リスクの１つであるといえるかもしれない。本節では，わが国での取扱い概論を述べるにとどめる。

 ## 1 金融商品会計

　金融商品の会計処理については，1999 (平成 11) 年 1 月 22 日に企業会計審議会が「金融商品に係る会計基準」を公表し，2006（平成18)年 8 月 11 日には企業会計審議会の役割を引き継いだ企業会計基準委員会により「金融商品に関する会計基準」(会計基準)が公表された。また，2000 (平成 12) 年 1 月 31 日には日本公認会計士協会が「金融商品会計に関する実務指針」(実務指針)を公表し，同年 9 月14 日には同協会が「金融商品会計に関するＱ＆Ａ」を公表した。2019年 7 月 4 日には企業会計基準委員会より「時価の算定に関する会計基準」も公表されている。これらの基準等はその後，改正がなされ，デリバティブを含む金融商品会計の指針となっている。また，金融

機関によるデリバティブの取扱いについては，1997（平成9）年1月
17日に日本公認会計士協会から金融機関に関する特例を定めた「銀
行等金融機関のデリバティブ取引の監査手続に関する実務指針」が
公表されている。この指針は2008（平成20）年9月2日に改正がな
され，その後も改正を加え，今日に至っている。

　会計基準では，先物取引（フューチャー），先渡取引（フォワード），
オプション取引，スワップ取引およびこれらに類似する取引をデリ
バティブ取引と規定し，実務指針ではクレジット・デリバティブお
よびウェザー・デリバティブも金融商品会計基準の対象であること
を述べている。

　会計基準によれば，デリバティブ取引により生じる正味の債権お
よび債務は，原則として期末**時価**を貸借対照表に計上し，前期末と
の評価差額は，ヘッジに係るものを除き，**当期の純損益**として損益
計算書に計上することになる。

　時価とは公正な評価額をいい，市場において形成されている取引
価格，気配または指標その他の相場（市場価格）に基づく価額をい
い，また，デリバティブ取引等において，個々のデリバティブ取引
について市場価格がない場合でも，当該デリバティブ取引の対象と
している何らかの金融商品の市場価格に基づき合理的に価額が算定
できるときの当該価額は，公正な評価額と認められる。ただし，デ
リバティブ取引の対象となる金融商品に市場価格がないこと等によ
り時価を把握することが極めて困難と認められる場合には，取得価
額をもって貸借対照表価額とすることができる。

　また，複数種類の金融資産または金融負債が組み合わされている
複合金融商品については，新株予約権付社債にあっては，転換社債
型新株予約権付社債は，区分せず普通社債の取得に準じて処理し（発
行者は区分処理も可能），転換社債型新株予約権付社債以外の新株予
約権付社債は，社債の対価部分と新株予約権の対価部分とに区分し

て処理するとしている。契約の一方の当事者の払込資本を増加させる可能性のある部分を含まないその他の複合金融商品は，原則として，それを構成する個々の金融資産または金融負債とに区分せず一体として処理するとされる。

2　ヘッジ会計の原則

　ヘッジ取引のうち一定の要件を充たすものについては，ヘッジ対象に係る損益とヘッジ手段に係る損益を同一の会計期間に認識し，ヘッジの効果を会計に反映させるための特殊な会計処理が行われる。これを**ヘッジ会計**という。

　ヘッジ取引とは，ヘッジ対象の資産または負債に係る相場変動を相殺するか，ヘッジ対象の資産または負債に係るキャッシュフローを固定してその変動を回避することにより，ヘッジ対象である資産または負債の価格変動，金利変動及び為替変動といった相場変動等による損失の可能性を減殺することを目的として，デリバティブ取引をヘッジ手段として用いる取引をいう。ヘッジ対象には，予定取引（未履行の確定契約を含む）により発生が見込まれる資産または負債も含まれる。ただし，予定取引については，主要な取引条件が合理的に予測可能であり，かつ，その実行される可能性が極めて高い取引に限定される。

　ヘッジ会計は，原則として，時価評価されているヘッジ手段に係る損益または評価差額を，ヘッジ対象に係る損益が認識されるまで純資産の部において繰り延べる方法による（**繰延ヘッジ会計**）。

　繰延ヘッジとは逆に，ヘッジ対象である資産または負債に係る相場変動等を損益に反映させることにより，その損益とヘッジ手段に係る損益とを同一の会計期間に認識することもできる（**時価ヘッジ会計**）。しかし，この処理方法の適用対象は，ヘッジ対象の時価を貸

借対照表価額とすることが認められているものに限定され，会計基準の規定との関係上，現時点では「その他有価証券」のみであると解釈されている。

　なお，ヘッジ取引にヘッジ会計が適用されるためには，

(1) ヘッジ取引時において，ヘッジ取引が企業のリスク管理方針に従ったものであることが次のいずれかによって客観的に認められること（事前要件），

　① 当該取引が企業のリスク管理方針に従ったものであることが，文書により確認できること

　② 企業のリスク管理方針に関して明確な内部規定及び内部統制組織が存在し，当該取引がこれに従って処理されることが期待されること

(2) ヘッジ取引時以降において，ヘッジ対象の相場変動またはキャッシュフロー変動がヘッジ手段によって高い水準で相殺されたかどうかを定期的に確認すること（事後テスト）

が必要である。

　(1) ①は，企業が比較的単純な形でヘッジ取引を行っている場合を想定しており，②は，企業が多数のヘッジ取引を行っており，個別のヘッジ取引とリスク管理方針との関係を具体的に文書化することが困難な場合を想定している。また，上記の要件を適用するにあたっては，ヘッジ取引時において，①ヘッジ手段とヘッジ対象，②相場変動またはキャッシュフロー変動の相殺の有効性を評価する方法が，正式な文書によって明確になっていること（事前テスト）が必要になる。

 ## 3　包括ヘッジ

　包括ヘッジは，リスクの性質が同じ複数の資産または負債をグル

ーピング（ポートフォリオ化）してヘッジ対象を識別し，リスクを包括的にヘッジする手法である。リスク要因（金利リスク，為替リスクなど）が共通しており，かつ，リスクに対する反応が同一グループ内の個々の資産または負債との間でほぼ一様である場合に認められている。

　したがって，金利変動により時価変動が生じることは個々の資産または負債で共通していても，満期日が著しく相違することなどにより，金利変動に伴う時価変動の割合が個々の資産または負債との間で一様でないような場合には，包括ヘッジの対象として扱うことはできない。個々の資産または負債の時価の変動割合またはキャッシュフローの変動割合が，ポートフォリオ全体の変動割合に対して，上下10％を目安にその範囲内にあれば，個々の資産または負債はリスクに対する反応がほぼ一様であるとして取り扱われる。

　複数銘柄による株式ポートフォリオの時価変動を株価指数先物取引などでヘッジしようとする場合には，個々の銘柄の株価が株価指数先物価格と同様に反応するとはいえず，株式ポートフォリオは一般的に包括ヘッジの対象とはならない。

　なお，ヘッジ手段に係る損益または評価差額は，損益が認識された個々の資産または負債に合理的な方法により配分することになる。

　実務指針は一般事業会社への適用を前提に作成されており，多数の金融資産および金融負債を保有している銀行業にそのまま適用することが適切でないケースも認められることから，2000（平成12年）年2月13日に日本公認会計士協会は，業種別監査委員会報告第15号「銀行業における金融商品会計基準適用に関する当面の会計上及び監査上の取扱い」（旧報告）を公表した。この報告は2002年3月31日に終了する事業年度までの当面の取扱いであったため，2002年4月1日以後開始する事業年度及び中間会計期間から適用するヘッ

ジ会計等の新たな会計処理について検討がなされ，2002（平成14）年2月13日に業種別監査委員会報告第24号「銀行業における金融商品会計基準適用に関する当面の会計上及び監査上の取扱い」（新報告）を公表した。

　新報告においては，旧報告において経過的に認められていたリスク調整アプローチによるマクロヘッジの取扱い[12]が廃止され，ヘッジ会計の適用においては，ヘッジ対象である金融資産および金融負債のそれぞれとヘッジ手段との明確な対応が求められることになった。ただし，銀行の保有する金銭債権債務の一部について，リスクの共通する金銭債権または金銭債務をグルーピングした上で，ヘッジ対象を識別して行う包括ヘッジは認められており，新報告では銀行業に包括ヘッジを適用する場合の取扱いが規定されている。たとえば，相場変動を相殺するヘッジにおける包括ヘッジの要件については，以下のように規定している。

　個々の資産または負債ごとのリスク指標（ベーシス・ポイント・バリュー（BPV）やデュレーションなど）を満期までの期間（残存期間）を基準として集計し，計測している場合には，包括ヘッジの要件である「金利リスクに対する反応が同一グループ内の個々の資産または負債との間でほぼ一様である」ことがある程度担保されていると推測される。この場合，通貨種類ごとにグルーピングを行い，期間については，公表金利，過去のイールドカーブの変化等を参考に金利リスクに対する反応が同一グループ内の個々の資産または負債との間でほぼ一様となるように決定することが必要である。なお，イールドカーブが通常の状態である場合，1年以内のグルーピング

---

[12] ヘッジ対象を特定せず，銀行が有する資産・負債のリスクを総体的に管理するALMの観点で行うデリバティブ取引につき，ヘッジ対象の損益認識基準に対応する部分については発生主義会計，期中手仕舞い損益は定額法による償却などの特別な取扱いを定めたものである。

であれば，通常は金利リスクに対する反応が同一グループ内の個々の資産または負債との間でほぼ一様であると取り扱うことができる。

　また，外貨建取引等に関しては，2002（平成14）年7月29日に業種別監査委員会報告第 25 号「銀行業における外貨建取引等の会計処理に関する会計上及び監査上の取扱い」が公表された。同報告は，2020（令和2）年9月29日に企業会計基準委員会から実務対応報告第 40 号「LIBOR を参照する金融商品に関するヘッジ会計の取扱い」が公表されたことを踏まえ，同年10月8日に業務委員会実務指針第 25 号として改正された。

4　金利スワップの特例処理

　金利スワップが資産または負債に係る金利の受払条件を変換することを目的として利用されている場合には，当該金利スワップが金利変換の対象となる資産または負債とヘッジ会計の要件を充たしており，かつ，その想定元本，利息の受払条件および契約期間が当該資産または負債とほぼ同一であれば，金利スワップを時価評価せず，その金銭の受払の純額等を当該資産または負債に係る利息に加減して処理することができる。

　たとえば，変動金利での借入れについて，金利が変動するリスクを避けるため，変動金利を受け取り，固定金利を支払う金利スワップを締結した場合，金利スワップによる金銭の受払いの純額をヘッジ対象の利息に加減できれば，会計上も実質的に支払利息が固定金利に変換されたことになるのである。

　支払金利に係るキャップ取引および受取金利に係るフロアー取引についても，金利スワップに準じて特例処理の対象とすることができる。この場合，取引開始時に受渡されるオプション料相当額につ

いては，利息の調整額として，ヘッジ対象である資産または負債の契約期間にわたって配分することになっている。

　なお，金利スワップについて特例処理の要件を満たさない場合であっても，ヘッジ会計の要件を満たすときは，繰延ヘッジの方法によりヘッジ会計を適用することができる。繰延ヘッジ会計が，ヘッジ対象とヘッジ手段の損益の計上時期のずれをなくすためにヘッジ手段の損益を繰り延べるという会計処理であるのに対し，金利スワップの特例処理は，金利スワップ（ヘッジ手段）の時価変動額を損益に計上しない会計処理といえる。

その他のリスク管理—新商品の導入にあたって

〈学習上のポイント〉 デリバティブの世界では，日進月歩で商品が発明され，既存の商品についても新しいバリエーションが恒常的に生まれている。このような新商品に機動的に取り組む社内体制の構築が重要であることは言うまでもない。リスクの分析，管理，および事後チェックの例をまとめる。

　ここまでに検討してきたように，デリバティブには様々なリスクがある。特に市場で生まれたばかりの新商品や，会社として初めて取り組む商品については，リスクに対応する管理体制を整える必要があることは言うまでもない。90年代に金融工学が全盛期を迎え，デリバティブ商品の仕組みそのものが急激に複雑化したという事情もある。また，債券やローンに組み込んだ複合商品や，信託と組み合わせた取引などでは，デリバティブ単独のリスクを把握するのが難しいケースも多く，思いがけない損失につながる例も見られた。

　本節では，ここまでのまとめを兼ねて，デリバティブ新商品に取り組む際の留意点をリストにしてみよう（図表10-9）。

　新商品の導入に際して，必ずすべてのリスクをチェックし，必要なサポート体制ができているかを各セクションごとに承認する何らかの稟議システムが一般的であるが，「マネジメント」による総合判断という要素を取り込んでおくことは，責任の所在をはっきりさせるというだけでなく，異なる商品の承認に統一的な判断基準を設けるという意味でも有効である。欧米の金融機関では，マネジメン

図表 10-9　新商品導入にあたってのチェック項目例

- 時価の計算，市場性リスクのポジション把握の計算手法が確立しているか（フロント）
- 上記計算のシステム化，他商品との統合管理ができるか（フロント，ミドル）
- 資金調達や運用が必要であるか（財務）
- 所要資本，リスク量はどのくらいであるか（財務）
- 信用リスク管理の計算，システム対応はできているか（審査）
- 経理処理，リスク資産の計上方法は確立しているか（経理）
- 税務上の取扱いは確立しているか（経理）
- 法制上の取組みに問題はないか（法務）
- 契約書雛形は準備されているか（法務）
- 事務処理フローは確立しているか（バックオフィス）
- フロントと独立して時価算定をし，フロントが算出する損益チェックができるか（ミドルオフィス）
- チェック項目はすべてクリアされているか（監査）
- 商品性，経済効果などすべての項目を勘案して，この商品を認可するべきか（マネジメント）

※（ ）内は担当部署例

トに直結する新商品承認委員会が設けられていることも珍しくなく，日進月歩の金融市場にあって新商品にいち早く取り組むことの重要性が認識されている証左とも言える。

　マネジメントの関与を含む新商品承認プロセスを予め定めておくことで，取組対象となりうる新商品が出現した場合に機動的に対応することができる。通常，最初に新商品への取組みを提唱するのは，市場に接するフロントの役割であることが多い。戦略的に海外ですでに取り組まれている新商品を導入する場合には，マネジメントあるいはそれに近い部署が承認プロセスを始動することもある。

　いずれにせよ，承認プロセスを引っ張るのは最初の提唱者であるが，新しい商品を忌避するのではなく，客観的にリスク分析して各部署が協力的に商品承認プロセスを進められるかどうかについて

第10章

デリバティブのリスク管理

も，新商品導入の最終意思決定と，導入後のフォローアップ，万が一のときのリスクの所在をマネジメントのレベルに上げておくことで，大幅に効率が上がる。

　細目のチェックは，商品性に関する項目とサポート体制に関する項目に大別できる。商品性については，業態，所在地に照らして法律・規則上の問題がないか（承認が得られているか）が最重点項目といえる。たとえば，アメリカで開発された商品をわが国に導入する場合には，わが国の法律に照らして問題がないか，業態として監督官庁の承認が必要かどうかは，まず一番最初にチェックする項目である。ほとんどの場合には，問題がないとする社外弁護士意見（Legal Opinion）が要求される。同様に，会計・税務の面で取組みに問題がないかのチェックもなされる。

　商品性をチェックする弁護士意見の取得と同時進行で，サポート体制の整備を行う。フロントとミドルオフィスで，時価算出やポジション管理システムを構築することは必須である。金融工学的な新商品では，とりあえずスプレッドシートにプログラムを組んで個別対応し，商品への取組みが本格化したところで既存のデリバティブ管理システムに組み込むプログラミングを進めることも多い。デリバティブの時価・ポジション管理システムは外注であることも多く，内部で構築されている場合でも，画期的な新商品が出現すると対応はそう簡単には進まないため，多くの金融機関では，エクセルなどのスプレッドシートにオーダーメイドの関数を組み込んで，新商品の時価算定を機動的に行えるような体制を整えていることが多いようである。

　時価やポジションの把握と並んで，事務処理を定めることも重要である。多くの場合，既存の帳票や決済システムを借用することから始めて，取組みが本格化したところで個別対応のプロセスを構築することになるであろう。たとえば，クレジット・デフォルト・ス

ワップが導入された頃は，キャッシュ・フロー部分（フィーの支払いや受取り）については，デリバティブ取引（変動金利と変動金利＋スプレッドという帳票処理をした金融機関もあったようである）システムを使い，信用リスク部分の管理は社債トレーディング（またはローンのブッキング）システムに架空銘柄の伝票を入力することで対応した例もあった。その後，取引残高が増えて必要が認められ，専用の管理・処理システムを構築することになる。

　サポート体制項目としては，取引相手信用リスク量計測モデルやパラメータの設定，税務・会計上の取扱い確認，さらに，これらを統合的にチェックする監査部門の承認が挙げられる。クレジット・デリバティブのように，主たるリスクが信用リスクそのものである場合には，当然，審査部門の関与は重要性を増す。また，ウェザーやコモディティのように，従来全く取り扱ってこなかったリスクの商品については，詳細なマニュアルを作成したり，必要に応じて商品理解を深める社内セミナーを開くなどして，特にサポート部門の理解を確実にすることが重要である。

　リスク管理にせよ処理プロセスにせよ，いったん体制を構築してしまえば安心というものではない。過去の金融機関による特別損失の事例は，管理体制の不備が原因であることも多いが，体制はあっても魂が入っていなかった，すなわち運用の問題であることも多い。リスク計量モデルを作っても，入力する変数が正確でなければ意味がなく，また，せっかく数値が出てきてもその意味がわかっていなければ役に立たない。こういった事態を回避するためにも，いったん認可されて取組みが始まった新商品については，少なくとも一定期間の間は定期的なフォローアップを義務づけるべきであろう。

　繰返しになるが，新商品への取組みはリスク分析・サポート体制の確立という面においては慎重かつ細心の注意を払うべきであるが，その一方で，石橋を叩いて先へ進めないというのでは，日進月

第10章

デリバティブのリスク管理

歩の金融業界で勝ち残ることは難しい。また，既存の商品についても，会計制度の変更や新たな価格モデルの発見に際しては，常に新商品導入と同じチェックプロセスを通すことによって，不適切な商品取扱いがあればこれを是正していく体制となっていることが望ましい。横並び意識の強かったわが国金融業界においても，もはや他人がやっているとおりにやればよいという理屈は通じなくなっており，商品を開発・販売する側も，購入・利用する側も，自らの責任でリスクを分析し，理解して取り組むことが求められる時代となっている。

＜執筆協力＞

増田　広

銀行業務検定試験
公式テキスト　　　デリバティブ3級　2024年6月受験用

2024年3月31日　第1刷発行

編　　者　　経 済 法 令 研 究 会
発 行 者　　志 茂 満 仁
発 行 所　　㈱経 済 法 令 研 究 会
〒 162-8421　東京都新宿区市谷本村町3-21
電話 代表 03-3267-4811　制作 03-3267-4897
https://www.khk.co.jp/

営業所／東京 03(3267)4812　大阪 06(6261)2911　名古屋 052(332)3511　福岡 092(411)0805

制作／経法ビジネス出版㈱・佐々木健志　印刷／あづま堂印刷㈱　製本／㈱島崎製本

2024年版

～判例・約款付～

金融取引 小六法

編集代表 **神田秀樹**
- A5判・1,168頁
- 定価：3,300円（税込）

ISBN 978-4-7668-2502-2　C2532

＜銀行業務検定試験法務2級、金融コンプライアンス・オフィサー1級 試験持込可＞

【主な法改正等の内容】

電子交換所規則・同施行細則の新規収録

手形交換所から電子交換所移行に伴い、電子交換所規則・同施行細則の新規収録とそれに伴う当座勘定規定等の改正を反映！

法改正の反映や新規法律を追加

民法、法務局における遺言書の保管等に関する省令、犯罪による収益の移転防止に関する法律など各種法改正の反映のほか、預貯金者の意思に基づく個人番号の利用による預貯金口座の管理等に関する法律を追加！

法改正 15
民法、法務局における遺言書の保管等に関する省令、民事執行法、民事保全法、破産法、銀行法、信用金庫法、金融商品取引法、外国為替及び外国貿易法、犯罪による収益の移転防止に関する法律、民間公益活動を促進するための休眠預金等に係る資金の活用に関する法律 等

新規収録判例 12
- 相続税算定における相続不動産の評価方法（最判令4・4・19金判1655・54）
- 相続税の申告と更正処分取消判決の拘束力（最判令3・6・24金判1638・2）
- 高齢者の公正証書遺言の遺言能力（広島高判令2・9・30判時2496・29）ほか

重要法令67収録　重要判例1266収録　巻末に各種約款・判例索引付

経済法令研究会 https://www.khk.co.jp/
〒162-8421 東京都新宿区市谷本村町3-21
TEL 03(3267)4810　FAX 03(3267)4998

●経済法令ブログ
https://khk-blog.jp/

●X（旧Twitter）
（経済法令研究会出版事業部）
@khk_syuppan

● 銀行業務検定試験他試験対応通信講座 ●

法 務

● 法務3・4級対応
実務に活かす 金融法務の基本がよくわかるコース
●受講期間 3か月 ●14,300円

● 法務2級対応
事例で学ぶ 金融法務の理解を深め実務対応力を高めるコース
●受講期間 3か月 ●16,500円

● 融資管理3級対応
融資管理実務コース
●受講期間 4か月 ●17,380円

財 務

● 財務3・4級対応
実務に活かす 財務の基本がよくわかるコース
●受講期間 3か月 ●13,200円

● 財務2級対応
事例で学ぶ 財務分析力を高め経営アドバイスに活かすコース
●受講期間 3か月 ●16,500円

税 務

● 税務3・4級対応
実務に活かす 税務の基本がよくわかるコース
●受講期間 3か月 ●13,200円

● 税務2級対応
事例で学ぶ 税務相談力を高め顧客アドバイスに活かすコース
●受講期間 3か月 ●16,500円

外国為替

● 外国為替3級対応
実務に活かす 外国為替と貿易の基本がよくわかるコース
●受講期間 3か月 ●13,200円

信 託

● 信託実務3級対応
信託実務コース
●受講期間 4か月 ●15,180円

金融経済

● 金融経済3級対応
実務に活かす 金融と経済の基本がよくわかるコース
●受講期間 3か月 ●13,200円

マネジメント

● 営業店マネジメントⅡ対応
営業店マネジメント[基本]コース
●受講期間 3か月 ●15,840円

● 営業店マネジメントⅠ対応
営業店マネジメント[実践]コース
●受講期間 4か月 ●19,580円

投資信託・資産形成

● 投資信託3級対応
投資信託基礎コース
●受講期間 3か月 ●15,840円

● 資産形成アドバイザー3級対応
資産形成アドバイザー基本コース
●受講期間 2か月 ●10,340円

● 資産形成アドバイザー2級対応
資産形成アドバイザー養成コース
●受講期間 3か月 ●15,840円

年 金

● 年金アドバイザー3・4級対応
実務に活かす 年金の基本がよくわかるコース
●受講期間 3か月 ●13,200円

● 年金アドバイザー2級対応
事例で学ぶ 年金相談力を高め頼られるアドバイザーになるコース
●受講期間 3か月 ●16,500円

相 続

● 相続アドバイザー3級対応
実務に活かす 相続手続きの基本がよくわかるコース
●受講期間 2か月 ● 8,800円
●受講期間 3か月 ●11,000円

● 相続アドバイザー2級対応
相続アドバイザー養成コース
●受講期間 3か月 ●13,860円

融資・渉外

● 窓口セールス3級対応
窓口セールス実践コース
●受講期間 3か月 ●12,760円

● 個人融資渉外3級対応
個人ローン・住宅ローン推進に自信が持てるコース
●受講期間 3か月 ●13,200円

● 法人融資渉外3級対応
法人融資渉外基本コース
●受講期間 4か月 ●17,380円

● 事業性評価3級対応
伴走支援で持続的成長を促す 事業性評価力養成コース
●受講期間 2か月 ●10,340円
●受講期間 3か月 ●12,540円

● 経営支援アドバイザー2級対応
経営支援アドバイザー養成コース
●受講期間 3か月 ●15,840円

● 事業承継アドバイザー3級対応
営業店の事業承継支援コース
●受講期間 3か月 ●13,860円

● CBT DXサポート対応
取引先のDX推進をサポートするコース
●受講期間 2か月 ●6,600円
●受講期間 3か月 ●8,800円

● CBTサステナブル経営サポート
（環境省認定制度 脱炭素アドバイザー ベーシックに認定）対応
取引先のサステナブル経営をサポートするコース
●受講期間 2か月 ●6,600円
●受講期間 3か月 ●8,800円

コンプライアンス・個人情報保護

● 金融コンプライアンス・オフィサー2級対応
金融コンプライアンス [基本]コース
●受講期間 3か月 ●13,860円

● 金融コンプライアンス・オフィサー1級対応
金融コンプライアンス [管理者]コース
●受講期間 3か月 ●14,960円

● ＪＡコンプライアンス3級対応
ＪＡコンプライアンスコース
●受講期間 3か月 ●10,890円

● 金融個人情報保護オフィサー2級対応
よくわかる 金融個人情報保護コース
●受講期間 2か月 ●10,120円

● 金融AMLオフィサー [実践]・[基本]対応
マネー・ローンダリング対策徹底理解コース
●受講期間 2か月 ● 9,130円
●受講期間 3か月 ●11,330円

● 金融AMLオフィサー[取引時確認]対応
営業店のマネロン対策に役立つ 取引時確認・疑わしい取引への感度を高めるコース
●受講期間 2か月 ●6,600円
●受講期間 3か月 ●8,800円

JAのマネロン対策に役立つ 取引時確認・疑わしい取引への感度を高めるコース
●受講期間 2か月 ●6,600円
●受講期間 3か月 ●8,800円

ホスピタリティ

● 社会人ホスピタリティ[実践]・[基本]対応
気持ちを伝え心を動かす ホスピタリティ・マスターコース
●受講期間 2か月 ●9,570円

※受講料は消費税（10%）込の価格です。

 経済法令研究会 https://www.khk.co.jp/　　●経済法令ブログ https://khk-blog.jp/

(2401-ODP)